아동문학의 발견

마법과 환상, 그리고 아이다움

변학수

독일 하이델베르크대학교를 거쳐 슈투트가르트대학교에서 독문학과 철학을 복수 전공하여 석사학위(Magister Artium)를 받았다. 그리고 슈투트가르트대학교 대학원에서 독문학으로 문학박사(Dr. phil.) 학위를 받았다. 현재 경북대학교 사범대학 유럽어교육학부 교수로 재직하며 문학과 비평, 정신분석, 심층심리학, 문화에 대해 강의하고 있다. 독일 프리츠-펄스연구소에서 문학치료사 훈련가 과정을 마치고 문학치료사와 훈련가 자격을 취득하였고, 2004년 학과 간 협동과정 문학치료학과를 설립하여 10여 년간 아동문학치료에서 통합치료에 이르기까지 다양한 강의와 임상을 진행하였다. 한편 문학치료를 하면서 아동의 세계와 아동문학에 큰 관심을 가지게 되었다. 지금은 문학평론가로 활동 중이며, 독일문학을 공부하기 시작한 초기부터 큰 관심을 두었던 니체와 융, 프로이트의 작품을 적극적으로 번역·연구하고 있다.
지은 책으로는 『프로이트 프리즘』, 『문학적 기억의 탄생』, 『문학치료』, 『내면의 수사학』, 『수사학의 극복』, 『감성독서』, 『반기억으로서의 문학』 등이 있고, 문학평론집으로는 『잘못보기』, 『토르소』가 있으며, 에세이집으로는 『앉아서 오줌 누는 남자』, 『을의 언어』, 『다이달로스의 슬픔』 등이 있다. 옮긴 문학작품으로는 헤세의 『데미안』, 괴테의 『젊은 베르테르의 슬픔』, 베른하르트의 『보리스를 위한 파티』, 릴케의 『시작 노트』 등이 있고, 문학과 문화 이론서로는 『기억의 공간』, 『니체의 문체』, 『시와 인식』, 『신들의 모국어』, 『제국의 종말 지성의 탄생』, 『프로이트의 치료기법』, 『문화 속의 불쾌』, 『논쟁술』, 『이집트인 모세』, 『그 사람 모세와 일신론적 종교』 등이 있다.

경북대학교 학술총서 10

아동문학의 발견

마법과 환상, 그리고 아이다움

찍은 날 2023년 4월 24일 • **펴낸 날** 2023년 4월 30일
지은이 변학수 • **펴낸이** 홍원화 • **펴낸 곳** 경북대학교출판부
출판등록 1973년 10월 10일 ㉑97호 • **주소** 대구광역시 북구 대학로 80 • **전화** 053-950-3830
팩스 053-953-4692 • **이메일** press@knu.ac.kr • **홈페이지** www.knupress.com
ISBN 978-89-7180-609-8 93800

정가는 뒤표지에 있습니다.
파본은 바꾸어 드립니다.

이 저서는 2020년 대한민국 교육부와 한국연구재단의 저술출판지원사업의 지원을 받아 수행된 연구임
(NRF-2020S1A6A4040139)

아동문학의 발견

마법과 환상, 그리고 아이다움

변학수

경북대학교출판부

Contents

제4장 아동문학으로서의 20세기 창작동화

제5장 아동문학 읽기와 쓰기

프롤로그

아이란 누구이며, 아동문학이란 무엇인가?

1

아이들은 물이 흐르는 것을 보고 강이나 시냇물이 살아 있고 사람과 같은 의지를 갖고 있다고 믿는다. 그러니까 바위도 아이들에겐 살아 있는 존재이다. 가지들이 바람에 흔들리고 나뭇잎이 춤을 추며 떨어지는 것을 볼 때, 아이들은 나무가 사람과 같다고 생각한다. 아이들에겐 생명이 없는 대상과 생명이 있는 존재 사이의 경계가 없다. 그래서 아이들은 시냇물이나 돌, 바람의 소리를 듣고 그들이 말하는 것을 알아들을 수 있다고 믿는다. 아이들은 인형이나 장난감에게 말을 걸고, 동물의 형상과 대화를 나눈다. 아이들은 꽃이나 나무, 벌이나 달팽이하고도 이야기를 한다. 이는 인디언이 나무껍질을 떼어갈 때 나무에게 미안하다고 말을 하는 것과도 같은 일이다. 아이들에게는 영혼이 없는 세계도 살아 있는 세계나 마찬가지다. 이것이 그들의 물활론적 세계상이다.

아이들은 목걸이나 거울, 사진, 장난감이나 신발도 똑같이 엄마처럼 대한다. "거울아, 거울아, 이 세상에서 누가 제일 예쁘지?"(「백설공주」) 하고 묻는 왕비처럼 말이다. 식탁 모서리에 머리를 박은 아이가 식탁을 때리며 "때찌, 너 나빠!" 하고 말하는 것은 바로 그 식탁이 살아 있고 나쁜 사람(!)이라고 여기기 때문이다. 그리고 자기가 보지 못하면 남도 자기를 못 본다고 여긴다. 숨바꼭질할 때, 술래에게 자기의 몸이나 자신의 옷이 다 들킨대도 눈만 감고 있으면 보이지 않는다고 여긴다. 이것이 아이들의 실재론적 세계상이다.

나아가 아이들은 모든 사물이나 우주는 누군가가 의도적으로 만든 것이라고 생각한다. 『아낌없이 주는 나무』의 저자 쉘 실버스타인이 쓴 『골목길이 끝나는 곳』에는 여러 편의 동시가 실려 있다. 그중 하나를 보자.

> 해냈다, 해냈어!
> 내가 뭘 해냈는지 알아?
> 태양에 꽂아 쓰는 전구야.
> 태양은 빛이 충분하고
> 전구도 아주 강해.
> 하지만, 이런, 딱 하나가 잘못 됐네…
> 줄이 너무 짧아.
>
> — 쉘 실버스타인, 「발명」[1]

---

1 쉘 실버스타인, 『골목길이 끝나는 곳』(원어: Shel Silverstein, *Where the Sidewalk ends*), 이순미 옮김, 보물창고, 2008, 46쪽.

아이들은 모든 것이 이 동시처럼 만들어져 있다고 생각한다. 태양도 만들어져 있고 전구도 만들어진 것이기 때문에 전구처럼 태양에 꽂을 수 있다고 생각한다. 태양이 이렇게 만들어진 것이라고 생각한다는 점에서 이 시는 아이들의 인공론적 세계상을 대변한다. 즉 사물들이 인간의 활동으로 만들어진 것이란 생각을 우리는 아동의 인공론이라 말한다. 엄마의 배 속에서 나온 아기 또한 누군가가 만든 것이라고 생각한다.

인공론적 세계상을 조금만 더 확대해서 보면 목적론적 사고방식과 같은 세계상이라는 것을 알 수 있다. '곰돌이 푸'로 잘 알려진 '위니 더 푸'가 어느 날 떡갈나무 밑동에 앉아 앞발로 머리를 괴고 있는데, 나무 위에서 나는 윙윙거리는 소리가 난다. 그러자 위니는 "윙윙, 계속 윙윙 소리가 난다는 건 누군가 윙윙 소리를 낸 거다. 그리고 그 소리는 저 위에 벌이 있다는 거"라고 말한다. 나아가 "벌이 있는 것은 꿀을 만들기 위해서이고, 꿀을 만드는 이유는 나더러 꿀을 먹으라는 것이다."라고 중얼거린다.[2] 이것은 목적론적 사고방식으로 인공론적 사고방식에서 발전한 것이다. 비단 아이뿐 아니라 어른도 마찬가지로 생각한다. 가령 사람은 신이 만든 것이라는 기독교적 세계상이 그렇다. 이는 원시종교의 세계상이나 근대의 범신론적 세계상과도 일치한다.

아이들은 꿈속에서 본 것들이나 동화에서 읽거나 본 것들이 실

---

2 앨런 알렉산더 밀른, 『곰돌이 푸』, 박혜원 옮김, 전미영 그림, 더모던, 2018, 20-21쪽.

재한다고 생각한다. 『호두까기 인형과 생쥐 왕』[3]의 주인공 마리가 호두까기 인형이 실제로 살아서 생쥐 왕과 싸운다고 생각하는 것과 마찬가지다. 어느 날 아이가 엄마에게 이렇게 말한다. “엄마, 엄마는 왜 내 꿈에 안 나와? 엄마, 내 베개 같이 베고 누워서 내 꿈 보자.”[4] 그러니까 이 아이는 꿈속에 있는 엄마나 현실에 있는 엄마가 같은 엄마라고 생각한 것이다. 여기서 베개는 일종의 문이다. 이 문을 통해 아이는 꿈속에서 엄마를 만날 수 있다고 생각하는 것이다.

2

제네바 출신의 아동학자, 철학자, 심리학자인 피아제는 아이들이 사춘기가 될 때까지 물활론(animism, 라틴어 ‘anima’는 ‘혼’이란 뜻)적, 인공론적, 실재론적 세계에서 살고 있다고 말했다.[5] 즉, 아이들의 세상에는 모든 것이 살아 있고, 꿈에서 본 것이 실제로 있고, 모든 것은 만들어져 있다. 이를테면 돌도 살아 있고 태양이나 아이는 누군가가 만든 것이며, 우리는 꿈속을 실제로 들어갔다 나왔다 할 수 있다. 아동이라는 말로 포괄할 수 있는 3세에서 10세까지 이르는 시기는 놀이와 상상과 자발성이 지배하는 시기이다. 피아제는 이 시기의 아동들 중에서 5-6세, 7-8세 그리고 9-10세를 각기 3단계로 나누어 관

3 우리가 차이콥스키의 작품으로 알고 있는 발레곡의 원텍스트(E. T. A. 호프만)이다.
4 코르네이 추콥스키, 『두 살에서 다섯 살까지』, 양철북, 2015(이하 추콥스키), 43쪽.
5 Jean Piaget, *La représentation du monde chez l'enfant*(독어판, *Das Weltbild des Kindes*, Klett Cotta & dtv, München 2003)(이하 피아제), 10쪽 이하.

찰하였다.[6]

아이들은 천부적인 자기중심주의에 근거하여 이 세상의 모든 것에 관여할 수 있다고 믿는다. 모든 사물들은 아이들의 관점에서 보면 살아 있고, 사람은 사물에 영향을 미칠 수 있다. 아이들은 자아와 외부세계, 심리적인 것과 육체적인 것을 뚜렷이 구별하지 못한다. 아이들은 자아중심주의를 토대로 대상들이나 자연의 대상들을 살아 움직이는 것으로 여긴다. 그리고 이 모든 대상들은 인간들이 만든 것이라고 믿는다. 그리고 현실을 바꾸기 위해 아이들은 마법적 행위와 의식(Ritual)을 발달시킨다. 그러니까 아동문학의 탄생은 근본적으로 이런 원초적인 세계상으로부터 자신을 해방하는 아이의 발달과정을 관찰한 것이라 할 수 있다.

이런 구분하에서 피아제는 첫 두 단계에 해당하는 시기를 실재론, 물활론, 그리고 인공론이 작용하는 마법의 시기로 규정한다. 아이들은 이런 상상과 마법의 시기를 넘어 3단계에 이르면 마법적-이성적 시기에 이른다고 한다. 그러나 이 단계에서도 아이들은 마법을 믿으며, 그것은 성인이 되어서도 깊은 잔재를 남긴다. 아동문학은 이런 마법에 근거하여 아름다움과 즐거움을 만들어낸다. 아동의 세계상과 일치하는 아동문학 작품들에는 즐거움과 유희를 제공할 특별한 캐릭터가 등장하여 놀랍고 당황스런 생각을 전개한다.

---

6 피아제는 『아동의 세계상』 전반에 걸쳐 이런 구분을 적용하였다.

내가 이 저서에서 선택한 동화[7]들은 피아제가 연구한 아동의 인간학적 차원에서 만들어진 것들이다. 아동기에는 불안, 꿈, 소원이 유독 많은데 이것들은 곧 장난, 공상, 마법들로 행해진다. 『짖어봐 조지야』나 『괴물들이 사는 나라』 같은 어린아이들을 위한 그림책에서부터 비교적 성장한 아이들이 읽는 『이상한 나라의 앨리스』, 『톰 소여의 모험』에 이르기까지 아동문학은 마법에 대한 비상한 관심을 보여준다. 이는 「헨젤과 그레텔」, 「백설 공주」 같은 전래동화에서도 마찬가지이다. 이런 창작동화에는 우리를 긴장하게 하고, 놀라게 하고, 즐거운 감정을 이끌어내고, 보이지 않는 것을 상상하게 하고 새로움을 경험하게 하는 그 무엇이 있다. 나는 오래전에 피아제가 쓴 『아동의 세계상』[8]에 제시된 가설을 바탕으로 19세기와 20세기의 정전으로 여겨지는 아동문학 작품들을 살펴보았다. 그 결과 그런 전래동화와 창작동화들은 아이들의 세계상과 상응하는 특성들을 보이고 있었다.[9]

---

7 우리는 아이들을 위한 이야기를 둘로 나눌 수 있다. 민담과 관련된 이야기를 전래동화, 새로 고안한 동화를 창작동화라 부른다. 광의의 의미에서 전래동화와 창작동화를 모두 아동문학이라 부르고, 협의의 의미에서는 창작동화만을 아동문학이라 한다. 그러나 오늘날은 아동문학이라는 이름으로 아동에 관한 광범위한 글, 즉 동화, 아동 소설, 동시, 동극 모두를 포함하여 사용한다.

8 독일어 원어는 *Das Weltbild des Kindes*.

9 피아제와 같은 맥락에서, 러시아 학자 코르네이 추콥스키의 위의 책과, 그 이전인 1907년에 클라라와 빌리암 슈테른 부부가 쓴 『아동의 언어』 또한 아이들을 이해하는 새로운 발견들을 포함하고 있다. 코르네이 추콥스키, 같은 책, 그리고 Clara und William Stern, *Die Kindersprache*. Eine psychologische und sprachtheoretische Untersuchung, Leipzig 1907(이하 Stern)을 참조하라.

3

그런 만큼 이 책은 피아제가 주장한 대로 문학적 정전이라고 할 수 있는 아동문학이 과연 아이들의 세계상을 토대로 이루어져 있는지, 그렇다면 그것은 무슨 이유로 그런지를 밝히고자 한다. 그러기 위해 먼저 제1장에서 아이와 아이다움에 대해 살펴본다. 서양에서는 중세를 넘어 17세기까지만 해도 아동의 특수성에 대한 발견이 이루어지지 않았고, 그 결과 아동문학은 "어린이들을 가르치려는" 목적으로 만들어졌다. 이런 문학은 "끊임없는 설교"[10]로 이루어져 있었다. 겨우 18세기가 되어서야 루소에 의해 아동이 어른과는 다른 존재라고 인식되었다. 그리고 19세기 들어서 "즐거움을 주는" 아동문학이라는 것이 처음으로 만들어지기 시작했다.[11] 그렇다면 이런 즐거움을 주는 아동문학의 특수성은 무엇인가? 그것은 마법적 세계상을 토대로 만들어졌다는 특성을 가지고 있다.

아동문학의 마법적 특성은 프로이트와 오토 랑크가 주장한 "가족 로망스"(Familienroman)에 그 뿌리를 두고 있다. 영웅의 탄생 설화를 보면 주인공 아이는 고아(孤兒)이거나 기아(棄兒)이다. 그들이 원부모를 떠나 다른 부모에게서 자라고, 성장한 후에는 자기 집으로 돌아가 왕의 자리를 차지한다는 것이 가족 로망스이다. 아동문학(동화)의 작가들이 이런 소재를 즐기는 것은 아이들이 스스로 길을 개척하는 것이 독자들에게 매력적으로 보이기 때문이다. 특히 적대적인 어른

---

10 페리 노들먼, 『어린이 문학의 즐거움 1』, 김서정 옮김, 시공주니어, 2006(이하 노들먼), 144쪽 참조.

11 노들먼, 141쪽. 하비 다턴(Harvey Darton)의 말을 재인용.

의 힘을 빌리지 않고 영웅의 서사를 완성하려면 자기만의 힘, 즉 마법을 필요로 한다. 그런데 프로이트에 따르면 마법은 외적 권위라기보다는 자기 내면의 힘이다. 해리포터가 이마에 상처를 가지고 있는 것이 마법의 표식인 것처럼, '마법의 설탕 두 조각' 또한 아이들의 내면의 힘을 끌어내기 위한 마법적 장치인 것이다.

피아제의 글을 탐구해보면 아이들이 "눈이 왜 오지?"라는 질문보다는 "눈은 누가 뿌릴까?"라는 말을 더 좋아한다는 것을 알 수 있다. 그것은 두 번째 질문이 아이의 세계상에 더 가깝고 더 마법적이기 때문이다. 어른들이야 "겨울은 왜 춥지?"라는 질문을 받으면 시베리아 한랭 전선이 와서 춥고 우리가 사는 북반구는 겨울이 되면 태양에서 가장 멀어지고, 하는 식으로 과학적으로 대답하겠지만, 아이들은 "눈이 오니까!"라고 대답한다. 또 "눈은 왜 겨울에 올까?" 하고 물으면 "겨울은 추우니까!"라고 대답한다.[12]

제2장에서는 19세기의 전래동화를 살펴보고, 그 후 창작동화를 살펴본다. 피아제는 레비브륄이 말한 원시인의 세계상이 아동의 세계상과 유사한 관계에 있다고 보았다. 독일의 『그림동화』는 19세기 중엽에 아이들을 위한 이야기로 수집 창작되었다. 그림 형제는 동화의 소재를 유럽의 각국에서 가져왔다. 이런 민담을 바탕으로 하였

---

12 이것은 어른들의 관점에서는 순환논증이자 분석판단이지만, 아동의 세계상에 상응하는 아이다움을 보여주는 대답이다. 독일의 철학자 칸트는 주어의 개념에 술어의 개념이 포함된 분석판단을 극복하여 종합판단에 이르는 것이 자신의 철학 목표라고 말한다. 이 '물건은 부피가 있다'고 하는 명제는 주어(즉 물건이라는 말)에 부피라는 의미가 포함되어 있다. 그러나 '이 물건은 무겁다'라는 명제에는 무거운지 가벼운지의 개념이 포함되어 있지 않다. 이것이 종합판단이다.

기에 그림 동화에는 많은 환상적인 요소가 포함되어 있다. 가령 「헨젤과 그레텔」에 나오는"눈처럼 하얀 새 한 마리", "빵으로 만들어진 집", "케이크로 된 지붕", "설탕으로 만들어진 창문" 같은 마법적 현상들은 아이들의 세계상과 일치한다. 신데렐라, 들장미, 백설 공주 또한 마찬가지로 마법적 요소를 포함하고 있다. 당연히도 우리는 여기서 동화 속 원시인들의 세계상이 아동의 세계상과 일치함을 볼 수 있다.

아이들에 대한 새로운 인식은 장 자크 루소의 『에밀』(1762)에서 시작된다. 루소는 아동이 "보고, 생각하고, 느끼는" 데 있어서 아동 고유의 특성을 갖고 있다고 말하였다. 루소가 아동 고유의 교육학을 시작했다는 점에 있어서 1790년경 아동문학의 발견이 이루어졌다고 볼 수는 있다. 하지만 내 생각에 그의 관점은 아직 교화 수준으로 보인다. 작가 입장에서 아이들과 유쾌한 대화를 나눈다기보다 아이를 가르치는 것이 더 중요하다고 본 것이다. 낭만주의 작가인 E. T. A. 호프만의 『호두까기 인형과 생쥐 왕』은 아이들을 순수하고도 완전한 존재로 인식한 첫 작품으로 보인다. 그러나 안데르센의 동화인 「못생긴 새끼 오리」에서는 이런 마법이 축소되어 있거나 더 이상 찾아볼 수 없고, 이야기도 성장한 아이 내지는 어른의 이야기를 닮아 있다. 물론 「성냥팔이 소녀」 같은 데서 그의 문학이 가지는 환상적 특성을 부정할 수 없으나, 「인어 공주」는 이야기가 매우 복잡하고, 「못생긴 새끼 오리」는 저자가 문학에 개입함으로써 아동의 세계상에 상응할 수 있는 토대를 잃어버렸다고 할 수 있다. 『이상한 나라의 앨리스』에서는 다시 마법이 작동한다. 그런데 그 마법이 초자연에서 오는 것이 아니라 아이의 내면에서 시작된다는 것을 알 수 있다. 나는 10세 이후의 아이들이 읽을 수 있는 『톰 소여의 모험』[13]에도 그런 마법이 있을까, 궁금했다. 그러니까 이 작품을 구성하는 플롯은 성인의 체험보다는 아이의 마법에 더 가깝다고 할 수 있다. 제2장 마지막에서 동화와 마법에 대한 생각을 보론으로 펼쳐 보았다.

제3장에서는 그림과 함께한 20세기 창작동화를 다루었다. 우리는 그림책도 일차적으로는 미술이 아니라 문학이라는 점을 인정해야 한다. 물론 글이 없고 그림만 있는 책도 있다. 그럼에도 그림이 무엇을 서사한다면 그것은 문학이다. 그림책은 그림(이미지)이라는 매개물이 있기에 아직 문자를 익히지 못한 아이들에게 정보를 훨씬 직관적으로 이해하게 한다. 그렇기 때문에 3-5세의 아동에게는 그림책이 더 중요하다. 피아제나 곰브리치 같은 학자들은 시각적 이미지가 언어적 이미지보다 더 직접적으로 아이들의 반응을 더 쉽게 끌어낼 수 있다고 본다. 나아가 그림은 이야기를 해석하는 방식을 배우게 하기도 한다.

제일 먼저 『짖어봐 조지야』라는 그림책을 선택하였다. 사적인 공간인 마음에서 발생하는 세계를 이해하려면 공간적 은유가 필요하다. 마음을 설명한다는 것은 아이에게는 물론, 어른에게도 힘든 일

---

13 마크 트웨인의 『톰 소여의 모험』의 주인공 톰은 10대 초반은 될 것 같다. 그래서 아이의 세계상인 마법적 사고에서 벗어난 행동을 하는 것은 사실이다. 그러나 이 작품은 아동문학의 시작으로 보인다. 경직되고 폐쇄적인 성년세계에 대해 본능과 충동에 따라 행동하는 아이가 주인공이기 때문이다.

이다. 마음을 공간처럼 그리는 것은 곧 아이의 세계상과 일치한다. "야옹"이라고 짖는 강아지 조지는 배(마음) 속에 고양이가 있다. 이런 식의 사고방식은 고대 이집트나 파푸아 뉴기니 원주민 문화에서도 종종 찾아볼 수 있는 일이다. 이어서 『돼지책』에서 엄마가 남편과 아이들을 돼지로 만드는 소재는 오디세이아의 키르케 에피소드와 유사하다. 『겁쟁이 빌리』 또한 원시적 주술로 불안을 떨치게 한다는 점에서 아이들의 세계상 내지는 원시인들의 세계상에 따라 이야기가 만들어졌다.

『프레드릭』이라는 작품도 동일한 원리에 의해 살펴보았다. 들쥐 프레드릭은 남들이 일할 때 빛을 모으고 이야기를 모으는 마법을 가졌다. 존 버닝햄의 『우리 할아버지』는 여백과 마법을 사용하여 아이들의 마음을 잘 조각해내고 있다. 『내 친구 커트니』는 매우 현실적인 이야기를 진행하지만 커트니라는 못생긴 개가 여행 가방을 끌고와 조리사 복장으로 식구들에게 밥을 해주고 바이올린을 켜준다는 마법적 세계상에 따라 만들어졌다. 우리는 모리스 샌닥의 『괴물들이 사는 나라』에서 원시적인 세계상이자 아동만의 세계상을 재미있게 관찰할 수 있다. 제3장의 마지막 부분에서는 마법적 세계상과 아동문학의 플롯 관계를 조명해보았다.

제4장에서는 일반적으로 아동문학이라고 일컫는 계기가 된 20세기의 창작동화를 살펴본다. 앞에서 언급한 것처럼 아동문학이 "끊임없는 설교"에서 벗어나 진정한 아이다움을 찾기 시작한 것이 20세기이기 때문이다. 알렉산더 밀른의 『곰돌이 푸』, 어른 동화라고 할 수 있는 『어린 왕자』와 아스트리드 린드그렌의 『내 이름

은 삐삐 롱스타킹』, 미하엘 엔데의 『모모』, 화이트의 『샬롯의 거미줄』, 엔데의 『마법의 설탕 두 조각』(원제 『렝켄의 비밀』), 그리고 20세기 아동 및 청소년 문학의 왕좌라고 할 수 있는 『해리 포터』를 아동의 세계상이라는 관점에서 살펴본다. 이 작품들에서는 전래동화에 비해 마법이 전혀 축소되지 않았고, 오히려 장려되고 있음을 알 수 있다.

제5장에서는 아동문학 읽기와 쓰기에 대한 생각들을 묶어 보았다. 아동문학 읽기의 조건은 무엇인지, 자연과 감각 찾기, 그리고 놀이와 이야기하기를 살펴본다. 또한 아동문학의 시기 구분은 어떻게 할지, 아동문학은 어떻게 읽어줄 것인지에 대해 성찰한다. 아울러 발달적 과제가 지체된 아이들에게 감정 코칭을 할 때 문학이 어떻게 도움이 될지 그 방법에 대해서도 생각해본다. 아이들이 문학을 이해하기 전에 갖춰야 할 것은 바로 자연을 경험하고 감각을 익히며, 그 속에서 놀이를 하고 그것을 이야기하는 훈련을 하는 것이다. 하나의 사례로 우리는 독일의 숲 유치원에서 아이들이 어떤 경험을 하는지, 그리고 아이들이 책을 읽을 때 그 바탕이 되는 자연과의 통합을 어떻게 모색하는지 살펴본다. 그리고 아이들과 어떻게 놀아줄지, 책으로 아이들에게 어떻게 감정 코칭을 할 수 있는지에 대한 방법을 소개한다. 마지막 장에서는 아이들의 특성을 배제한 창작동화들을 아이다운 창작동화로 바꾸려면 어떻게 해야 할 것인지를 생각해 보았다.

이 책 『아동문학의 발견』은 어른이 되면 더 이상 볼 수 없는 아이들의 내면세계, 그들의 꿈과 불안, 상상에 관한 이야기를 탐구하는 것이 창작하는 자나 교육하는 자에게 매우 절실하다는 성찰에서 비롯되었다. 어쩌면 아이들의 마법적 세계상 자체가 아동문학의 플롯이고, 그런 측면에서 아동문학은 아이다움을 전제로 하고 있다. 이 책을 아이를 키우는 부모, 아이를 위해 동화를 쓰는 작가, 그것을 연구하는 학자와 교사들에게 바친다. 이분들로 인하여 놀이와 상상, 마법이라는 사다리를 타고 상상의 나라에 이르는 아이들이 많이 생겨날 테니까.

2023년 4월
변학수

제1장

아이와 아이다움

1. 아동의 발견과 이야기의 탄생

아동문학이 (그것이 그림책이든, 전래동화이든, 창작동화이든) 성인문학과 구별되기 위해서는 그 내용이 절대적으로 아이들의 세계상과 부합하여야 한다. 아동문학은 어른들과는 다른 아이들만의 세계를 이해하는 방식으로 된 이야기나 그림들이어야 하기 때문이다. 그러므로 아동문학은 아이의 발견을 전제로 가능한 것이다. 우리가 아동문학을 발견하려면 아동의 발견에 대한 문제부터 먼저 살펴보아야 한다. 미리 말하지만, 아동의 발견은 우연이 아니라 아동의 언어와 세계상에 대한 철저한 연구에서 비롯된 것이다.

역사적으로 보면 서양이든 동양이든 중세 때까지만 해도 아동의 세계에 대한 연구가 거의 없었다. 어디서든 아이들은 그저 어른 세계의 축소판으로만 여겨져 왔기 때문이다. 서양에서 아동의 발견에 관한 견해는 분분한데, 그중에서 우리의 주목을 끄는 학자는 소르본대학에서 역사를 전공하고 프랑스 사회과학고등연구원의 연구주임교수를 지냈던 필립 아리에스(Philippe Ariés)이다. 그는 이렇게 주장한다.

> 약 12세기까지 중세 예술은 아동기에 무관심하거나 아니면 아동기를 묘사하려고 시도하지 않았다. 실수나 무능력 때문에 아동기를 제쳐놓았다고 믿기는 어렵다. 오히려 이 시대에는 아동기를 위한 자리가 없었다고 생각하는 편이 낫다. (……) 11세기 말, 성 니콜라의 부활 장면을 담은 프랑스의 한 세밀화도, 성인 남자와 크게 구

> 분되지 않고 단지 몸집만 작아졌을 뿐인 세 명의 아이들이 소생하는 장면을 묘사하고 있다. 화가는 성인 남자의 근육을 가진 벌거벗은 아이의 모습을 주저 없이 그리고 있다. 12세기 말 혹은 13세기 초에 제작된 것으로 보이는 성 루이 드 레드의 시편을 보면 막 태어난 이스마엘이 성인 남자처럼 복부와 흉부에 근육을 갖고 있다.[1]

아리에스는 아이에 대한 이런 중세의 이미지가 17세기까지 이어져 왔다고 본다. 그는 아이를 그린 서양회화를 그 증거로 든다. 그에 따르면 17세기까지의 사람들은 아이를 그 특성에 따라 인식하지 못했거나 인식하였다 해도 그 특성을 묘사하는 데 실패했다.[2] 중세의 그림에서는 아이가 아이의 생김새를 하고 있는 것이 아니라 작은 어른으로 묘사되어 있다.[3] 즉, 아이를 그린 그림이 여러 가지 점에 있어서 성년의 특성과 구별되지 않는다. 물론 이런 이론에 대한 비판도 만만치 않다. 보르스텔만은 아리에스가 주로 귀족이나 이상화시킨 주제와 대상을 모델로 삼았기 때문에 그런 성급한 결론을 내렸다고 비판적으로 본다.[4] 이런 소수 의견을 인정한다 하더라도 17세기까지 서양에서 아이들은 어른들의 축소판으로 여겨져 왔음을 알

---

1 필립 아리에스, 『아동의 탄생』(원제는 *L'enfant et la vie familiale sous l'ancien regime*, 문지영 옮김, 새물결, 2003, 89-90쪽.

2 Philippe Ariés, *Geschichte der Kindheit*, München, 1979, S. 92.

3 참고로 고야(Francisco Goya)의 그림, 마리아 테레지아(Maria teresa de Borbon)나 마뉘엘 오소리오 드 츠니가(Don Manuel Osorio de Zuniga)를 보라. Santrock, J. W. & Yussen, S. R. (1992), *Child Development*, (5. ed.) Dubuque, IA: Wm.C. Brown Publishers, p. 9. 이스탄불의 하기야 소피아 성당의 성모와 함께 한 성자(아기 예수) 상에서도 찾아볼 수 있다.

4 같은 곳 참조.

수 있다. 그러다가 18세기에 들어와서 루소의 자연사상과 더불어, 유치원에 대한 개념이 생기면서 차츰 아이들이 어른들과는 질적으로 다른 사고를 하고 질적으로 다른 말을 사용한다는 것을 인식하게 되었다.

아리에스는 아이가 어른의 축소판일 뿐이라는 근거를 성화에 나타난 성모가 안고 있는 아기 예수의 모습에서 찾고 있다. 아이의 얼굴은 어른의 그것과는 다르다. 대표적으로 입과 얼굴의 비율을 들 수 있는데 어떤 동물이든지 성체는 입이 튀어나왔다. 그리고 성인의 얼굴은 이마에서 눈썹, 눈썹에서 인중, 인중에서 턱까지가 대개 3등분 된다. 그에 반해 아이는 이 비율이 성인의 그것과 확연히 다르다. 오늘날 성인들이 동안이라고 말할 때 이 비율이 아이의 그것과 같을 때를 말한다. 이것은 불교의 탱화를 보아도 금방 알 수 있다. 사찰의 벽에 그려져 있는 동자승의 모습을 관찰해보면 그것 또한 작은 어른임을 알 수 있다.

아이들의 특수성은 외부적 관찰뿐만 아니라 아이들의 내면에 대한 관찰을 통해서도 확인할 수 있다. 아이들은 어른들과는 다른 고유한 내면적 특성을 가지고 있다. 베르톨트 브레히트의 코이너 씨 이야기를 들어보자.

> 코이너 씨는 작은 질녀가 그린 그림을 들여다보았다. 질녀는 닭 한 마리를 그렸는데, 그 닭이 농장 울타리를 날아 넘어가는 그림이었다. 코이너 씨는 "네가 그린 닭은 왜 다리가 셋이지?" 하고 물었다. 이 어린 화가는 "안 그러면 닭은 날 수가 없어요. 그래서 뛰어오를

세 번째 다리가 필요해요." "내가 물어보길 잘 했구나." 하고 코이너씨는 말했다.[5]

코이너 씨의 질녀는 아이의 생각이 어른과는 다르다는 것을 보여준다. 여기서 "질녀"는 삼촌에게 "닭"에 대해 합리적이지 않은 대답을 하고 있다. 이 아이는 자연의 법칙과는 다른, 자기가 상상하는 세계를 그리고 있다. 이것이 비합리적이라고 치부될 수 있을지 몰라도 어른과는 다른 아동의 세계상임은 분명하다.

대개의 성장소설은 유년 시절에 대한 묘사를 담고 있는데 그것은 성장의 과정에서 어른들과는 다른 세계를 보여주기 위해서이다. 가령 독일문학에서는 괴테나 켈러, 헤세 등과 같은 작가들, 한국에서는 이문열, 박완서, 오정희, 영미 문학에서는 찰스 디킨스, D. H. 로렌스, 마크 트웨인 같은 작가들이 작품에서 어린 시절 세계 이해에 대한 직·간접적인 묘사를 하는 것을 볼 수 있다. 이런 유년묘사에서 우리가 알 수 있는 것은 어른의 세계가 아이들에게 적대적이고 폭력적이라는 점이다. 아이들은 어른들에게서 이유 없는 고난을 당한다. 그리고 어른들은 교화하거나 교훈하거나 가르치려고 노력한다. 아이들이 어른에 비해 불합리한 생각과 행동을 한다고 여기기 때문이다.[6]

---

5 Heide Wellershof und Ina Hesse(Hrsg.), *"Es is ein Vogel. Er kann fliegen im Text." KInder schreiben sich ihre Geschichten von der Seele.*, Attempto Verlag, Tübingen, 1997, 14쪽.

6 테리 이글턴은 이런 경우를 고아 모티브로 해석하고 있다. 테리 이글턴, 『문학을 읽는다는 것은』, 이미애 옮김, 책읽는수요일, 2016, 319쪽을 참조하라. "아동을 있는 그대로 존중하려

이런 적대적 세계는 프로이트와 랑크가 생각한 영웅신화에서 비롯된다. 프로이트에 따르면, 아이는 처음에는 어른(부모, 특히 아버지)을 과대평가한다고 한다. 소위 말하는 아이의 "가족 로망스"를 들어보면, "우리 아빠는 정말 힘이 세다."라든가 "우리 아빠는 정말 빨리 달릴 수 있다."와 같이 아빠를 포장하고 과대평가하는 것을 알 수 있다. 오토 랑크는 이런 가족 로망스의 기원이 영웅 신화와 밀접한 관계가 있다는 것을 알았다.

> 영웅의 부모는 가장 탁월한 혈통을 가지고 있다. 즉 영웅은 주로 왕의 아들이다. 그가 출생하기까지는 난관이 있는데 이를테면 금욕이나 불임, 또는 외부의 통제나 방해를 무릅쓴 부모의 비밀스런 동침 같은 것들이다. 임신 중에 또는 그 전에 꿈이나 신탁을 통한 예언이 나타난다. 주로 아버지나 군주의 자리를 위협한다며 아이의 출생을 경고한다. 태어난 아이는 동물이나 목동과 같은 하층민에게 발견되어 동물 또는 비천한 여인의 젖을 먹고 자란다. 아이는 성장하여 우월한 혈통의 친부모를 만나게 된다. 그리고 한편으로는 아버지에게 복수하고 다른 한편으로는 이 사실이 알려져 마침내 명예와 신분을 획득한다는 매우 다채로운 이야기 형태를 보여준다.[7]

면, 어른들과 다른 점을 인정해야 합니다. 그렇지만 아동을 불길하게 '다른' 존재로 취급할 정도는 아니지요. 빅토리아 시대의 일부 복음주의자는 자식들이 방종하고 회개하지 않는다고 여기면서 이런 실수를 저질렀습니다."

7 오토 랑크, 『영웅의 탄생』, 이유진 옮김, 루비박스, 2016(이하 오토 랑크), 152-153쪽.

유년기 아이의 부모 과장과 같은 이야기는 모세, 사르곤, 길가메쉬, 로물루스, 헤라클레스, 오이디푸스, 고주몽 같은 영웅 신화의 틀과 유사하다. 이에 대해 프로이트는 이렇게 말한다.

> (아이들의 부모에 대한) 과대평가에 따라 꿈이나 동화에 등장하는 왕이나 왕비는 바로 부모를 의미한다. 그러다가 아이는 나중에 경쟁의식과 현실적인 실망들로 인해 부모로부터 벗어나고 아버지에 대한 비판적 태도를 취하게 된다.[8]

동화나 신화에서 영웅이 귀족의 가정에서 태어나 하층민의 가정에서 자라나는 것도 아이가 성장하면서 겪는 부모에 대한 적대감을 말하려는 것이다. 찰스 디킨스의 올리버 트위스트나, 마크 트웨인의 톰 소여, 롤링의 해리 포터, 미하엘 엔데의 모모 등이 고아나 유기된 아이로 등장하는 것도 이와 같은 맥락에서 이해할 수 있다.

오토 랑크는 영웅이 왜 자신의 가족과 절연하고 자기가 태어난 지역을 부정하고 그곳을 떠나는가 하는 문제가 아이의 상상력과 관계되어 있음을 강조한다. 성인 신경증 환자가 내면아이에서 더 이상 자라지 못한 성인이라는 것을 생각한다면, 이들의 상상이 아이들의 이야기와 긴밀하게 연관되어 있음을 알 수 있다. 아이가 자라면서 부모의 간섭과 권위로부터 벗어나는 것은 어쩔 수 없이 겪어야 하는 것이기도 하지만 매우 고통스러운 일이다. 아마도 영웅 신화는 이런

---

8 지크문트 프로이트, 『그 사람 모세와 일신론적 종교』, 변학수 옮김, 그린비, 2020, 15쪽.

인간의 발달적 상황을 토대로 해서 만들어진 이야기일 것이다.

3-4세 이전의 아이들에게 부모라는 존재는 믿음과 보호와 권위의 원천이다. 아이 때는 아들이 아빠처럼, 딸이 엄마처럼 살고 싶은 것이 중요한 소원이다. 그러나 부모와의 동일화 시기가 지나면 차츰 자신의 부모와 다른 부모를 비교하게 된다. 그리고 부모가 나의 부모라는 점에 의심을 품게 된다. 다른 부모가 자기 부모보다 우월하다는 생각이 들면 부모를 향한 아이들의 태도는 돌변한다. 이것은 경쟁과 소외를 불러온다. 그리고 자신의 현재와 경쟁하게 되고 스스로 온전한 사랑을 다 받지 못하다고 느끼면서 아이 자신은 주워온 아이, 즉 기아(棄兒)라고 생각한다. 작가들이나 독자들이 고아(孤兒)나 기아(棄兒)를 아주 매력적인 인물로 선택하는 이유는 무엇일까? 그리고 심지어 부모가 있음에도 스스로 고아나 기아라고 생각하도록 만드는 이유는 무엇일까?[9]

물론 그것이 전래동화의 영향일 수도 있다. 그러나 그런 이야기는 고아나 기아가 경멸을 받으며 홀로 길을 개척해나가야 하므로 독자의 공감과 지지를 끌어내기가 쉽기 때문에 만들어진 것이다. 이런 의미에서 빅토리아 시대의 올리버 트위스트(아동소설)는 아메리칸 드림의 리허설(성인소설)이 되는 셈이다. 그러므로 사회적 상황의 개선으로 기아나 고아가 실제적으로 거의 없는 사회가 도래한 후에도 기아나 고아라는 설정은 아이가 적대적인 어른들에게 맞서는 유용한

9 아래 본문에서 다루게 될 『마법의 설탕 두 조각』의 렝켄이 그렇다. 그림동화의 주인공들의 부모가 친부모에서 차츰 계모나 계부로 바뀌는 이유도 기아나 고아 모티브와 유사하다.

장치가 된다. 그러나 아이는 어른들이 하는 방식으로 자기의 환상을 성취할 수 없다. 이에 따라 실재론적인 사고방식을 하는 아이에게 작가는 우연적인 공상을 실제적으로 일어난 일이라고 마법적으로 구체화함으로써 서사를 만들어간다.

아이는 이렇게 이야기(환상)에서 신화 속의 영웅을 재현하려고 노력한다. 그렇기 때문에 아이-영웅은 자신의 마음속에 있는 아이 자신의 성향이라고 말할 수 있다. 자신은 (현재의 부모와는 다른) 우수한 혈통이다. 그런데 (바구니에 담겨) 유기된다. 그래서 현재의 비천한 부모에게서 양육된다. 그러나 이 아이는 결국은 친부모에게로 다시 돌아간다. 이는 헨젤과 그레텔이 자기를 버린 부모의 집으로 다시 돌아가는 이야기와 같고 『해리포터』의 해리와, 톰 소여가 이모집에서 자라는 이야기와도 같다. 이런 이유에서 아이는 성인이나 부모에게 적대적이 되고, 그 성인과 싸워서 이기려면 마법이 필요하다.

아이들이 6-7세에서 8-10세로 성장하는 동안 마법은 차츰 꼬리를 감춘다. 그리고 그 자리에는 합리성이 들어서고, 유년기에 자주 돌출하던 충동도 차츰 사라진다. 글의 문체도 단순한 명사나 동사의 자리에 형용사를 많이 쓴 수사적인 문체가 들어오게 된다. 그렇기 때문에 만약 아동문학이라고 불리는 특정한 작품이 부모나 어른에 대한 적대감이 없고, 주로 어른들이 쓰는 문체라면 그것이 성인 문학이라는 점을 자인하는 것이다. 아이들은 적대감을 갖는 어른의 세계를 극복하기 위해 영웅의 힘, 즉 마법을 가진다. 그리고 그들에게 대항하기 위해 아직까지 개념보다는 구체적 그림, 즉 이미지를 즐기고, 성격 묘사나 감정의 나열보다는 충동적 행동을 한다. 어른도 자신의 유년기를 회상해 보면 이런 현상을 얼마든지 기억할 수 있다.

일반적으로 근대의 문학은 (그것이 아동문학이든 성인문학이든) 어른의 세계가 아이들의 세계와는 다르고, 그래서 어른들이 지적하고 처벌하는 것들이 아이들에게는 적대적으로 느껴진다는 사실로부터 시작된다. 『나의 라임 오렌지나무』에서 주인공 제제는 "어른들을 이해한다는 건 때때로 얼마나 힘이 드는지…" 하고 푸념한다. 이것은 단순히 아이의 푸념만은 아니다. 심지어 『어린 왕자』는 "어린아이들은 어른들을 항상 너그럽게 대해야만 한다."[10]라고 말하기까지 한다. 『마법의 설탕 두 조각』에서 렝켄은 요정에게 가서 엄마 아빠가 자기 말을 들어주지 않는 이유가 엄마 아빠가 자기보다 힘이 세기 때문이라고 말한다.

아이가 얼마나 어른에게, 반대로 어른이 아이에게 얼마나 적대적인지 켈러의 『초록의 하인리히』를 살펴보면 잘 알 수 있다.[11] 이 작품을 보면 우리가 아리에스의 주장을 확인할 수 있는 장면들이 등장한다. 아이가 자신만의 상상력을 발휘하다가 아무것도 모른 채 어른들의 세계를 위반하고, 그로 인해 어른으로부터 처벌을 받는 장면이

---

10 생텍쥐페리, 『어린 왕자』, 전성자 옮김, 문예출판사, 1999, 18쪽.

11 이 책은 우리나라 말로도 번역되어 있다. 고트프리트 켈러, 『초록의 하인리히 1』, 고규진 옮김, 한길사, 2009(이하 켈러). 19세기 독일 사실주의의 대부분의 소설가들이 대체로 그렇듯이 켈러도 앞 시대의 스승인 괴테가 쓴 『빌헬름 마이스터의 수업시대』를 닮은 소설을 썼다. 이런 소설을 우리는 성장의 과정을 다룬 소설이라고 하여 성장소설, 교육소설, 교양소설이라는 이름을 붙인다. 그런데 이들 교양소설은 유년시절에 대한 회상을 기술하고 있다는 공통점이 있다.

다음과 같이 묘사된다.

나는 욕구도, 감사하는 마음도, 옳고 그름도 몰랐다. 그래서 내 관심이 하느님에게서 벗어나 있을 때에도 나는 전혀 개의치 않고 태연자약하게 살았다. 그러나 곧 하느님과의 관계를 더 의식하며 접근할, 그에게 처음으로 내 인간적인 욕구를 제기할 계기가 찾아왔다. 나는 그 당시 대략 50-60명의 어린 소년 소녀가 수업을 받았던 어느 음울한 강당에 서 있는 여섯 살의 나를 바라보고 있다. 커다란 알파벳이 멋지게 그려져 있는 칠판 주위에 다른 아이들 일곱 명과 함께 동그랗게 둘러서서 나는 다음에 무슨 일이 펼쳐질지 잔뜩 긴장한 채 말없이 귀를 기울이고 있었다. 우리가 모두 신입생이었기 때문에 첫 시간에 손수 지도하기를 원하셨던 머리가 커다랗고 우락부락한 초로의 교장선생님은 우리에게 번갈아가며 그 이상하게 생긴 문자들의 이름을 대 보라고 하셨다. 나는 언젠가 상당히 오래전에 무척 내 마음에 들었던 품퍼니켈(곰보호밀빵이라 불리는데 욕설로도 사용되는 말이었다) 이라는 말을 들은 적이 있다. 다만 나는 그 낱말이 신체적인 외형을 표현할 때도 쓰인다는 것을 까마득히 모르고 있었고, 더욱이 이 이름을 지닌 것은 집에서 수백 시간 걸리는 곳에 떨어져 있어서 아무도 내게 그런 정보를 알려줄 수 없었다.

어쨌거나 나는 그때 전체적인 모습이 너무도 기묘하고 우스꽝스럽게 여겨졌던 그 커다란 P의 이름을 즉석에서 말하길 요구받았다. 생각이 분명해지면서 나는 단호한 어조로 "이건 품퍼니켈입니다!"라고 대답했다. 나는 세상에 대해서도, 나에 대해서도 그리고 품퍼니켈이란 것에 대해서도 아무런 의심을 품지 않았던 터라 내심 기뻤다. 하지만 내 얼굴이 점점 진지해지고 만족스러워질수록 교장선생님은 점점 더 나를 뻔뻔하고 닳아빠진 말썽꾸러기로 여겼다. 그런 녀석의 못된 버르장머리는 즉시 손을 봐주어야 할 터였다. 그는 내게 와서 다짜고짜 내 머리칼을 움켜쥐고 1분 남짓이나 무지막지하게 이리저리 흔들어댔고, 나는 볼 수도 들을 수도 없는 지경이 되었다. 이런 갑작스러운 공격은 처음 겪는 생소한 일이라 악몽과도 같아서 나는 그 순간에는 아무 말도 못하고 눈물도 흘리지 않은 채 교장선생님만 멀뚱멀뚱 바라보았지만, 속으로는 가슴 조이는 불안감에 떨고 있었다.[12]

'하인리히'의 기억에서 우리는 다음과 같은 사실을 추론해 볼 수 있다. 먼저, 아이와 어른은 같은 대상을 두고 다르게 생각한다는 것이다. 교장선생님은 기존의 이데올로기 체계(여기서는 기독교 성만찬)에 속해 있기 때문에 품퍼니켈의 의미를 안다. 그리고 그 의미를 모르는 아이의 행위를 자신에 대한 도전으로 받아들인다. 그러나 이 아이는 품퍼니켈을 중심에 둔 상상력에만 관심을 두고 있다. 그것은 그냥 재밌는 상상일 뿐이다. 그러나 어른은 아이의 이런 상상의 세계를 관용하지도 않고, 어린아이의 이런 유희의 세계를 아이답게 여기지도 않는다.

---

12 켈러, 54-55쪽.

아이가 아이답게 인정받은 것은 서양에서도 1960년대 이후에서야 가능한 일이었다. 물론 19세기에 창작된 『이상한 나라의 앨리스』에서는 이미 아이들의 상상의 세계에 대해 어느 정도 인정하지만 아이들의 고유한 세계가 사회적으로, 교육학적으로 인정된 것은 그 이후의 일이다. 우리나라 작품에도 이런 면들이 있을까? 이와 비슷한 경우를 나는 이문열의 「타오르는 추억」에서 찾아보았다.

> 그 대표적인 경우 가운데 하나가 남녀가 붙어 있던 기억이다. 아주 어렸을 적에는 어른들이 항상 둘씩 붙어 있었던 것 같았는데 나도 모르는 사이에 각기 떨어져 살게 되었다는 내용이었다. 어느 날 우연히 그걸 떠올리자 나는 갑작스레 그 까닭과 시기가 궁금해져서 가장 기억이 생생하고 증거도 쉽게 댈 수 있는 사촌 형수에게 물어보았다. 그때만 해도 그녀는 내게 아직 뒷날 같은 표독을 부리지 않고 있었다.
> 「새아지매, 새아지매는 언제 큰형과 떨어졌노?」
> 「아이, 데련님, 그기 무신 말입니꺼?」
> 사촌 형수는 또 무슨 뚱딴지 같은 소리냐고 묻는 듯한 눈길로 나를 보며 말했다.
> 「전에는 큰형님하고 붙어 있었던 것 같은데 언제 떨어졌노, 이말이라」
> 「별소릴 다 하네예, 지가 언제……」
> 「새아지매도 참—이래 붙어가지고 누워 있기도 하고 앉아 있기도 안 했나?」

나는 마주보고 끌어안는 시늉까지 해보이며 물었다. 그녀는 이미 결혼한 지 4년이나 되었고, 말하는 나는 겨우 국민학교에 입학한 때였지만, 웬일인지 사촌 형수의 얼굴이 갑자기 붉어졌다. 그러나 다소 마음에 걸렸지만 나는 내친김이라 계속했다.

「둘이 붙어 들에도 가고, 밭도 매고 물도 긷고 안 했나 말이다. 그런데 언제 떨어졌노?」

「데련님, 그런 소리 하믄 몬써요, 다시 그러매이 소리 하믄 형님한테 일러 시껍시킬 끼래요.」

사촌 형님한테 이른다는 폼이 조금도 엄포로 느껴지지 않을 만큼 매몰찼다. 그렇게 되면 큰일이었다. 그 무렵 어머니와 나는 아직 큰집에 더부살이를 하고 있을 때라 사촌 형님은 집안의 유일한 남자 어른이었는데 내게는 특히 엄했다. 그러나 사촌 형님이 무서워 더 이상 캐묻지는 못해도 궁금함은 여전히 남아 있어 다음부터는 사촌 형수 말고 또 남자와 붙어 있던 걸로 기억되는 마을 아주머니들에게 묻기 시작했다. 한결같이 당황해하거나 성내는 것으로 보아 어느 정도 사실인 것 같은데도 대답은 약속이나 한 듯 발뺌이었다. 그러다가 어느 날 드디어 나는 호된 꼴을 당하고 말았다. 또 누군가 동네 새댁네를 붙잡고 그걸 묻고 있는데 갑자기 눈앞이 번쩍했다. 어디선가 사촌 형님이 솥뚜껑 같은 손바닥으로 힘껏 따귀를 올려붙인 것이었다.

「요, 배라묵을 놈, 애비 없는 호로자식이라 카디 니가 똑 글쿠나. 예라이, 요 못되 빠진 노무 짜슥…….」

그리고 그 길로 집에 끌려온 나는 싸리 회초리가 너덜너덜해질 때

까지 맞고 내가 전에 본 것이 거짓이라는 걸 자백한 뒤에야 그 이해 못할 재난에서 벗어났던 것이다.[13]

1950년대나 1960년대의 상황으로 보이는 이 내용은 아동의 처지라는 관점에서 볼 때 앞에서 인용한 켈러의 작품과 그 체험내용이 비슷하다. 작품 속 주인공인 '나'는 본 것에 대해 말했지만 (그것이 사실이든 아니든) 어른들에 의해 호된 꼴을 당한다.

허구적 작품에서 아이의 인식이 사실인지 아닌지는 알 수 없지만 독자는 대체 어떤 상황인지 짐작할 수 있고 아이는 모르지만 독자인 어른은 안다. 분명한 것은 아이가 본 것과 어른이 본 것이 대상으로서는 같지만 해석이 다르다는 점이다. 아이가 본 것은 "어른들이 붙어 있다"는 행위(상상)이자 그것이 무엇인지에 대한 물음이지만, 어른들은 그것이 도덕적으로 수치스러운 것이기에 이기적으로 아이를 처벌하고 있다. 이것은 아이에게 재난을 몰고 온다. 박완서 또한 『그 많던 싱아는 누가 다 먹었을까』에서 비슷한 유년의 경험을 토로한다. 이것은 대체로 일제강점기, 1940년대로 추정된다.

어느 날은 길에서 주운 석필 조각으로 땅바닥이나 남의 집 담벼락에 뭔가를 그리면서 같이 놀던 동무가 이상한 제안을 했다. 엉덩이를 까고 앉아 서로의 성기를 땅바닥에다 그리는 일이었다. 왜 그런 기상천외의 놀이를 했을까. 너무 심심해서였다. 좀 커서 공중변소

13 이문열, 『타오르는 추억』(이문열 대표작품선), 도서출판 한겨레, 1998, 97쪽.

> 같은 데서 성기를 비롯한 이상한 그림을 볼 때마다 나는 그때 생각이 나면서 호기심이나 혐오감보다는 아아, 얼마나 심심했으면, 하곤 안쓰러워지곤 했다.
>
> 우리는 서로 사생하듯이 성기를 그리다가 익숙해진 솜씨를 우리 집 담벼락에까지 써먹다가 엄마한테 들켜 지독하게 얻어맞았다. 다시는 그 아이하고 놀지 않겠다고 맹세를 했지만 나는 다시 엄마 몰래 그 아이하고 놀았다. 엄마는 나를 때리면서 그 아이 탓만 했다. 나는 그 아이하고 같이 논 것이지 그 아이가 시키는 대로 한 게 결코 아니었다. 나는 매보다도 내 동무뿐 아니라 동무네 부모까지 싸잡아 엄마한테 욕을 먹는 게 참을 수가 없었다.[14]

그야말로 마음대로 놀고 마음대로 그리는 것, 그것이 아이들의 내면세계이다. 그러나 그것을 어른들의 도덕은 참을 수 없다. 이때 같은 대상에 대해 아이들은 어른들과 다른 관점을 갖고 있다. 나아가 어른들은 이를 관점의 차이로 보는 것이 아니라, 아이가 "동무를 잘못 사귄 것" 때문이라고 그들의 관점으로 해석하는 것을 볼 수 있다. 화자는 분명 "심심해서" 그랬고, 자발적이었으며, 매우 재미있었다고 말하는데도 말이다.

이런 아이에 대한 편견은 2000년대까지도 우리 사회에 만연했기 때문에 그에 대한 반영이라고 할 수 있는 문학은 이런 문제에서 자유로울 수 없다. 다음은 조창인의 『가시고기』의 첫 부분이다. 아이

---

14 박완서, 『그 많던 싱아는 누가 다 먹었을까』, 웅진닷컴, 2003, 63-64쪽.

의 시각으로 서술한 것이 눈에 띈다.

> 아빠는 멍텅구리입니다.
>
> 나는 지금 멍텅구리 아빠를 보고 있답니다.
>
> 창밖에는 비가 옵니다, 부슬부슬. 비는 아침부터 내렸지요. 지금은 저녁이구요.
>
> 아빠는 소아병동 뒤뜰 나무 의자에 앉아 있습니다. 의자는 푹 젖어 있을 겁니다. 아빠도 의자만큼 푹 젖어 있겠구요.
>
> 아빠에겐 우산이 없습니다. 우산이야 구내 매점에서 얼마든지 살 수 있을 텐데, 괜히 비를 맞고 있는 아빠 때문에 난 무지무지 속이 상합니다. 약도 오르구요. 왜 비는 그치지 않는 걸까요.
>
> 비 내리는 날에는 창문조차 열지 못하게 하는 아빠죠. 내가 감기에 걸릴까봐 걱정이 이만저만 아니랍니다. 하지만 아빠 자신은 흠뻑 비에 젖은 채입니다. 이유를 물으면 아빠는 틀림없이 말하겠죠.
>
> "아빠는 어른이고, 다움이는 꼬마이기 때문이지."[15]

이 서술은 분명 위의 서술방식과는 다른 아이의 기준에서 출발한다. 어딘가 모르게 어른이 썼다는 느낌과 동시에 아이가 썼다는 느낌을 준다. 이 작품이 아이다움의 원칙을 지킨다는 점에서는 순수하게, 이 아이가 각본대로 조종당하고 있다는 점에서는 어른이 썼다는 느낌을 준다. 작품이 이렇게 된 데에는 '착하고 불쌍한 아이'라는

15 조창인, 『가시고기』, 밝은 세상, 2000, 7-8쪽.

인물을 만들기 위해서이기 때문이다. 그러나 아빠를 "멍텅구리"라고 부르는 것 자체는 아이다움이라고 할 수 있다. 이렇게 문학이 교육이라는 실용적 측면에서 이해된다면 그것은 예술이 아니다. 나는 아직 한국의 아동 문학이 이득과 무관한 아이다움에서 출발하는 것을 보지 못했다.[16] 그에 반해 스웨덴의 작가 아스트리드 린드그렌이 1945년에 쓴 『내 이름은 삐삐 롱스타킹』은 전혀 새로운 아이의 시선으로 이야기를 한다.

> 어느 작은 마을 변두리에 잡초가 무성한 오래된 정원이 있었다. 그 정원에는 낡은 집 한 채가 있었고, 이 집에 삐삐 롱스타킹이라는 아이가 살고 있었다. 그 아이는 아홉 살인데 혼자 살고 있었다. 삐삐한테는 엄마 아빠가 없었지만 사실 그것도 아주 잘된 일이었다. 왜냐하면 한창 신나게 놀고 있는데 "자, 이제 자야지." 한다거나, 캐러멜이 먹고 싶은데 간유를 먹으라고 할 사람이 없으니까.[17]

아이는 이렇게 발견된 것이다. 다시 말해 어른이 세운 목표를 지향하지 않는 이야기를 통해 아이가 발견되었다. 나아가 이런 아이를 그린 이야기가 곧 아동문학이다. 물론 19세기에 쓰인 『이상한 나라의 앨리스』에서도 상상력을 발휘하는 아이가 보이지만, 아직까지 사

16 18세기 말에 쓰인 『판단력 비판』에서 칸트는 "어떤 대상이 아름답기 위해서는 이득과는 무관해야 한다."라고 말하고 있다. 그의 이론에 따르면 도덕이나 교육, 종교 경전이나 조상 송덕이나 광고 등은 예술품이 아니다.

17 아스트리드 린드그렌, 『내 이름은 삐삐 롱 스타킹』, 햇살과 나무꾼 옮김, 시공주니어, 1996(이하 린드그렌), 9-10쪽.

회적으로, 다시 말해 다른 아이들과의 관계에서 발견된 것은 아니다.

그러나 삐삐는 엄마 아빠가 없는 것이 아주 잘 된 일이라고 기뻐하지 않는가! 꼬마 니콜라는 오늘 학교에 담임 선생님이 오지 않는다고 얼마나 기뻐하는가! 렝켄은 엄마 아빠가 손톱만큼 작아지는 일에 열광하고 있다! 삐삐의 아빠는 사라졌지만 살아 있을 때는 "식인종의 왕"이었다. 이 또한 받아들일 수 없는 일이다. 그러나 삐삐에게는 이것이 더없이 자랑스러운 일이다. 왜냐하면 자기가 생각한 대로 세상을 만들 수 있기 때문이다. 그것을 우리는 피아제의 이론에 따라 아이들의 마법이라고 한다. 영웅의 이야기가 아이들의 이야기로 거듭나는 순간이 바로 아이가 발견된 시기이고, 아이다움이 발견된 시기가 곧 아동문학의 발견을 의미한다.

2. 피아제와 아동의 세계상

피아제는 아이들이 어른들과는 다르게 생각한다고 말한다. 앞서 언급한 그의 저작 『아동의 세계상』에서 피아제는 이 문제를 탐구하기 위하여 3세에서 12세에 달하는 수백 명의 아이들과 인터뷰를 하였다. 생각은 어디에서 나오는가? 우리가 꿈을 꿀 때 무슨 일이 일어나는가? 해와 달, 구름은 어떻게 생겨났는가? 이런 질문을 중심으로 피아제는 대부분의 지능(IQ)테스트 학자들과는 달리 정답보다는 오답에 집중했다. 그 결과 아이들은 자신들만의, 어른들과는 전혀 다른 사고방식을 가지고 있다는 판단에 이른다. 아이들은 천부적인 자기중심주의에 근거하여 이 세상의 모든 것에 관여할 수 있다고 믿는다.

모든 사물은 아이들의 관점에서 보면 살아 있으며, 또한 생각을 가지고 있다. 그래서 인간이 그 사물에 영향을 미칠 수 있다고 본다.[18]

아이들은 자아와 외부세계, 심리적인 것과 육체적인 것을 뚜렷이 구별하지 못한다. 아이들은 자아중심주의를 토대로 대상들이나 자연의 대상들을 살아 움직이는 것으로 여긴다. 그리고 이 모든 대상들은 인간들이 만든 것이라고 믿는다. 그리고 현실을 바꾸기 위해 아이들은 마법적 행위와 의식(Ritual)을 발달시킨다. 그렇기 때문에 우리가 아동문학을 연구하기 위해서는 아이들이 보여주는 독특한 세계상과 아이들의 독특한 언어를 탐구하여야 한다. 아이들이 자기중심주의에 사로잡혀 있다는 것은 아이들이 자신을 둘러싸고 있는 세계와 자신을 구별하지도 못하고, 다른 관점을 가질 수 있는 주체를 확립하지도 못한다는 뜻이다. 그러니까 아동의 발달은 아이들이 이런 원초적인 실재론으로부터 자신을 해방하는 과정이라고 말할 수 있다.

피아제가 마법적 언어라고 하는 아이들의 언어 뒤에는 실재론적, 인공론적, 물활론적 세계가 있다. 물활론(애니미즘)이란 어린이가 무생물계를 생물계의 인간을 대하듯 하는 태도로 대하거나 돌부리에 발이 걸리면 그 돌을 '때찌'(파치) 하고 때려주는 행위를 말한다.[19] 사

---

18 장 피아제는 생물학과 심리학을 결합한 관점에서 이 연구를 완성한다. 피아제는 일반적인 접근방법인 지능검사 대신 개방적인 질문을 하고 그에 대한 아이들의 반응을 관찰한다. 피아제는 자신의 주장을 정당화하기 위해 제네바에 거주하는 수백 명의 아동들과 인터뷰를 하고 그들의 말을 일일이 기록하였다. 그러나 그의 이 연구는 이후의 학자들에게서 미취학 아동들의 논리적 능력을 과소평가했다는 비판을 받는다.

19 브루노 베텔하임, 『옛 이야기의 매력 1』, 시공주니어, 2014(이하 베텔하임), 78쪽 이하, 마법에 관한 그의 생각을 참조하라. 같은 곳에서 그는 애니미즘에 대하여서 루트 베네딕트의 의

실 우리가 아는 그림 동화, 페로 동화 등은 이런 애니미즘적 세계상으로 만들어져 있다. 그렇기 때문에 현대의 창작동화(아동문학)라 하더라도, 그것을 창작할 때나 그것으로 아이들을 교육할 때, 나아가 아이들과 소통할 때, 이런 아이들의 세계상과 언어를 벗어나지 않아야 한다.

아이들이 "엄마, 내 꿈 보고 싶지? 나랑 베개 같이 베고 자자."[20] 라고 말한다면 이것은 아이들이 꿈과 현실을 혼동하는 실재론적 세계상을 갖고 있음을 드러낸 것이다. 그리고 우리는 이야기의 대화나 묘사가 이렇게 아이들의 세계상처럼 이루어져 있을 때, '아, 이것이 아동문학이구나!' 하고 느끼게 된다. 『프레드릭』이라는 그림책에서 주인공인 들쥐 프레드릭은 이런 시를 읊는다. "눈송이는 누가 뿌릴까?/얼음은 누가 녹일까?/유월의 네잎 클로버는 누가 피워낼까?/달빛을 밝히는 건 누구일까?" "눈송이", "얼음", "네잎 클로버", "달빛"으로 대변되는 삼라만상이 아이들의 눈에는 누군가 만든 것으로 파악된다. 이것을 우리는 아이들의 인공론적 세계상이라고 한다. 아이가 자라 차츰 어른이 되어가면서 이런 식의 말을 하지 않는다.

피아제는 아동의 발달을 생물학에서 차용한 "동화와 적응"이라는 개념으로 파악하고 있다. 가령, 아이들은 '산은 자라는 돌로 만들어진 것'이고 생각한다. 아이들은 소위 '자란다'는 개념을 산에 투영한다. 아이들은 자기들이 알고 있는 도식에 다른 사물들을 동화시킨

견을 따르고 있다. 그리고 애니미즘에 관한 피아제의 연구를 인용하고 있다.

20 추콥스키, 43쪽.

다.[21] 나중에 아이들은 자신들의 실수를 알고 난 다음, 죽은 사물을 살아 있는 사물과 구별하기 시작한다. 그리고 그들의 도식을 따라 맞춰가며 그것들을 그 도식에 적응시킨다. 피아제의 이론은 18세기의 루소나 19세기의 미국 심리학자 제임스 마크 볼드윈(James Mark Baldwin, 1861-1934)의 것과 유사하다. 아이는 아직 자아의식이 성립되지 않은 단계라고 볼드윈은 설명한다. 피아제는 다만 앞의 두 학자들과는 달리 엄격한 아이의 나이 차를 염두에 두는 것이 아니라 유동적인 과도기와 아이의 개인차를 인정했다.

피아제는 아이들의 이런 특성을 관여(participation)[22]라는 개념과 같은 것으로 보는데, 그는 이를 프랑스의 철학자이자 민족지학자인 뤼시앵 레비브륄(Lucien Lévy-Bruhl)에게서 빌려왔다. 레비브륄은 이 개념을 원시인[23]의 특성으로 규정했는데, 원시인들은 꿈과 현실, 현재와 과거를 분명하게 구별하지 못한다는 관점이다. 레비브륄은 이들이 관여라는 전 논리적인 정서에 의해 지배되고 있다고 주장하였다. 피아제는 이와 유사하게 아동의 자아중심주의가 항상 중심에 서 있어야 할 성인의 자기중심주의와는 구별된다고 본다. 아동의 자아중심주의란 자아와 세계 사이의 불완전한 분리로 인해 생긴 구조적

---

21 이런 관점에서 본다면 성인이 성인을 위해 쓴 시도 아동의 세계상을 갖고 있다. "산 그림자도 외로워서 하루에 한 번씩 마을로 내려온다"(정호승, 「외로우니까 사람이다」에서 인용)를 예로 들 수 있다.

22 융즉, 또는 감응이라고 번역하기도 한다.

23 과거에 원시인 또는 미개인으로 지칭하던 것을 원시인으로 부르는 것이 타당하다. 왜냐하면 앞의 말들은 현대 인류와 비교해 열등하다는 부정적인 뜻을 내포하고 있기 때문이다. 『서양미술사』를 쓴 곰브리치 또한 같은 생각을 피력하고 있다(다만 우리말로는 원시인으로 번역되어 있다). 에른스트 곰브리치, 『서양미술사』, 예경, 2002(이하 곰브리치), 39쪽을 참조하라.

무능력을 말한다.

그래서 아동은 다른 사람이 보는 관점을 따른다. 이것은 일종의 선천적 자폐성에 비견할 수 있는 것으로서, 얼마 전에 유행한 드라마 〈이상한 변호사 우영우〉에서 자폐 스펙트럼 장애를 가진 우영우가 상대의 행위를 반복한 것도 이런 이유 때문이다. 보통의 아이들은 성장하면서 이를 극복한다. 피아제는 아이의 물활론에 프로이트의 개념인 투사라는 측면이 있다고 인정하지만, 동시에 그는 프로이트의 이론과는 확연히 선을 긋는다. 우리가 의식의 내용들을 외부세계에 전이할 수 있다는 생각은 아이들의 생각으로는 불가능한, 외부와 내부의 분리를 전제할 때 가능하기 때문이다. 그는 아이가 길을 가다가 벽에 부딪쳤을 때, 그 벽이 자기를 때렸다고 생각하는 것은 투사가 아니라 내향성이라고 본다. 아직 극복되지 않은 자아중심주의의 결과이다. 그 결과 아이는 자기에게 적대하는 모든 것은 나쁘다고(나쁜 사람이라고) 말하는 것이다. 그리고 이것이 레비브륄의 관여와 같은 개념이다.

『서양미술사』로 유명한 곰브리치 또한 이와 유사한 생각을 한다. 그는 "원시인들에게는 실용성에 관한 한, 집을 짓는 것과 상(像)을 만드는 것(그림을 그리는 것: 필자 주) 사이에는 아무런 차이가 없다."라고 말한다.[24] 그러므로 원시인들은 무엇이 그림이고 무엇이 현실인지를 잘 분간하지 못할 때가 많다. "언젠가 한 유럽의 화가가 아프리카의 마을에서 소들을 그렸더니 원주민들은 실망해서 '당신이 그 소들

24 곰브리치, 40쪽을 보라.

을 끌고 가버리면 우리는 무엇으로 살아가나요?'라고 항의했다고 한다."[25] 이런 측면에서 아이들의 사고가 원시인들의 사고와 매우 유사함을 알 수 있다. 이런 맥락에서 우리는 피아제가 제시한 아동의 세계상을 세 단원으로 나누어 구체적으로 살펴볼 필요가 있다.

첫째 단원은 아동의 실재론이다. 두 번째 단원은 물활론, 그리고 마지막 단원은 인공론이다. 사실 이렇게 세 단원으로 나누어놓긴 했으나 피아제의 기본적인 주장과 진술은 상당 부분 겹치거나 여러 번 반복되고 심지어 유사한 현상을 포함하고 있다. 가령 '곰돌이 푸'의 목적론 행위는 인공론적 세계상의 일부이고, 상징은 실재론적 세계의 도구이며, 동물 우화의 의인화는 물활론의 연장선상에 있다.

2.1. 눈에 보이고 만질 수 있는 세계(실재론)

아이들은 사고함에 있어서 주체와 객체를 구분하지 못한다. 피아제는 이것을 실재론적 사고라고 말한다. 그것은 아이가 자신의 자아에 대해 의식적이지 못하기 때문에 발생하는 일이다. 그래서 자신의 시각을 절대적인 것으로 여긴다. 그러니까 사고와 사물, 내부와 외부가 아이에게는 존재하지 않는다. 아동은 자신의 사고와 감정을 사물에 투사한다. 가령 무엇으로 생각을 하느냐에 대한 대답으로 6세까지의 아동들은 거의 다 입이나 귀로 생각한다고 말한다. 대개는 8세 정도가 되어야 생각이 머리에 있다는 대답을 한다. 그것은 어른들의 영향으로서 6세 이전의 아이라도 이런 교육을 받았다면 머리

25 곰브리치, 같은 곳.

로 생각한다고 대답을 한다. 심지어 8세가량의 아이도 생각이 어떤 물질적인 것이라고 생각한다. 바람이 부는 것도 물질적인 것이고, 머리에 목소리가 있기에 단어도 만들어내고, 또 이 단어들은 사물들에 직접 영향을 미친다고 생각한다.

생각과 몸을 완전히 구분하는 것과 거리가 먼 어떤 존재를 생각해보자. 10세까지의 아이들도 집 그림과 실제의 집을 구별하지 못한다. 7세의 어떤 아동은 이름이 사물의 본질에 속한다고 생각하고, 그 집이라는 이름이 실제 집의 보이지 않는 특성을 간직한다고 생각한다. '해'(태양)라는 말은 해의 열기와 모양, 색깔을 간직하고 있다고 본다. 7-8세의 아동들은 최초의 사람들(원시인들, 신)이 사물의 이름들을 사물과 똑같다고 생각한다. 그러니까 해는 '해'라는 말과 똑같이 만들어진 것이다. 10세 정도의 아이들은 사물이 먼저 있었고 그 후에 사람들이 그 이름을 붙여줬다고 생각한다.

피아제에 따르면 아이들은 꿈에 나타난 것을 외부 현실에서의 침입자로 인식한다. 아이들은 꿈이 가상이라는 것을 알기는 하나 그것이 그들의 외부에 살고 있는, 그들의 꿈에 나타나는 사람 또는 사물들과 어떤 연관관계를 맺고 있고 실재하는 것으로 본다. 그러므로 아이들은 자신들이 가진 심상과 자신들이 그린 그림을 다르다고 생각하지 않는다. 6세 아동은 꿈이 자기 머리에서 생겨나는 것이라고 알고 있기는 하나, 이것이 어떤 물질적인 것이고, 자기 방에 같이 살고 있는 것이라 믿는다. 11살이 넘어야 아이들은, 스스로 혹은 교육에 의해, 꿈이 실재하거나 물질적인 것이 아니라 그저 생각일 뿐이라는 것을 안다.

아이는 자기 주관성에 대해 알지 못하고, 자기가 세계의 중심이라고 생각하므로(이렇게 되면 자신과 세계가 구별되지 않는다) 모든 대상에 관여하고 그 대상에 영향을 미치는 것이 가능하다. 어른들은 말과 그림에서 사물을 지시하고 암시하는 상징을 본다. 이에 반해, 아이들은 이것들이 실제의 사물들이라고 믿는다. 그래서 아이들은 생각이나 행동, 말이나 시선들이 실제 사물에 영향을 미칠 수 있다고 믿는다. 그 결과, 아이들은 이런 목적으로 비밀스런 주술행동과 의식을 만들어낸다. 숫자나 리듬에 따른 행동, 일정한 반복적 행동으로 성벽의 돌을 만지는 것은 불행을 막고 소원 성취를 겨냥한 것이다. 나아가 아이가 심리적인 것과 육체적인 것을 아직 혼동하고 있기에 아이는 모든 육체적 현상에 선한 의지 또는 악한 의지가 있다고 본다. 아이가 차츰 성장할수록 이 원초적 실재론과 '관여'에 대한 믿음은 사라지게 된다.

앞에서 소개한 켈러의 『초록의 하인리히』에서 주인공 하인리히는 종종 자신의 어린 시절을 회상하는데, 그중에는 어릴 때 개신교에서 말하는 하느님에 대해 자신이 어떻게 상상했는지를 회상하는 장면도 나온다.

> 첨탑 꼭대기에서는 금빛 수탉 형상의 풍향계가 광채를 발하며 돌고 있었다. 황혼 무렵 종이 울릴 때면 엄마는 하느님의 말씀에 대해 말하면서 기도하는 법을 가르쳐주었다. 그럴 때면 나는 "하느님이 뭐예요? 남자예요?"라고 물었다. "아니야, 하느님은 영이란다!"라고 엄마는 대답했다. 교회 지붕이 점차 잿빛 그늘 속에 잠기

면 햇살은 작은 첨탑에까지 기어 올라가 맨 나중에는 금빛 풍향계에서만 반짝거렸다. 그러던 어느 날 저녁 나는 불현듯 이 빛나는 수탉이 하느님일 거라는 어떤 확신을 갖게 되었다. 수탉은 내가 꽤 즐겨 읊조릴 줄 알았던 짧은 어린이 기도문에서도 막연하나마 하느님의 존재 같은 역할을 했다.

하지만 언젠가 화려한 호랑이가 의젓하게 앉아 있는 모습이 그려진 그림책을 받아 보았을 때 하느님에 대한 나의 연상은 점차 이 호랑이에게로 옮겨갔다. 그렇다고 풍향계의 수탉에 대해서 그랬던 것처럼 그것에 관해 어떤 생각을 말한 적은 없었다. 그것은 전적으로 내부적 생각이었다. 그래서 하느님이라는 이름이 불릴 때에는 처음에는 번쩍거리는 수탉이, 다음에는 그 멋진 호랑이가 어른거렸다.[26]

엄마에게 "하느님"이 뭐냐고 물어본 아이는 그 실체를 (어른이 보기에) 엉뚱한 데서 찾고 있다. 이 아이는 그것이 "수탉"이나 "호랑이"로 실재한다고 생각한다. 이처럼 아이들은 어떤 생각이나 이념을 구체적 대상물에 투영하여 동일시한다. 이것은 마치 중세 보편논쟁에서 윌리엄 오컴이 보편자가 없다고 말한 것과 같은 이치다. 아이들은 자기가 보고, 듣고, 느끼고, 생각하고, 상상하는 것은 모두가 외부에 실재하고 있다고 생각한다. 이것을 우리는 실재론이라고 말

26 켈러, 53-54쪽. 이 책의 번역을 따랐으나 "신"이라는 말 대신에 "하느님"을 썼고, 문맥에 따라 약간 말을 바꾸었다.

한다. 이렇게 아이들은 심리 현상과 물리 현상을 혼동한다. 예를 들어, 생각이란 소리이기 때문에 입을 다물면 생각은 없어진다고 믿고, 고기나 뱀은 소리를 내지 못하기에 생각을 못 한다고 믿는다.

서양(독일)의 문학뿐 아니라 앞에서 인용한 우리나라의 소설, 이문열의 「타오르는 추억」에도 이와 비슷한 아이들의 내면세계를 보여주는 대목이 있다.

> 듣기에는 좀 이상하겠지만, 나는 살아 있는 사람의 가슴속을 들여다본 적이 있다. 내게 무슨 특별한 재간이 있어 사람의 속마음을 읽어낸다거나 내과의로 흉부 절개 수술을 했다는 뜻이 아니라, 말 그대로 살아 있는 사람과 가슴속을 들여다본 것이었다. 다름 아닌 할머니의 가슴으로, 그때 할머니가 무슨 미닫이를 열 듯 누렇고 엷은 살가죽을 열어젖히자, 가장자리부터 푸르스름해져 들어가 심장께는 온통 검푸르게 되어 있는 그 속이 들여다보였다.[27]

추측건대 이 아이는 할머니가 '내 가슴이 피멍이 들었다'고 했을 정도의 말을 들었을 것이다. 그러면 아이는 이것을 어른들처럼 어떤 은유나 상징으로 생각하지 않고 실재라고 생각한다. 가슴을 "미닫이"처럼 열고, 그 안에 있는 검푸른 심장을 보게 되었다고 생각한 것은 아마도 어른들이 흔히 말하는 "가슴을 열어 보여줄 수도 없고…"와 같은 말을 듣고 상상한 것일 수도 있다. 이렇게 아이들의 생각은

27 이문열, 『타오르는 추억』, 94쪽.

구체화된 대상을 통해서만 가능하다. 아이의 첫 관심, 첫 놀이, 첫 그림은 모두 실재론적이고, 존재하는 것을 모방한 것이다. 다시 말하면 아이들의 모든 생각은 실재하는 것들을 향해 있다.[28] 아이들은 어른들처럼 생각과 실제의 세계를 분리하지 않는다. 여기에서 어른들이 소위 말하는 '마법'이 발생한다. 그러므로 '마법'이란 말은 어른의 말이지, 아이나 원시인의 말은 아니다.

주의해야 할 것은 여기서 말하는 실재론은 객관성과는 다른 개념이라는 점이다. 실재론은 나(주관)와 실제가 구별되지 않는 것이고, 객관성은 나(주관)가 있고 그것이 언제나 미혹에 노출될 수 있다는 점을 인정하는 것이다.

한쪽 시력을 잃은 아버지
내가 무심코 식탁 위에 놓아둔
까만 나팔꽃 씨를
환약인 줄 알고 드셨다
아침마다 창가에
나팔꽃으로 피어나
자꾸 웃으시는 아버지

— 정호승 「나팔꽃」 전문[29]

---

28 피아제, 43쪽.
29 정호승, 『포옹』, 창비, 2007, 11쪽.

이 시는 아이들의 생각과 동일한 세계상을 보여준다. “환약”과 “나팔꽃 씨”는 외형만 비슷하지 아무런 연관성이 없다. 하물며 “나팔꽃 씨”를 먹었다고 화자의 “아버지”가 나팔꽃처럼 웃는다는 것은 믿을 수 없는 일이다. 동화나 아동문학은 이렇게 마법으로 만들어져 있는데, 이것은 아이들의 실재론과 물활론에 가까운 세계이다. 사실 이런 현상은 어른들의 일상에서도 찾아볼 수 있다. 어른들도 종종 아들이 시험을 치를 때, 그것과 아무런 관계가 없는 어떤 운동선수가 경기에서 이기거나, 새가 울면 자기의 아들도 합격할 것이라 믿는다. 그 승리와 새소리가 아들의 합격과 밀접한 관련성이 있다는 생각은 원초적인 것이다.

존 버닝햄의 그림책 『내 친구 커트니』에서 아이들의 부모는 커트니가 늙고 못생기고 더럽다고 말한다. 그러자 다음 날 커트니는 여행 가방을 갖고 와서 그 안에 든 요리사 복장을 하고 요리를 한다. 이것은 아이들의 생각을 실재화한 것으로서 실재론을 설명하기에 매우 좋은 예이다. 이런 실재론은 이미 말했듯이 마법과도 일치한다. 『돼지책』에도 화가 난 엄마가 남편과 아이들을 향해 “너희들은 돼지야.”라고 말하자 그들이 곧장 돼지로 변하는 일이 일어난다.

이런 마법은 다음의 책에서도 찾아볼 수 있다. 우리나라에 『루치와 팟치』로 번역된 책의 독일어 원제목은 “우리 같은 생쥐들”(Mäuse wie wir)이고 “루치와 카부츠케(팟치)의 시끄럽고 조용한 이야기들”이라는 부제가 붙어 있다. “알록달록한 귀”라는 장에서 남편인 카부츠케가 이발하고 와서 아내인 루치와 대화하는 장면이 이렇게 묘사된다.

남편 쥐인 카부츠케는 미용소에 갔어요.

"머리를 좀 알록달록하게 해주세요."

그러자 미용사가 물었어요.

"어떻게 말이죠?"

"내 왼쪽 귀는 …"

"네, 어떻게 할까요?"

"… 토마토처럼 붉게 했으면 해요. 그리고 끝에는 노란색으로 해주세요."

카부츠케는 이렇게 말했어요.

"좋아요."

하고 미용사는 말했어요.

"그리고 오른쪽 귀는 블루베리처럼 파랗게 해주세요!"

카부츠케가 이렇게 머리를 하고 집에 오자 아내인 루치는 놀라서 물었어요.

"도대체 무슨 일을 한 거예요? 귀 주위가 온통 나비처럼 알록달록해졌네요!"

"알록달록한 귀 사이에서 알록달록한 생각들이 난단 말이야."

카부츠케는 이렇게 말하며 토마토처럼 붉은 귀와 블루베리처럼 푸른 귀를 대단히 자랑스럽게 생각하며 흔들흔들 걸어갔어요.[30]

---

30 Frederik Vahle, *Mäuse Wie Wir. Laute und leise Geschichten von Luzi und Kabutzke. Mit Bildern von Verena Ballhaus*, Beltz & Gelberg, 2003, 19-20쪽.

카부츠케(팟치)는 일상적인 데서 벗어나 머리에 염색을 한다. 그리고 그 이유를 그는 밑줄 친 부분처럼 말한다. 독일 말 'bunt'는 알록달록한 또는 다양한, 화려한 색깔들을 말한다. 아이들은 이와 같이 생각을 구체성을 지닌 입이나 귀로 한다고 생각하고, 그 결과 귀나 입이 알록달록하여야 다양한 생각을 할 수 있다고 보는 것이다. 물론 이것은 피아제의 경우처럼 아이의 직접적인 고백이 아니지만 어른이 아이들을 위한 동화를 만들 때 같은 원칙하에 텍스트를 써야 한다는 것을 보여주고 있다.

생각과 물질적인 세계를 구별하지 못하는 존재인 아이들은 자기 소원과 감정들이 세계와 일치한다고 생각한다. 〈슈퍼맨이 돌아왔다〉라는 프로그램을 보면 샘 해밍턴의 아들 윌리엄이 좀비가 되고 싶다고 말하자 아버지는 그렇게 분장을 해준다. 그러자 이 아들 윌리엄은 자신이 좀비인 것처럼 행동을 한다. 이런 아이들은 자신과 외부세계를 구별할 수 없으며, 꿈을 꿀 경우 외부에서 누군가 꿈속으로 침입을 하여 나타난 것으로 생각을 하게 된다. 거꾸로 외부세계는 그렇게 물질적이지 않아서 오히려 의도와 의지를 가진 것으로 파악된다. 이는 아이들이 돌부리에 걸려 넘어졌을 때 "때찌"라고 말하는 것을 보면 알 수 있다. 이것은 아이들이 자신의 조망과 타인의 조망을 구별하지 못하는 자아중심주의를 갖고 있음을 말한다. 자아중심주의란 이기적이나 독단적인 것과는 다르다.

피아제에 의하면 이런 자아중심적인 생각은 아이들에게서 대체로 3단계로 구분된다. 1단계에서 아이들은 대체로 입이나 귀로 생각을 한다고 이해하며, 2-3단계의 아이들은 머리로 생각을 한다고 이해한다. 물론 어른이라고 이런 과정을 다 체험하여 알고 있는 것은 아니다. 그리고 모든 아이들이 제시된 나이와 무조건 일치하는 것도 아니다. 빌리암 슈테른은 1907년에 쓴 그의 책『아이들의 언어』에서 한 소녀가 사람은 혀로 생각하고, 짐승은 입으로 생각한다는 사례를 제시하며 이 1단계 이론을 입증한 적이 있다.[31] 사람이 입을 다물고 있으면 생각을 하지 못한다는 뜻이다. 피아제의 조사에 의하면 몽(Mont)이라는 아이에게 생각이 뭐냐고 질문하자 다음과 같은 반응을 보인다.

> 몽(7세): 생각하는 것이 뭔지 알아?—응—너의 집을 생각해봐, 할 수 있겠지?—응—뭐로 생각을 할 수 있지?—입으로.—입을 다물고 있으면 생각을 할 수 있을까?—없어.—눈을 감고 있으면 생각할 수 있을까?—응.—귀가 닫혀 있으면?—할 수 있어.—입을 다물고 너의 집을 생각해봐. 생각할 수 있어? —응.—너는 무엇으로 생각을 할 수 있었지?—입으로.[32]

이 외에도 피그(Pig, 9세 6개월), 아커(Acker, 7세 7개월), 슈미(Schmi, 5세 6개월), 무이(Muy, 6세) 등이 입으로 생각한다고 대답한다.[33] 개중에는 귀로 생각한다는 아이도 있다. 바아브(Barb, 5세 6개월), 렘(Rehm, 5세 11개월)도 귀로 생각한다고 대답하였다. 바아브의 생각에 우리는 주목할 만하다.

---

31 Stern, 210쪽.
32 피아제, 48-49쪽.
33 같은 곳, 49쪽.

바아브(5세 6개월): 생각하는 것이 뭔지 알아? 무엇을 잊어먹으면 생각을 해야 하잖아. 뭘로 생각을 하지?—내 귀로.—그럼 네 귀를 막으면, 그래도 생각을 할 수 있어?—응…. 아니.

바아브는 잊어버린 소리나 목소리를 다시 생생하게 듣는 것이 바로 생각하는 것이라 여긴다. 이런 생각은 생각에 대한 아이들의 생각이 2단계로 넘어가는 길목에서 나온다. 이후의 단계에서 아이들은 머리로 생각을 한다고 말한다. 그런데 실은 이 머릿속에 내적인 과정은 없고 그 내적인 과정이 곧 입과 결부되어 있다. 우리는 이러한 사례를 다음 장의 그림책 『짖어봐 조지야』에서 구체화하여 찾아볼 수 있다. 조지는 강아지이므로 '멍멍'이라고 말해야 되는데 '야옹'이라고 말하는 것은 구체적으로 머리가 아니라 입에서 나온 것이다.

아이의 실재론적 사고는 꿈과도 관련이 있다. 꿈에 대해 아이들은 어떻게 생각할까? 아이들은 꿈이 어디서 오는 것이라고 생각할까? 우리는 이렇게 물어본다. 넌 꿈이 뭔지 알아? 너도 밤에 꿈을 꾸지? 그러면 꿈이 어디서 오는가 말해줄 수 있겠니? 하는 것들을 물어보았다.

하드(Had, 6세): 너 꿈이 뭔지 아니?—우리가 잠잘 때 볼 수 있는 거.—꿈은 어디서 오지?—하늘에서.—그 꿈을 볼 수 있을까?—아니…… 아 응, 잠잘 때는 볼 수 있어.[34]

---

34 피아제, 94쪽.

몽(Mont, 7세)은 먼저 자기가 꿈에서 본 사물들이 장벽 앞에 있었다고 이야기한다.

> 나도 거기 있었다면 네 꿈을 볼 수 있겠니?—응—그 꿈들은 어디서 와?—밖에서.—그 꿈을 누가 보내지?—남자 어른들이.—이 꿈은 네 앞에 있니? 네 안에 있니?—내 앞에.—도대체 어디?—창문 밑에.[35]

이 외에도 피아제는 『아동의 세계상』에서 수많은 비슷한 사례들을 제시하고 있다. 대체로 아이들은 꿈을 그림으로 보거나 소리로 듣는다고 말한다. 그러므로 꿈은 아이들에게 "객관적으로, 그림으로 존재한다."[36] 하드나 몽은 꿈을 같이 볼 수 있느냐는 질문에 모두 동의한다. 그것은 완결되고 고정된 하나의 그림이다. 꿈이 이같이 눈으로 볼 수 있는 것이기에(다른 말로 하자면 나는 나를 볼 수 없기에) 아이들에게 꿈은 자신 속에 있는 주관적인 것이 아니라 실재하는 객관적인 것이 된다.[37] 아이들이 학교에 대한 꿈을 꾸면 그들은 학교에 있는 것이 되고, 해에 대해 생각하면 해 속에 있는 것이 된다. 아이들은 이렇게 꿈과 현실을 서로 혼동한다. 아이들은 생각과 사물을 혼

---

35 피아제, 95쪽.

36 피아제, 95쪽.

37 필자인 나는 한번 꿈에서 동생이 멋있는 수입차를 타고 다니는 것을 감시한 적이 있다. 실제로는 내가 수입차를 타고 동생은 국산차를 타는데 내가 수입차를 타며 돈을 낭비한다고 말한 적이 있다. 그러므로 꿈에서는 볼 수 없는 내가 다른 사람의 모습으로 나타나게 되어 있다. 이에 대해서는 프로이트의 『꿈의 해석』에 '전도된 꿈'이라는 명목으로 수많은 사례가 있다.

동하고 주체인 나와 외부세계를 혼동한다.

차이코프스키의 발레의 리브레토로 유명한 「호두까기 인형」의 원작은 E. T. A. 호프만의 『호두까기 인형과 생쥐 왕』이다. 이 내용은 뒤에 다시 다루게 되겠지만 이야기에서 주인공 마리는 낮에 생쥐가 나타난 것, 또 호두까기 인형의 이빨을 오빠 프리츠가 망가뜨린 것, 둘이서 심하게 장난을 하며 다툰 것, 대부 드로셀마이어가 호두까기 인형을 고쳐주고 인형나라 선물을 해 준 것을 조합해 꿈과 현실을 오가며 모두가 실제로 발생한 사건으로 인지하는 이야기를 구성한다. 그리고 마리는 호두까기 인형을 자기 침대 옆에 재운다.

이와 같이 아이들은 꿈을 현실로, 현실을 꿈으로 확장하기까지 한다. 낭만주의의 특성, 즉 꿈과 현실의 착종은 이런 의미에서 아이들의 세계상을 대변한다. 아이들이 실재론자인 이유는 주체가 있는지, 그리고 생각이 내면적인 것인지를 모르기 때문이다. 그래서 아이들의 꿈 현상을 설명하기 위해서는 내부/외부, 생각/물리적 세계를 관찰해야 한다.[38]

> 메트르(5세 9개월): 꿈이 어디서 오지?—잠을 자면 우리가 꿈을 꿔.—그러면 꿈은 우리 속에서 오는 거야, 아니면 밖에서 오는 거야?—밖에서. […] —네가 침대에 누워 있어. 그리고 꿈을 꿔. 그러면 꿈이 어디 있는 거지?—침대에. 아니 이불속에. 아, 잘 모르겠어. […] —네가 잠들면 꿈이 네게 오니?—응, 꿈은 침대, 내 옆에 있어.[39]

---

38 피아제, 90쪽 참조.
39 피아제, 97쪽.

이렇게 꿈이 외부에서 온다는 생각 단계를 지나, 두 번째 단계에 오면 아이들은 꿈이 내부에서 온다고 생각을 한다. 다만 그 장소는 방이라고 이해한다. 스키(Schi)라는 아이는 매우 영리하고 꿈에 대해 매우 호기심이 많은 남자아이다. 이 아이의 대답은 2단계의 전형을 보여준다.

> 스키(6세): 너 꿈꾸어봤지? 꿈이 뭐야?—밤에 우리가 무엇인가를 생각하는(!) 거.—무엇으로 꿈꾸지?—생각으로.—꿈은 어디서 오지? —밤에 꿈이 우리 눈앞에 무엇인가를 펼쳐.—무슨 소리야. 그럼 꿈을 꿀 때 꿈이 어디 있지?—밤하고 우리 머리 사이에 있어.[40]

제3단계에서 아이들(8-10세)은 더 이상 꿈이 외부에서 온 것이라고 믿지 않는다. 그것은 꿈이 내부, 즉 우리의 마음(Seele, 심혼)에서 온다는 사실을 말해준다. 그렇다고 하여 3단계라고 말하는 8세 이상의 아이들에게 실재론적 사고가 없어진다는 뜻이 아니다. 실재론은 인간이 인간인 이상 평생 빠져나올 수 없는 인간학적 DNA이다. 나는 여기서 어린아이들의 특성이 바로 꿈과 현실의 착종에 있다는 사실을 강조하고자 한다. 사실 아이들의 마법이라는 것은 개인적 질서의 현상, 즉 생각을 사물과 일치시키거나 자아를 외부세계와 일치시키는 실재론을 통해서 설명되거나, 사회적 질서의 현상, 즉 아이가 자기가 속한 세계의 다른 사람과 맺는 관계를 통해 나타나는 태도를

---

40 피아제, 106쪽.

심리적 세계에 투사하는 전이(즉 상징)를 통해 설명된다.

그러므로 실재론은 마법과 비슷하기도 하다. 마법은 우리 생각을 좌우하는 유사성이나 인접성을 갖고 있는 두 사물을 외적인 인과 관계로 묶는 것을 말한다.[41] 가령 백희나의 『구름빵』에서 구름과 밀가루의 유사성에서 구름을 모아 빵을 만들면 그 빵이 구름으로 두둥실 떠다닐 수 있다고 생각하는 것이 실재론적 마법이다. 『돼지책』에서 엄마(아내)가 밥을 해주면 돼지처럼 먹는 아이들과 남편은 돼지와 유사하다. 그러므로 엄마는 어느 날 "너희들은 돼지야."라고 외치고 이것은 마법이 된다. 돼지가 되는 순간 모든 벽에 돼지 무늬가 새겨지는 것은 실재론에서 파생된 상징론적 세계라 생각할 수 있다.

아이들이 가지는 마법, 즉 인과론의 원래 형식들은 이성적으로만 판단하자면 실제와 생각 사이의 혼동에서 비롯된 것이다. 그리고 이런 혼동은 지속적인 외적 사건들의 경험으로 인해 만들어진 도식과 유사한 데서 비롯된다. 레비브륄은 아무런 상관이 없는 두 대상 또는 두 현상 사이에 동질성의 관계가 원시인에게 존재한다고 설명하는데, 피아제는 이 생각에 따라 아이들의 모든 마법이 이 관여를 전제한다고 본다.

아이들은 해나 달이 자기를 따라온다고 말한다. 이때 해가 아이들을 따라 움직인다는 데 방점을 두면 물활론이 되고, 반대로 아이들이 움직이는 해나 달을 따라오게 한다면 관여나 마법이 된다. 그렇게 되면 물활론이 관여법칙에서 나온 것이지 관여법칙이 물활론에

41 피아제, 142쪽.

서 나온 것은 아니다. 이런 관여법칙은 비단 아이에게만 있는 것이 아니라 성인에게서도 종종 발견된다. 나의 개인적인 경험을 몇 가지 소개하자면 다음과 같다.

1. 누군가 코가 콱 막힌 사람이 말을 하면 옆에 있던 나는 코를 푼다. 이것은 그 사람의 코를 뚫어주고자 하는 욕구에서 비롯된 것이다.
2. 인터뷰하는 사람이 잠긴 목소리를 하면 나는 헛기침으로 하며 내 목에 있는 가래를 뱉어내려고 한다. 그래야 그 인터뷰하는 사람이 말을 잘할 것 같다.
3. 난 손흥민이 토트넘에서 축구를 하는 장면을 본다. 그러면 토트넘 팬이 된다. 그러면서 공이 토트넘 편으로 넘어오면 몸이 반대쪽으로 자꾸 쏠린다. 나는 이것을 의식하지 못한다.

프로이트는 이런 현상을 두고 소원의 결과물이라고 설명한다. 모든 마법에는 정동(affect)이 그 뒤에 깔려 있는데 이것이 곧 강박충동이다. 프로이트의 설명에 따르면 강박증자는 어떤 관념에 매달리는데, 그 이유는 그래야 어떤 사건이 일어나거나 혹은 일어나지 않는다고 보기 때문이다. 이것을 프로이트는 "사고의 전능함"이라고 표현했다. 그리고 프로이트는 이 마법이 "나르시시즘"에서 출발한 것이라 보고 있다.[42] 프로이트 또한 이런 사고의 전능함이 문화적으로

---

42 지크문트 프로이트, 『토템과 타부』(프로이트 전집 제16권 종교의 기원), 열린책들, 1998,

원시인에게서, 발달적으로 아이들에게서 유사하게 나타난다고 보고 있다. 사고가 모순율에 대한 비판적(성찰적) 사고 없이 "사고의 전능함"으로 발생되는 것을 아이들의 실재론이라고 한다면 이런 사례를 우리는 예술에서, 특히 문학에서 구체적으로 찾아볼 수 있다. 프로이트는 이렇게 말한다.

> 우리 문화에서는 오로지 한 영역에서만 "사고의 전능함"이 남아 있는데, 그 영역은 바로 예술이다. 오로지 예술에서만 소원의 갈구로 허덕이는 인간의 소원 충족과 유사한 것의 성취가 일어난다. 그리고 오로지 예술에서만 이 유희가 — 예술적 환영의 도움으로 — 마치 현실인 것 같은 착각을 불러일으키는 정동의 해방을 가능케 하는 일이 일어난다.[43]

2.2. 살아 움직이는 세계(물활론)

성인의 시각으로 보면 생명이 없는 수많은 몸체나 대상들도 아이의 시각에서는 살아 있는 것으로, 즉 의식이 있는 것으로 간주된다. 어린아이들은 아주 당연하게도 모든 사물들이 의미를 갖고 있고, 의식적 행동을 하는 것으로 생각한다. 아이들은 자동차가 잠을 자고, 돌도 겁을 내고, 성벽이 자기들을 때리고, 해가 우리를 따뜻하게 해준다고 믿는다. 6-7세까지의 아이들은 돌과 책상이 고통을 느끼고,

---

327-334쪽을 참조하라.

43 같은 책, 334쪽.

해와 달이 걸어가거나 차를 타고 갈 때 자신들을 따라온다고 생각한다. 아이들은 성장하면서 차츰 스스로 움직이는 것만 의식이 있다고 본다. 이 나이가 되면 돌이나 성벽 대신 구름이나 바람, 별 같은 것이 감정을 갖고 있으며 살아 있다고 본다. 그리고 마지막 단계인 11세 정도가 되면 오직 동물들과 식물들만 그렇다고 생각한다. "아이들은 생각, 상상, 말들이 비록 사물들과는 다르지만 이것들이 사물 안에 들어 있다고 본다."[44]

어른들의 언어도 아이들의 물활론적 사고의 흔적을 갖고 있다. '해가 진다', '바람이 분다', '불이 물을 끓인다'와 같은 표현에서 보이는 의인화 현상과 메타포가 그것이다. 다만 아이는 실제로 그렇게 생각한다는 점에서만 차이가 있다. 물론 아동의 물활론적 사고는 한계가 있다. 사물들은 사람들처럼 항상 의식을 가지고 있는 것이 아니라 특정한 필요성이 있을 때만 의식을 필요로 한다고 본다. 7세가 된 어떤 아동은 해가 방에 있는 우리를 보는 것이 아니라, 우리가 외출하면 우리를 따라오고 우리를 따뜻하게 해준다고 말한다. 아이들에게 사물들은 자연법칙을 따르는 것이 아니라 인간적인 규칙을 따른다. 그런 만큼 사물들은 자유의지를 가지고 있고, 자기 마음대로 행동하지만 항상 사람의 행복을 염두에 두기 때문에 아이들이 보기에 그들의 행동 대부분은 사람을 유익하게 한다. 피아제는 이렇게 말한다.

자아와 세계 사이를 구분할 수 없거나, 거의 할 수 없는 (아이들의)

---

44 피아제, 120쪽.

정신에는 모든 것이 모든 것에 관여하고 모든 것이 모든 것에 영향을 미친다.[45]

그래서 3-7세 사이의 아동들에게서 전형적으로 보이는 '왜'라는 질문을 우리가 인과론으로 이해해서는 안 된다. 이 물음이 겨냥하는 것은 어떤 현상(예를 들어 왜 물이 흐르고, 왜 해가 빛을 비추는지)의 물리적인 원인자가 아니라 의향이기 때문이다. 그러니까 "엄마, 왜 자꾸 달이 나를 따라와?" 하고 물을 때 아이는 물리학적인 대답을 요구하는 것이 아니다. 그러니까 그런 대답을 해봐야 아무 의미도 없다. 그 대신 의향, 즉 "네가 넘어질까 봐 빛을 비춰주려고"와 같이 대답해야 한다.

아이들은 모든 자연은 의미를 갖고 있고, 가령 달이 사람을 따라다니는 것은 그 사람에게 도움을 주기 위해서라는 관점에서 출발한다. 자연은 우리를 위해 만들어져 있지도 않고, 의식적으로 해를 끼치지도 않으며 우연성과 관성의 원리에 따라 움직일 뿐이라는 인식이 아이들에게는 아직 없다. 그런 인식은 아이들이 먼저 다른 아이들 또는 부모들과 의견 교환을 하면서, 그리고 자신들의 원초적인 주관주의와 자기중심주의를 극복하고서야 가능하다. 말하자면 아이들의 그런 인식은 사물에 대한 객관적인 관찰을 하면서 진전된 자기인식이 생길 때까지 유예된다.

흔히 영어로 애니미즘이라고 부르는 물활론이란 모든 사물은 영혼이 있으며 그 영혼이 인간에게 영향을 미친다는 믿음이다. 피아제

45 피아제, 143-144쪽.

에 따르면 물활론은 3-5세의 어린아이에게 있어서 전형적이다. 유아는 생명이 없는 대상에게 생명과 감정을 부여하는 식으로 생각하는 경향이 있는데 우리는 이것을 모리스 샌닥의 『괴물들이 사는 나라』에서 찾아볼 수 있다.[46]

맥스가 어느 날 강아지를 괴롭히고 지나친 장난을 하자, 엄마가 "괴물딱지"라고 소리친다. 그러자 맥스는 "내가 엄마를 잡아먹어 버릴 거야."라고 소리친다. 두 사람의 이 말들은 각각 씨가 되어 맥스의 방에서 나무와 풀이 자라나고 맥스는 차츰 괴물이 된다. 이제 맥스의 마음속에는 (물론 작품에서는 "맥스의 방"이라고 표현하고 있지만) 나무와 풀이 원시림처럼 무성하게 자란다.

'나무와 풀'은 곧 맥스가 생각하는 원시 야성의 세계이다. 거기서 아이들은 그야말로 짐승처럼 포효하고 으르렁거리며(분노하며) 찌르고 공격할 수 있다. 맥스가 괴물의 (야성적) 행동을 원하고 엄마도 맥스를 "괴물"이라고 명명하는 순간, 마법처럼 맥스의 방(마음)은 원시림으로 변한다. 바로 그날 밤에 맥스의 방에선 나무와 풀이 자라기 시작한다. 나무와 풀은 자꾸자꾸 자라났고, 급기야 방은 실제와 상상의 경계를 무너뜨리고 세 번째 그림에서 세상 자체로 변한다. 방은 맥스의 마음을 나타내는 것이다. 그리고 이 마음의 내부세계는

---

46 우리말 번역 텍스트: 모리스 샌닥, 『괴물들이 사는 나라』, 강무홍 옮김, 시공주니어, 2002. 뉴욕에서 태어났지만 폴란드계 유대인이었던 샌닥은 어린이 동화라고 해서 항상 빛나고 아름답고 순수한 세상만은 아니라고 생각했다. 아이들의 내면에도 거칠고 투박한 원시 야만적 세상이 있다. 그는 이런 자신의 유년경험을 살려 거칠지만 있는 그대로의 세계를 그리려고 애썼다. 샌닥은 아이들이 이런 거친 세상을 어떻게 부닥치고 극복하는지에 관심을 두었다. 그 결과 탄생한 작품이 바로 『괴물들이 사는 나라』(1963)다.

차츰 외부세계로 변한다. 왼쪽 그림의 창에 있는 덧문도 가운데 그림에서는 없어지고 왼쪽 그림의 침대는 가운데 그림을 거쳐 오른쪽 그림에서는 완전히 사라진다. 이제 방은 달빛이 비치고 어두컴컴한 원시 공간으로 변하였다.

이 그림의 변화를 우리는 유아들의 애니미즘의 세계로 이해하면 된다. 다시 말해 맥스의 말과 행동과 그가 있는 공간은 원시인의 세계상과 같은 세계이다. 아이들은 발달 초기에 물리적 세계와 심리적 세계를 구별하지 못한다. 이것은 아이들이 "자아와 외부세계에 분명한 경계선을 두지 않기" 때문이며, 동시에 "성인들이 생명이 없다고 파악하는 물체가 생명이 있고 심지어 의식이 있다."[47]고 파악하기 때문이다. 실제로 작가 모리스 샌닥은 방의 변화를 통해 아이들의 내면세계를 애니미즘으로 이해하여 이야기와 그림을 그렸다고 할 수 있다. 피아제에 따르면 이 물활론적 세계상은 3단계로 이루어져 있다.

1단계: 모든 사물은 살아 있다.(6-7세 또는 그 이전)[48]

2단계: 모든 움직이는 대상은 살아 있다.(6세 반-8세 반)

3단계: 스스로 움직이는 몸체를 가진 모든 것은 살아 있다.
(8세 반-11세 반)

---

47 피아제, 157쪽.

48 경북대학교에 처음 방문하신 사람들은 다음 얘기를 들어보고 어떤 생각을 가지는지 대답을 해볼 수 있다. "지금 IT 대학이 있는 위치는 그전에 도로가 있던 자리이다. 다시 말해 이 건물은 길을 막고 세워졌기 때문에 경북대학교의 혈이 막혔다. 그래서 학교의 운세가 쇠락하여 학교가 어려움을 겪고 힘들게 되고 학교의 지명도가 떨어진다." 이런 해석을 믿는다면 애니미즘적 사고방식을 갖고 있는 것인데 그것도 1단계의 애니미즘이라고 할 수 있다.

4단계: 동물만 살아 있다.(11-12세, 경우에 따라서는 6-7세에서도 나타난다.)

이렇게 볼 때 이 그림책은 (비록 메타포로 말하긴 했지만) 1단계 아이들의 세계상을 반영하는 것처럼 보인다. 그렇다고 하여 아이들이 실제로 모든 사물을 물활론으로 파악하는 것은 아니다. 피아제가 실시한 아동들과의 대화를 살펴보면 그 대상의 의식은 어떤 행동과 결부되어 있다. 다시 말해 그 대상들의 행위가 스스로 일어난 것인지, 외부에서 영향을 미친 것인지에 따라 다르다. 가령, 다음과 같다.

벨(Vel, 8세 반)이라는 아이는 동물만이 느낌(의식)이 있다고 생각하는데 이런 질문을 던졌다. 구름을 바늘로 찌르면 아플까?—아니.—왜 그렇지?—그것은 공기니까. 구름은 따뜻함을 느낄까?—응. [이렇게 무생물일지라도 다른 대답이 가능하다.] 공원의 의자는 느낄까?—아니. 그러면 그 의자를 불태우면 의자는 느낄 수 있을까?—응.— 왜지?—그러면 의자가 작아지니까.[49]

켄(Ken, 7세 반)이라는 아이에게 묻는다. 돌을 바늘로 찌르면 아플까?—아니.—왜 안 아프지?—돌은 딱딱하니까. 그럼 돌을 불에 넣으면 느낄까?—응.—왜 그럴까?—불이 돌을 뜨겁게 하니까. 여기서 켄도 내적인 영향과 외적인 영향을 구분하는 것 같다. 이 아이

---

49 피아제, 162쪽.

에게 다시 묻는다. 물에 떠 있는 배는 힘이 들까?—응.—왜지?—사람들이 타고 있으니까.—식탁을 다른 구석으로 옮기면 식탁은 힘이 들까? —아니.—왜지?—가벼우니까. [같은 무생물일지라도 얼마나 그것이 애를 쓰는가에 따라 달라진다.][50]

공(Gont, 4세)에게 묻는다. 해는 네가 여기 있는 것을 알까?—응.—그러면 해는 네가 방에 가 있어도 어디 있는지 알까?—아니, 해는 몰라.—해는 언제 지는지 스스로 알까?—그럼, 알고말고!—해는 언제 밤이 되는지 알까?—아니, 말도 안 돼. [애니미즘적 사고를 하는 아이의 나이일지라도 '알다'라는 동사를 사용했을 경우, 아이는 혼란스러워 한다. 이 나이의 아이들은 '아는 것'은 어른들이나 하는 것으로 생각한다. 만약 아이에게 '보고 있다'는 동사를 사용하면 다른 대답을 들을 수도 있다.][51]

아이들은 구름을 물활론적으로 파악은 하지만 그것이 공기니까 바늘로 찔러도 아프지 않다고 말한다. 돌도 마찬가지로 바늘로 찔러도 아프지 않다. 그것은 딱딱하니까. 각론에 들어가면 이렇게 물활론적 세계가 1단계의 아이들에게도 다르게 나타나긴 하지만, 이것이 2, 3, 4단계의 아이들에게는 점점 더 희박해진다. 말하자면 동화에서도 차츰 모든 사물(식물 포함)들이 살아 있거나 말을 하는 단계를

50 피아제, 163쪽.
51 피아제, 165쪽.

지나 모든 동물들이 의인화되는 경향을 띤다. 의인화는 확장된 물활론이라 할 수 있다.

그래서 우리는 이 1단계의 아이들이 보여주는 언어와 세계상에 대해 다른 학자가 경험하고 연구한 부분을 좀 더 살펴볼까 한다. 코르네이 추콥스키는 『두 살에서 다섯 살까지』란 책에서 아이들에 대한 관찰과 경험을 좀 더 상세하게 보고한다.

> 아이가 꽃을 그리고 있다. 꽃 둘레에 아이는 점을 수십 개 찍는다. 엄마가 묻는다. "이건 뭐야? 파리?" 아이는 대답한다. "아니! 꽃향기야."[52]
>
> 우리가 기차 타고 올 때 달이 계속 따라왔어요. 달도 카프카스(코카서스)에 가고 싶은가봐.[53]

이와 같이 아이들은 유비(類比)로서 세계를 이해하려고 한다. 정말이지 톨스토이가 말한 대로 이 시기의 아이들은 인생에서 얻어야 할 언어들을 대부분 얻은 것 같다. 아이들의 물활론적 사고는 어른들이 시에서 활용할 수 있는 좋은 소재가 되기도 한다. 그 전 단계로 아이들의 반응 사례를 먼저 살펴보자.

> 바닷가에서 걷고 있을 때 리얄라는 태어나서 처음으로 멀리 있는

52 추콥스키, 14쪽.
53 추콥스키, 40쪽.

증기선을 보았다.

"엄마, 엄마, 기차가 목욕해!"

리얄라는 놀라고 흥분해서 소리쳤다.[54]

돼지가 기차에 치여 몸이 찢어져 죽었다. 도시에 사는 다섯 살짜리 조랴는 방학 때 시골에 놀러 갔다가 이 모습을 보았다. 조랴는 돼지가 불쌍해서 눈물을 흘렸다. 며칠 뒤에 조랴는 다른 돼지가 활발하게 움직이는 것을 봤다.

조랴는 어떻게 말했을까?

"돼지가 자기 몸을 풀로 다시 붙였나봐!"

조랴는 기뻐서 폴짝폴짝 뛰며 외쳤다.[55]

마리나가 어느 날 엄마에게 말했다.

"엄마, 엄마는 왜 내 꿈에 안 나와?"

그날 저녁에는 또 이렇게 말했다.

"엄마, 내 베개 같이 베고 누워서 내 꿈 보자."[56]

"정말 신기하지! 난 커피, 물, 우유, 보리차, 코코아, 이렇게 여러

54 추콥스키, 11쪽.
55 추콥스키, 39쪽.
56 추콥스키, 43쪽.

가지를 마시는데 오줌은 보리차만 나와."[57]

아이들의 이런 물활론적 사고방식은 그 자체로 우리에게 신기함을 보여주고 아이들이 얼마나 상상력이 풍부한지 놀라게 만들기도 한다. 그래서 많은 동화 작가들은 이런 관찰에서 찾아낸 소재들을 이야기로 즐겨 만들기도 한다.

존 버닝햄의 『우리 할아버지』를 보면 할아버지가 "이거 원, 이 씨앗들이 다 자라기에는 자리가 모자라겠는 걸." 하고 말하는데, 엉뚱하게도 손녀는 "벌레들도 하늘나라로 가나요?" 하고 묻는다. 한국 같으면 "그러면 심을 데를 더 만들면 되잖아요."라고 말하거나 "그럼 조금만 심으면 되지요."라고 말할 것이다. 그러나 이것은 아이의 상상과는 거리가 먼 실용적인 언어일 뿐이다. 버닝햄은 자기 그림책이 어떻게 탄생되었는지를 언급한 적이 있는데, 그에 따르면 이 작품은 자기 할아버지와 딸인 에밀리가 서로 대화하는 것을 엿듣고 만든 것이다.[58]

그러니까 이 이야기는 실제적으로 증조할아버지와 증손녀가 서로 대화한 자발적 물활론의 세계인 셈이다. 이 손녀가 보여준 즉흥적 애니미즘에 대해 피아제는 다음과 같이 상세하게 설명한 바 있다.

우리 연구원들 중의 한 사람은 어린 시절의 경험을 이렇게 기억했

---

57 추콥스키, 44쪽.
58 존 버닝햄, 『존 버닝햄-나의 그림책 이야기』, 엄혜숙 옮김, 비룡소, 2006, 152-154쪽.

다. 어린아이였을 때 그녀가 우연히 땅에 반쯤 박힌 돌을 차, 그것이 빠지기라도 하면 반드시 그 돌을 제자리에 갖다 놓아야 한다는 어떤 의무감에 사로잡혔다는 것이다. 돌이 집에서 떨어져 있게 되지 않을 것이라는 생각이 들었던 것이다. 그리고 그녀가 꽃 한 송이나 돌 한 개를 집으로 가져올 때면 반드시 여러 송이 꽃이나 여러 개의 돌을 갖고 오곤 했다. 그래야 그들이 외로워하지 않고 익숙한 환경에서 살아갈 듯해서였다.[59]

여기서 우리는 아동문학 작품 속에서의 물활론적 요소를 넘어서는 현실 속 아이들의 즉흥적 물활론의 태도를 찾아볼 수 있다. 다시 말해, 이 기억은 움직이는 것이 바로 생명체라는 물활론의 요체를 입증해주고 있다. 그러므로 버닝햄의 작품 속 손녀가 말한 "벌레들도 하늘나라로 가나요?"의 벌레들처럼 "돌", "꽃"들도 어떤 조건에서는 모두 하늘나라로 갈 수 있는 것이다. 성인이 된 시인들도 곧잘 이런 태도를 취하여 시적 아름다움을 만들어내기도 한다. 문인수 시인의 「코스모스들이 배꼽을 잡고 웃는다」를 읽어 보자.

코스모스들이 손뼉 치며 손뼉 치며 좌, 웃는다.
구름이 지나가도 새 떼가 지나가도 할아버지 할머니가 지나가도
수줍게 가만가만 흔들리던 코스모스들이

---

59 W. James, *Thought before language*. In: Philosophical Review. Vol. 1(1892). pp. 613-624. 여기서는 피아제, 189쪽에서 재인용.

기차만 지나가면 깔깔깔 배꼽을 잡고 웃는다.

기분이 나쁜 기차가 더 빨리 달려가고

코스모스들은 까무러칠 듯 자지러지게 웃는다.

코스모스가 "자지러지게" 웃고 손뼉을 치는 것은 단순한 의인화 이상의 것이다. 그것은 언어 이전의 아이들의 세계상이자 그들의 주식(主食)인 물활론적 언어이다. 시인은 여기서 아이들의 상상력으로 시를 쓴 것이다. 아이들은 하느님(신, 부처님…)을 상상할 때에도 하느님의 섭리를 이런 사물에 부여한다. 이런 현상은 정호승의 시 「수선화에게」, 「나팔꽃」이나 함민복의 시 「서울 지하철에서 놀라다」 같은 데서 충분히 찾아볼 수 있다.[60] 앞에서 우리는 이미 켈러(Gottfried Keller, 1819-1890)의 장편소설 『초록의 하인리히』에서 경험한 애니미즘적 세계를 살펴본 바 있다.

어린 하인리히는 "하느님"의 구체를 수탉 모양의 "풍향계"에서 찾았다. 물론 하인리히는 하느님을 그의 내면적 암시에 따라 사람("남자")으로 생각했다. 그래서 아이들은 즉흥적으로 "수탉 풍향계"에, "코스모스"에 각각 자기의 소원, 의지, 의식적인 행위의 임무를

---

60 「수선화에게」 "네가 물가에 앉아 있는 것도 외로움 때문이고", 「나팔꽃」 "한쪽 시력을 잃은 아버지/내가 무심코 식탁 위에 놓아둔/까만 나팔꽃 씨를/환약인 줄 알고 드셨다/아침마다 창가에/나팔꽃으로 피어나/자꾸 웃으시는 아버지", 「서울 지하철에서 놀라다」 "1/열차가 도착한 것 같아 계단을 뛰어내려갔다/스크린도어라는 것이 설치되어 있었다/민망하여 별로 놀라지 않은 척 주위를 무마했다/스크린도어에, 옛날처럼 시 주련(柱聯)이 있었다/문 맞았다//2/전철 안에 의사들이 나란히 앉아 있었다/모두 귀에 청진기를 끼고 있었다/위장을 눌러보고 갈빗대를 두드려보고/눈동자를 들여다보던 옛 의술을 접고/가운을 입지 않은 젊은 의사들은/손가락 두 개로 스마트하게/전파 그물을 기우며/세상을 진찰 진단하고 있었다/수평의 깊이를 넓히고 있었다."

부여했다.

동화작가 클로드 퐁티(Claude Ponti) 또한 어른들은 아이들과 다르게 생각한다고 강조한다. "눈에 보이지 않는 세계에 대한 믿음이 없었다면 그림을 그리지 않았을 거예요. 어른들은 이 세상을 이미 파악했다고 생각하고 자신들이 믿는 대로 세상을 정리정돈해서 봅니다."[61] 아이들은 엄마 아빠와 함께 이야기를 하면서도 그들 둘이서만 이야기하는 게 아니고, 다른 하나가 더 끼어 있는 것처럼 말을 한다. 이것이 클로드 퐁티의 말을 빌리자면 "마법이고 유년기의 힘"이다.

아이들이 실제로 보이지 않는 것을 상상하는 데 대한 연구를 피아제는 한 사례를 들어 설명한다. 어떤 아이가 눈이 찌그러진 인형을 아침에 발견하고는, 꿰맨 부분이 뜯어져 있는 것을 보고는 절망하여 울고 난리를 친다. 부모가 그것을 보고 상점에 데리고 가서 기워준다고 약속한다. 그러고는 수선하는 데 3일이 걸린다는 말을 하자 이 아이는 매 몇 분마다 이렇게 묻는다. "인형이 얼마나 아팠을까, 바늘로 수선한다면 아프지 않을까."[62] 이 아파한다는 믿음을 확실히 하기 위하여 피아제는 같은 아이의 언어를 '누가'와 '무엇'이라는 의문사를 다르게 사용한 질문을 함으로써 특별하게 관찰하고 있다. 결론부터 말하자면 2-3세의 아이들은 사물을 두고 '무엇'이 아니라 '누구'라는 말을 즐겨 사용한다. 마치 그것이 사람인 것처럼.

---

61 최혜진, 『서양의 그림책 작가들에게 묻다』, 은행나무, 2018(이하 최혜진), 111쪽.
62 피아제, 191쪽.

넬(2세 9개월)이란 아이는 '무엇'이라는 말을 사용할 줄 안다. 예를 들어 양동이를 두고 "저게 뭐지?" 하고 물으면 양동이라고 대답하고, "거기서 뭐하는 거야?"라는 말도 알아듣는다. 깨진 접시조각, 돌, 잔디, 이끼, 딸기, 그림, 나무둥치 등등은 움직이지 않는 것으로 이 아이게 '무엇'에 해당한다. 그런데 넬은 '누가'란 말은 다음과 같을 경우에 사용한다. 1. 우선 사람에게: "저기 음악소리 누가 내?", "누가 이 연필 빌려줬어?" 2. 짐승과 동물에게: 닭이나 지빠귀, 찌르레기, 까마귀, 부엉이를 향해서는 "누가 부르지?" 또는 "누가 소리를 내지?" 심지어 메뚜기를 향해서도 "저거 누구야?"라고 묻는다. 3. 기차를 보고도 이렇게 묻는다: 기차소리를 듣고 "저기에 누가 있어?", "여기 이 기차는 누구야?"(물론 넬은 '이게 기차야?'란 뜻으로 물었다.) 4. 배를 보고도 "저기 있는 거 누구야?" 5. 기계소리를 듣고: "저기 누가 소리를 내?"(자동차 경적 소리를 듣고), "누가 탕 소리를 내?"(총소리를 듣고) 6. 물을 보고: "누가 여기 더럽게 만들었어?" "비였구나, 이 아궁이를…(더럽게 한 것이)" 7. 둥근 돌이나 매끈한 돌을 보고: "이 돌은 누구야?"(방금 침을 뱉은 돌을 보고) "이 돌 누구야?, 나 침 뱉었는데…"[63]

넬이라는 아이는 움직이는 대상을 '누가'로 묻고, 그 대상이 움직이도록 혼을 불어넣는다. 심지어 7살짜리가 강이나 호수에 '누가'라는 의문사를 붙이는 경우도 있다. 이런 명명 자체는 아무 문제가 되

63 피아제, 191-192쪽.

지 않는다. 그러나 이 아이가 그와 함께 내면적 정신활동을 표출하는 것이라고 보면 이것은 큰 자산이 된다. 가령 상상력은 사물이 사람이 됨으로써, 무생물이 생물이 됨으로써 생겨난다.

> 끌리(3세 9개월): (차고에 있는 자동차를 보며) 우리 차는 잠을 자고 있어. 비가 와서 밖에 나갈 수 없으니까.
> 바드(3세): 시계는 잠을 자지 않아, 그치? 아침에 나를 깨우려면.
> 넬(2세 9개월): (너도밤나무 고목의 구멍을 보며) 구멍아, 울지 않았어? (굴러온 돌을 보며) 우리 집 울타리를 다치게 하지 마! 그러면 울타리가 울 거야.[64]

이런 사례는 수도 없이 많지만 그림책 작가 에르베 튈레(Hervé Tullet)는 이런 마법적 요소를 정말로 자발적 애니미즘으로 활용하는 작가라고 할 수 있다. 이미 그가 우리에게 보여준 퍼포머로서의 자질은 정말 아이들의 세계상을 그대로 보여주고 있다고 해도 과언이 아니다. 아이들을 모으고 그 앞에서 실제로 그림책을 읽어주며 손으로, 그리고 온몸으로 책을 읽게 한다. 가령, "물감을 섞으려고 해. 책을 좀 흔들어줄래?"라든가 "괴물이 나타났어! 괴물이 겁을 먹도록 크게 소리를 질러줘."라고 하면서 아이들의 즉흥적 애니미즘을 자극한다.[65] 그가 쓰고 그린 『책 놀이』(Un livre)란 책에는 마치 마법을 부

---

64 피아제, 192쪽.
65 한국에서 실행한 그림책 퍼포먼스를 보라. https://www.youtube.com/watch?v=aJ6guFA2GBo

리듯 노란색을 누르고 책장을 넘기면 그림은 마법처럼 변화가 생긴다. 어른이 보기엔 이미 결과가 만들어져 있지만 아이의 눈엔 자기가 눌러서 마법이 만들어진 것처럼 보인다.[66]

이것이 변형된 즉흥적 마법이다. 에르베 튈레는 말한다. "그것이 마법의 비밀입니다. … 일례로 『책놀이』에서 종이에 인쇄된 노란 원을 문지르고 다음 장으로 넘기면 그게 빨간 원으로 변하는데, 아이들은 그 순간에 등장한 긍정의 추임새 덕분에 '내가 문질러서 색이 변했다'라고 상상했던 것에 대해 안도할 수 있습니다."[67] 누가? 내가. 그러니까 나는 교육이랍시고 권선징악이나 가르치고 그대로 하지 않으면 (처벌받기에) 불안한 사회에서 세상의 질서와 리듬을 벗어나 나의 마법으로 존재할 수 있게 된다. 물활론적 세계상으로 아이는 이제 시인이 되고, 예술가가 되고, 창조주가 된다. 어른도 마찬가지다.

2.3. 누군가 만든 세계(인공론)

아이들은 모든 사물이 인공적으로, 다시 말해 누군가가 만든 것으로 보는 경향이 있다. 유아기의 아이들은 별들이 사람이나 신이 만든 것이라고 믿는다. 그보다 조금 더 크면 자연스런 생성과 인공적 제작이라는 관점이 섞인다. 가령 별들은 누군가 구름을 뭉쳐서 만든 것이다. 나아가 자기네들이 자주 봐온 굴뚝의 연기 같은 것들로 만

---

66 유튜브에서 미국판의 제목인 Hervé Tullet, Press here라고 쳐보라. 그리고 체험해보라. 마법이 작동하는지. https://www.youtube.com/watch?v=yg0oV-dyhG4

67 최혜진, 205쪽.

들어진 것, 다시 말해 누군가 만든 것이다. 그러나 11살, 12살이 되면 별이 어떻게 만들어지는지에 관해 물리적으로 설명한다. 하지만 이보다 더 어린 아이들에게 자기들이 생각하는 것을 말해보라고 할 경우, 곧장 아이들은 그것을 설명하기 위해 신화와 우화를 만들어내곤 한다. 어떻게 사람들이 그 사물을 만들어냈는지 말이다. 예를 들어 아이들에 따르면 해는 성냥으로 불을 붙여 만든 것이다.

아이들이 만들어낸 해는 곧 혼이 깃든 것으로 여기는 것과 서로 모순되지 않는다. 아이들이 보이는 물활론적, 인공론적 경향성은 서로를 배제하지 않는다. 그보다는 오히려 상보적인 정신적 자세로서 원초적 감정에 근거한 것이다. 그야말로 사람들이 사물에 관여하고 있다는 생각을 표현하는 것이다. 피아제는 이렇게 말한다.

> 생각은 곧 실제로 일어나는 일이고 발달은 아이가 이 원초적인 실재론에서 자신을 해방하는 과정이다.[68]

6세까지의 아동에게 하늘은 돌이나 흙으로 만들어진 일종의 아치이다. 그리고 이것 또한 아이들은 사람이나 신이 만든 것으로 생각한다. 이 생각은 나중에 어른들로부터 영향을 받아 공기나 구름으로 만들어진 것으로 바뀐다. 동시에 아이들은 침대에 가서 잠을 잘 수 있게 하기 위해 밤이 만들어진 것이라고 믿는데, 이는 완벽한 목적론이고 인간중심적인 사물 관찰법이라고 할 수 있다. 서문에서 말한

---

68 피아제, 155쪽.

『곰돌이 푸』 또한 이에 대한 좋은 사례가 된다.

그런데 좀 더 나이가 든 아이들은 밤을 인간이 만든 것이라고 보지 않는다. 다만 집의 굴뚝에서 나는 연기가 하늘을 흐리게 하여 생긴 먹구름 정도는 사람이 한 일이라고 생각한다. 밤이 오는 것이 해가 사라지기 때문이지 그 자체로 생겨난 것이 아니라는 인식은 아이들의 사고에서 많은 발달이 이루어져 있다는 것을 의미한다. 이것은 단번에 생기는 것이 아니라 상당한 중간 발달단계를 거쳐서 이루어진다. 인과론에 따라 보면 우주는 아이 자신을 중심으로 이루어진 가족이고 그 우주는 나의 명령에 복종하는 것으로 인식된다.[69] 앞에서 살펴보았듯이 『괴물들이 사는 나라』의 지배자는 맥스이다.

아이들에게 깊이 각인된 인공론의 단계를 구름의 예에서도 찾아볼 수 있다. 5-6세의 아동은 구름을 단단한 것으로, 신이나 사람이 만든 것으로, 돌이나 흙으로 된 것으로, 그럼에도 살아 있고 혼이 있는 것으로 알고 있다. 6-9세의 아이들은 구름이 굴뚝에서 나오는 연기로 만들어진 것으로, 그러니까 인간의 행위에 의해서 간접적으로 생겨난 것으로 생각한다. 차츰 인공론은 희석되지만 물활론적 경향성은 계속 유지된다. 9-10세가 되면 학교 수업에서 배운 영향으로 구름은 완전히 자연적 현상이며, 공기의 응축에 의해 발생한다는 것을 안다. 직접적으로 또는 간접적으로 인공론적 설명은 차츰 극복된다. 하지만 학교수업에도 불구하고 몇몇 아이들은 구름을 살아 있는 것으로, 혼이 깃든 존재로 파악한다.

---

69 피아제, 같은 곳.

아동은 모든 것을, 이를테면 자연 대상물을 자기들을 도와주고 자기들에게 이득을 얻게 하는 것이라는 관점으로 바라본다. 이 세계에 존재하는 모든 것은 자신을 만들어준 사람에게 감사해야 할 의무가 있다고 본다. 아이들은 다른 생각이 떠오르지 않을 경우에만 설명할 근거로 신을 떠올린다. 아이들이 학교에서 종교시간에 배우는 종교적인 생각들은 그 아이에게는 매우 낯선 것이다. 아이들은 일단 인간의 전능함, 무엇보다 자신들의 부모의 전능함을 믿고 나중에 가서야 비로소 상황에 따라 신의 전능함에 전이한다.

> 아이들은 신생아가 만들어진 인공물이자 동시에 살아 있는 것으로 파악한다. 그래서 아이들은 모든 것이 살아 있기도 하지만 동시에 만들어진 것이라고 본다.[70]

기본적으로 부모들이 음식과 의복과 집과 편안한 거주지를 만들어준다는 경험에서부터 아이들은 전체 자연이 목적론적으로 그들에게 맞추어져 있다는 것을 전제하게 된다. 베라 파노바가 쓴 『세료자』란 소설에 보면 다섯 살짜리의 이런 고백을 볼 수 있다. "아기가 어디에서 오는지 누구나 다 안다. 병원에서 사온다. 병원에서는 아기를 판다. 그런데 한 아줌마는 한 번에 둘을 사가지고 왔다. 왜 똑같이 생긴 아이를 둘이나 샀을까?"[71]

---

70 피아제, 322쪽.
71 추콥스키, 61쪽.

아이들은 아기가 만들어진 것, 그것도 병원에서 만들어진 것이라고 생각한다. 이들은 부모를 신처럼 생각한다. 그래서 부모는 모든 것을 알고 있고, 언제나 있고, 자신들이 알지 못할 특별한 능력을 소유하고 있다고 본다. 회의적인 위기의 시기, 대략 6세까지 아이들은 세계가 아주 조화롭고, 인간이 조종하는 유기적 전체로 존재하기에 우연성이라는 것은 없다고 생각한다. 물활론과 인공론은 어른들이 이성적인 설명을 해준다고 해서 아이들에게서 곧장 사라지는 것은 아니다. 아이들의 정신적 자세는 오히려 부모로부터의 독립과 자신의 유아독존적 생각을 절대화하지 않는 순간에 차츰차츰 떨어져 나오면서 천천히 변화한다.

인공론적 사고란 사물이 인과 관계에 의해 만들어지는 것이라는 생각도 포함한다. 예를 들어 밤은 어른들이 커텐을 침으로써 만들어진다고 생각하는 것이다. 이것은 아동의 자기중심적인 사고에 근거하고 있다고 볼 수 있다. 실버스타인은 이런 아이들의 세계상을 읽을 수 있는 또 다른 시를 이렇게 쓰고 있다.

사이먼 할아버지가 다이아몬드를 심었대.
세상 어디에도 없는 할아버지의 밭이래.
싹이 돋고 자라나더니 반짝반짝
햇빛 속에 빛나는 온갖 보석 열매가 열렸대.
햇빛을 받고 비를 맞으며
무지갯빛으로
상아덩굴에서 사파이어와 루비가 열리고,

그늘에선 비취 송이가 무르익어

비취빛 와인이 막 흘러내릴 것만 같대.

—실버스타인 「사이먼 할아버지네 밭」 부분[72]

이 시에는 사이먼 할아버지가 왜 다이아몬드를 심었는지, 어떤 과정으로 그 다이아먼드에서 온갖 보석 열매가 맺게 되었는지에 대한 설명이 없다. 우리가 생각할 수 있는 것은 다만, 씨앗을 심듯이 다이아몬드를 심으면 다양한 보석이 나온다는 사고방식이 바로 인공론적인 사고방식이라는 것이다. 그런데 이런 함축적인 방법이 오히려 아이를 아이답게, 시를 시답게 여기게 하고, 독자들이 그 시에서 재미를 느끼게 한다. 『프레드릭』이라는 그림책에는 인공론적 세계를 다음과 같이 그리고 있다. "눈송이는 누가 뿌릴까?/얼음은 누가 녹일까?/유월의 네잎 클로버는 누가 피워낼까?/달빛을 밝히는 건 누구일까?" 비록 프레드릭이 말하는 "누가"가 어른들에게는 그것을 만드는 주체인 '자연'이나 '하느님'으로 이해될지라도 프레드릭은 눈송이 자체, 얼음 자체, 달빛 자체가 바로 만들어진 대상이라고 보는 것이다.

그러므로 이 나이의 아이들을 다루는 부모나 교사는 아이들과 이야기할 때 그 인공론적 눈높이에 맞추어서 이야기해야 아이의 혼란을 막을 수 있다. 동화 작가는 말할 것도 없다. "비가 많이 온다." 대신 "비야, 넌 오늘 꽃을 자라게 하는구나."라고 말할 수 있으면 좋

72 실버스타인, 『골목길이 끝나는 곳』, 59쪽.

다. "눈이 왜 올까?" 대신 "누가 맛있는 솜사탕을 뿌릴까?"가 아이들의 인공론적 세계상에 어울리는 마법적 표현일 것이다. 아이가 "엄마, 나 외계인 봤다."라고 했을 때 혼내주지 말고, "그 외계인은 누가 보냈을까?" 하고 말하는 것이 낫고, "무슨 색 옷을 입었지?"라고 말하는 것보다는 "그 옷에는 누가 색칠을 했을까?"라고 묻는 편이 훨씬 낫다. 왜냐하면 아이들은 "사물의 특성이 아니라" 누가 만들었는지가 중요하기[73] 때문이다.

피아제는 먼저 아이들에게 해와 달, 그리고 별들은 어디서 온 것인지에 대해 묻는다. 그중에서도 프란(Fran, 2세 5개월)이라는 아이에게는 "누가 해를 만들었어?"라는 질문을 한다. 5세 아이는 "달이 왜 있어?"라는 질문을 하고, 3세 반 아이는 "아이는 누가 햇빛이 빛나게 만들었어?" 또는 "누가 밤마다 하늘에 별을 가져다 놔?"라고 질문을 한다. 또 다른 5세 아이는 "누가 별이 반짝이게 만들었어?" 하고 묻고, 5세 아이는 "왜 달이 동그랗지 않아? 어떨 때는 왜 동그래?", 그리고 9세 아이는 "왜 달은 항상 같은 모습이 아니야? 왜 어떨 땐 크고 어떨 땐 작아?" 아니면 "달은 어떻게 만들어졌어?"와 같은 질문을 한다.[74] 우리는 아이들의 이런 질문에서 아이들의 해, 달, 별에 대한 인공론적 태도를 감지할 수 있다. 피아제가 실시한 로이(Roy, 6세)란 아이와의 인터뷰는 재미있는 아이들의 세계상을 보여준다.

73 추콥스키, 232쪽.
74 피아제, 229쪽.

로이: 해가 어떻게 시작되었을까?— 아기씨가 시작되었을 때 시작된 거야.—그럼 해는 항상 거기 있었던 거야?—아니.—그럼 해는 어떻게 시작한 거니?—아기씨가 만들어진 줄 알았기 때문이야.—그게 어떻게 일어났지?—불로.—불로 어떻게?—그 위에 불이 있었거든.—그 불이 어디서 왔지?—하늘에서.—하늘에서 그 불이 어떻게 생겼지?—성냥이 있었어, 그리고 불을 붙였어.—그 성냥은 어디서 왔지?—하느님이 던져준 거야.[75]

달에 대해서 로이는 다음과 같은 반응을 보였다.

로이: 달은 크게 되었어.—어떻게 크게 되었지?—그게 자라났어.—달이 어떻게 자라나지?—달이 크게 되니까?—그런 일이 어떻게 일어나지?—우리도 자라잖아.—누가 달을 자라나게 하지?—그건 구름이야. (로이는 조금 전에는 달을 작게 하는 것도 구름이라고 말했다.)—그 구름이 어떻게 달을 크게 하지?—구름이 달이 크게 도와주는 거야.—달은 어떻게 시작했을까?—우리가 살기 시작했기 때문이야. —뭐가 그렇게 되도록 만들었어?—그게 달을 크게 만들었어.—달은 살아 있는 거야?—아니… 응. 맞아.—왜?—우리도 살아 있으니까.—달은 어떻게 만들어졌을까?—그건 우리도 만들어졌으니까.—그 때문에 달도 커진 거야?—응.—어떻게?— …… —

75 피아제, 231쪽.

왜?—구름이 달을 자라게 했어.[76]

3주 후에 로이에게 다시 물었다. 로이는 그 전에 인터뷰했던 것을 잊어버린 듯했다.

해가 어떻게 시작했지?—불로.—이 불은 어디서 왔지?—성냥에서.—해는 어떻게 크게 되었지?—우리가 크게 자라났기 때문이야.—누가 해를 자라나게 하지?—구름이.—그럼 우리는 어떻게 자라지?—먹으니까.—해도 무엇을 먹나?—아니.—그럼 어떻게 구름이 해를 자라게 하지?—그건 구름도 자라나니까.[77]

달은 어떻게 시작했지?—그것도 불로 시작했어.—어떻게 달이 크게 되었지?—그건 우리가 자라기 때문이야.—달은 어떻게 크게 되었지?—그건 구름이 자라나게 해서 그래.—도대체 어떻게?—구름도 자라니까.—구름이 없어도 달은 자라날까?—아니. …… 응, 그럼에도 크게 될 거야. 우리도 자라나니까.[78]

로이의 대답은 어른들과는 달리 '그 말이 그 말인 것처럼'(이것은 분석판단이자 순환논증이다) 비논리적이지만 재미있다. 아이들의 이야기나 아동문학을 살펴보면 이런 경향성을 보인다. 그러기에 어른들이 익

---

76 피아제, 같은 곳.
77 피아제, 같은 곳.
78 피아제, 같은 곳.

숙한 논리적인 말(종합판단)을 쓰면 오히려 그것은 아동문학이 아닌 것 같은 느낌을 주는 것이다. 피아제는 이 인터뷰 속에 드러난 로이의 생각을 다음 세 가지 경향성으로 요약한다.[79]

1. 인공론적 경향: 해, 달, 별은 인간이 만든 것이다. 성냥의 불이 아기가 만들어진 것처럼 해와 달을 만드는 시초가 되었다.
2. 물활론적 경향: 해와 달이 살아 있는 이유는 이들이 언제 낮인지 언제 밤인지를 알고 우리가 무엇을 하는지를 알기 때문이다.
3. 실재론적 경향(관여법칙): 해, 달, 별과 우리 사이의 관여를 만든다. 해와 달은 우리가 자라기 때문에 자란다. 우리가 시작되었기 때문에 그들도 시작되었다.

2와 3은 이미 위에서 다루었기 때문에 관여법칙이 아이들의 인공론적 경향과 어떤 관계에 있는지를 주목하도록 하겠다. 로이는 우선 해나 달이 생겨난 이유는 "우리가 아기씨처럼 생겨난" 이유와 같고 그것들이 커지는 이유가 "우리가 자라기" 때문이라고 대답한다.

이 관여법칙은 곧 아기씨가 만들어진 것같이 해와 달도 성냥 또는 하느님에 의해 만들어진 것이라는 생각에 이르게 한다. 아이들은 아기가 만들어진 것이라 생각한다. 그리고 해와 달도 만들어진 것이라 생각하고 이것은 신화나 성경에서 해와 달이 만들어진 것이

79 피아제, 232쪽.

라고 서술하는 것과 같다. 아이들은 모든 것은 만들어졌고, 만들어진 이유는 의도가 있었기 때문이라고 하는 것이 서양 사람들이 인간이나 모든 우주가 신(하느님)에 의해 만들어졌다고 보는 것이나 다름없다.

이런 아이들의 세계상은 가끔씩 어른들의 문학에도 그 흔적을 남긴다. 독일의 천재적 극작가 게오르크 뷔히너의 『보이첵』을 보면 동화가 하나 등장한다. 보이첵이 가난과 질투 때문에 아내를 살해하고 어쩔 줄 모르는 심정을 이 동화는 상징적으로 보여 주는 역할을 한다. 한 노파가 아이들에게 이야기를 해준다.

> 옛날 옛날에 불쌍한 아이가 살았단다. 아빠도 엄마도 없었지. 모두 다 돌아가셨어. 이 세상에 살아 있는 사람은 한 사람도 없었어. 모두가 죽었어. 그 아이는 집을 나왔지. 그리고는 절망한 나머지 밤낮으로 울었단다. 이 지구에는 아무도 없었기 때문에 그 아이는 하늘나라로 가려고 했지. 그러던 어느 날 달님이 그 아이를 친절하게 쳐다보질 않았겠니. 그 아이는 마침내 달나라에 갔어. 그런데 달님은 썩은 나뭇조각이었대. 그래서 다음엔 해님에게로 갔었지. 해님한테 가보니까 해님은 시들어버린 해바라기였다는구나. 마지막으로 그 아이는 별나라로 갔대요. 그런데 별나라는 황금모기들이었대. 이 황금모기들은 마치 때까치가 찔레 가시에 꽂아놓은 모양들을 하고 있었대. 그래서 그 아이는 하는 수 없이 다시 지구로 돌아왔는데, 지구는 엎질러진 요강이었어. 주위엔 여전히 아무도 없었고, 그래서 아이는 주저앉아 엉엉 울었단다. 아직도 그 아이는 그

렇게 앉아 있대. 외롭게 혼자서 말이야.[80]

이 이야기는 민담이나 동화, 전설, 신화 같은 모습을 하고 있어 아이들의 사고방식과 흡사하다. 우리는 이 이야기에 나오는 "해님"이나 "달님", "별나라", "지구"에서 이것들이 마치 누군가 만든 하나의 대상인 것 같은 느낌을 받는다. 그래서 이야기를 들으면서(읽으면서) 마치 유년기의 세계, 또는 오래된 원시 황금시대, 다시 말해 내면 깊은 데 있는 유아적 상상을 추체험하는 듯하다. 아이들의 이런 인공론적 특성은 미하엘 엔데의 『마법의 설탕 두 조각』에도 고스란히 드러나 있다.

원제가 『렝켄의 비밀』이라 붙어 있는 이 이야기는 렝켄이라는 여자아이가 주인공이다. 렝켄은 착한 아이인데, 문제는 엄마 아빠가 렝켄이 원하는 걸 들어주지 않는다는 사실이다. 그래서 렝켄은 요정(마법사)을 찾아가서 해결책을 부탁한다. 그랬더니 요정은 부모님이 렝켄의 말을 들어주지 않을 때마다 찻잔이나 커피잔에 설탕조각을 넣으라고 한다. 그러면 엄마 아빠가 렝켄의 말을 들어주지 않을 때마다 키가 절반으로 줄어들게 된다. 우리는 여기서 이미 이 마법에 아이의 실재론, 다시 말해 아이의 생각대로 현실에서 일어나는 것을 찾아볼 수 있다.

우리는 이것을 마법이라 한다. 그런데 동시에 엄마 아빠의 키가 반으로 줄어든다는 부분에서 인공론적 사고방식, 다시 말해 엄마 아

---

80 게오르크 뷔히너, 『보이첵, 뷔히너 문학전집』, 임호일 옮김, 지만지 클래식, 2010, 258쪽.

빠도 만들어져 있고 내(아이)가 마음대로(물론 마법의 힘을 빌리기는 하지만) 그들을 바꿀 수 있다는 사고방식도 읽을 수 있다. 마법의 설탕을 먹게 된 엄마 아빠는 결국 11.5센티, 10.5센티까지 작아진다. 만약 아이가 3-4세 정도라면 이 정도로 이야기를 끝내면 된다. 그러나 이제 아이가 5-7세를 넘어 8-10세라면 상황은 달라진다. 엄마 아빠는 이제 렝켄의 말을 들어줄 수밖에 없다. 렝켄은 마음대로 할 수 있어 행복했다. 그러나 문제는 이제 너무 작아진 부모가 렝켄이 열쇠를 방에 두고 왔을 때 도와줄 수가 없다는 사실이다.

아이들의 세계가 이렇게 실재론, 물활론, 인공론으로 설명된다면, 그에 따른 아이들의 언어도 그에 따른 것이어야 한다. 형용사나 수식어(관형구)가 많거나 성격묘사나 감정 변화들을 다양하게 넣으면 아이들은 그것을 이해할 수 없다. 안데르센 동화가 아이를 위한 것이 아닌 이유가 여기에 있다. 아이들은 어른처럼 그렇게 다양한 경험세계를 이해할 수 없다. 안데르센처럼 어른들의 세계상을 강조하고 도덕을 강조하면 아이들은 재미없어 한다. 자기들의 세계상이 아니기 때문이다. 취학 전 아이들의 언어에서는 형용사를 찾아보기 힘들다.[81] 관형구를 통한 수식이나 성격과 감정의 묘사는 톨스토이의 『안나 카레니나』에 등장하는 인물들이나(안나나 레빈) 만들 수 있는 표

---

81 아리스토텔레스는 『시학』에서 "가장 중요한 것은 사건의 결합, 즉 플롯이다. 비극은(문학은) 인간을 모방하는 것이 아니라 인간의 행동(생활, 행복, 불행)을 모방한다. 그리고 행복과 불행은 행동 가운데 있으며 비극의 목적도 일종의 행동이지 성질은 아니다. … 행동 없는 비극은 불가능하겠지만 성격 없는 비극은 가능할 것이다."(아리스토텔레스, 『시학』, 천병희 옮김, 문예출판사, 2002(이하 아리스토텔레스), 52쪽)라고 말한 것은 문학이 애니미즘과 연관되어 있다는 것을 암시하는 것으로서 우연이 아니다.

현이다. 어린아이에게는 절대 어울릴 수 없는 표현들이다.

아이들은 행동과 사건의 변화에서 이것들이 빨리 진행되는 것을 좋아한다. "죽었어? 살았어? 도망쳤어?"라고 끊임없이 묻는 아이를 보고 엄마는 당황스럽기가 이루 말할 수 없다. 이런 움직임의 언어는 동사 중심의 서양어 그림책들과 일치한다. 우리에게 IQ(지능지수)의 고안자로 잘 알려진 빌리암 슈테른(Wilhelm Stern)은 그가 쓴 책 『아이들의 언어』에서 힐데(Hilde)라는 아이의 어휘가 처음에는(1세 3개월) 명사 중심으로 발달하다가, 동사를 익히고(1세 6개월), 거의 두 살이 되어서야(1세 11개월) 형용사를 익힌다는 연구결과를 제시했다.[82] 이 연구결과는 한국의 동화 작가들이 나중에 어른이 되어서야 이룰 수 있는 감성적 세계를 아이들이 벌써 이해할 수 있다고 착각한 데서 비롯된 것이다. 이미 앞서 밝혔듯이 아이들을 어른이 보는 관점으로 이해하고자 했기 때문에 발생한 것이라 할 수 있다. 그러나 우리 이 문제에 대해서는 다음 기회에 따로 시간을 내어서 논의할 것이다.

프랑스의 동화작가 벵자멩 쇼(Benjamin Chaud)는 이렇게 다짐한다. "권선징악의 교훈을 집어넣지 않으려 경계하고요. … 어둑어둑한 방안에서 아이들을 눕혀놓고 자유롭게 상상한 이야기를 들려줄 때, 우리 둘 사이를 채우는 교감의 느낌이 정말 좋습니다."[83] 인생에서 배울 모든 것을 유치원에서 배운다는 독일 사람들의 말처럼 우리 교육

---

82 Stern, 216쪽 이하. 다른 아이의 연구에서도 대동소이하다. 귄터라는 아이는 1세 2개월에 명사, 1세 11개월에 동사를 많이, 빈도가 낮게 형용사를 익힌다.

83 최혜진, 180쪽.

에 종사하는 사람들은, 그가 부모이거나 교사이거나 작가이거나 상관없이, 아이들의 세계상, 아이들의 언어를 연구하고 난 뒤에 그들의 사고방식대로 아이들과 대화를 하고, 책을 쓰고, 교육에 임하여야 할 것이다.

유감스럽게도 한국작가의 그림책 시장은 그 분위기가 좋지 않다. 출판계와 교육계는 담합이라도 한 것처럼 아이를 가르치는 수단이라고 생각하고 실용적인 책, 또한 그런 책의 규격화, 표준화 등이 대세가 되어가고 있다. 물활론과는 거리가 먼 대화가 오고가고, 애니미즘 대신 애니메이션이 활개를 치고, 어른들이 읽고 싶은 내용들이 그림책들이 되어 활개를 친다. 이런 그림책을 만드는 이들에게 니체는 『차라투스트라는 이렇게 말했다』에서 다음과 같이 경고한다.

> 하지만 형제들아, 말해보라. 사자조차 할 수 없었던 것을 어린아이가 할 수 있다니 그게 무슨 말인가? 맹수인 사자가 아이라도 되어야 한단 말인가? 아이는 순진함이며 망각이고, 새로운 시작이고, 하나의 유희이다. 아이는 스스로 도는 바퀴이며, 첫 움직임이며, 성스러운 긍정이다. 그렇다. 창조의 유희를 위해서는, 형제들아, 성스러운 긍정이 필요하다. 정신은 이제 자신의 의지를 원하며, 세계를 상실한 자가 자신의 세계를 얻을 것이다.[84]

84 프리드리히 니체, 『차라투스트라는 이렇게 말했다』(니체전집 13), 책세상, 2003, 41쪽, '세 가지 변화에 대하여'.

제2장

19세기 전래동화와 창작동화

제1장에서 우리는 피아제가 주장한 아동의 세계상을 살펴보고 그것이 어떻게 동화에서 적용되었는지 이론만 간략하게 살펴보았다. 이제 우리는 본격적으로 19세기의 전래동화와 창작동화를 살펴보면서[1] 아동문학이 아이의(또는 원시인의) 세계상에 따라 만들어졌음이 작품들에서 어떻게 재현되는지를 살펴보고자 한다. 우리가 장르적으로 창작동화와 전래동화를 구분하지만 창작동화 또한 마법이 있다는 측면에서는 전래동화와 같은 도식에 따라 만들어졌다는 것을 알 수 있다.[2] 그럼 먼저 동화란 무엇인가? 우리에게 잘 알려진 동화라는 말은 독일어 Märchen에서 유래한 것인데, 이 말은 Maere에 축소형 어미 -chen이 붙은 것이다. Maere의 고고 독일어 형태인 Mari는 Kunde(지식), Erzählung(이야기), Gerücht(소문)이란 뜻을 담고 있고, 거기에 축소형 어미가 붙어 '소박한 서사(이야기)'란 뜻으로 전해지게 되었다.

우리가 개략적으로 '동화'라는 말을 생각해본다 해도 그 특성은 명확하다. 기적 같은 일이 벌어지고, 거기에서는 인과 관계가 명확하지 않은 일이 일어나며, 중력의 법칙이 완전히 무시된다. 그리고 인간과 동물, 나아가 사물 사이의 경계가 무시되고, 나아가 자연과 초자연의 경계도 없다. 이 모든 것을 한마디로 정리하여 '동화는 마법적이다' 이렇게 말할 수 있을 것이다. 동화에는 마법적인 것이 당연

1 유럽에서 동화(Märchen)라는 문학 장르는 대체로 16세기에서 19세기 초에 이르는 시기에 발생하였다. 19세기 후반부터는 더 이상 전래동화는 나타나지 않고 창작동화가 그 자리를 대신한다. 전래동화는 자연스럽게 전승된 민간동화(Volksmärchen)를 말하며, 창작동화는 지어낸 동화, 즉 예술동화(Kunstmärchen)를 말한다.

2 물론 익살동화나 전설동화의 경우처럼 마법이 항상 있는 것은 아니다.

시 되므로, 동화는 이야기하는 자와 듣는 자가 서로 멀리 떨어져 있다는 것을 전제로 한다. 동화의 시작이 '옛날 옛날에…'로 시작하는 것은 바로 이런 이유 때문이다.

이런 의미에서 동화는 확실한 역사적 사건에서 분리되고, 또한 등장하는 장소, 즉 동화 속의 마을, 도시, 산, 강, 숲은 이름이 없다. 주인공 이름도 우리나라 이야기의 '어떤 선비'나 '농부'나 '바우'처럼 평범한 '한스' 같은 이름이거나, '백설 공주', '재투성이', '엄지 아가씨', '빨강 모자', '어린 왕자' 같은 이름이다. 이런 이름들은 등장하는 주인공의 행동이나 플롯에 상응하는 것들이다. 이런 이름을 갖기 위해 주인공은 일상적으로 반복되는 현실을 떠나 모험을 감행한다. 서사의 시점 또한 일정한 시점, 즉 주인공의 시점을 택하고, 이야기를 하는 화자는 절대로 세상이나 주인공의 행동을 상대화하거나 그것을 판단하거나 해석하지 않는다.

이렇게 평범하게 지적한 동화의 특성을 피아제 식으로 말하자면, 인과 관계가 없다는 말은 인공론적 세계상을 말하고, 인간과 동물, 사물의 경계가 사라진다는 것은 물활론적 세계상을 말하며, 자연과 초자연의 경계가 사라진다는 말은 실재론적 세계상과 상응한다 하겠다. 이런 전래동화의 특성은 창작동화에도 똑같이 적용된다. 다만 전래동화가 작자 미상이고 창작동화는 작자가 있다는 정도의 차이가 있을 뿐이며, 굳이 더 지적하라면 '옛날 옛날에' 대신 시대적 의미가 가미된 색채 정도일 것이다. 먼저 전래동화부터 살펴보자.

전래동화

앞 장에서 우리는 피아제가 아동의 세계상을 세 가지 특성으로 파악하고 그것이 레비브륄의 관여법칙과 일치한다는 것을 살펴보았다. 우리가 전래동화로 분류하는 그림 형제의 동화는 관여법칙에 의해 만들어진 원시인의 세계상이 담긴 이야기 형식이다. 관여법칙이란 프랑스의 철학자이자 민족지학자인 뤼시앵 레비브륄이 주창한 이론이다. 레비브륄은 원시인들이 꿈과 현실, 현재와 과거를 분명하게 구별하지 못한다고 보았다. 그는 이들이 '관여'라는 전 논리적인 정서에 지배되고 있다고 주장하였다. 피아제는 이것과 아동의 자아중심주의가 서로 다르지 않다고 본다. 그래서 우리는 먼저 민담, 또는 흔히 전래동화라고 번역하는 이야기에서 현대의 아동문학까지 이어지는, 피아제의 아동의 세계상과 플롯의 관련성을 탐구하고자 한다. 민담과 전래동화는 아이들의 세계상과 아이들이 들어야 할 이야기의 원칙들이 잘 보존되어 있기 때문이다. 그래서 우리는 먼저 그림 형제(야코프 그림, 빌헬름 그림)의 동화 중 우리에게 잘 알려진 네 작품을 토대로 아동의 세계상을 살펴볼 것이다. 네 작품은 「헨젤과 그레텔」, 「신데렐라」, 「들장미」, 「백설 공주」이다.

1. 헨젤과 그레텔[3]

가난한 나무꾼과 아내(초판에서는 계모가 아니다)가 헨젤과 그레텔이라

3 그림 형제(야코프 그림, 빌헬름 그림), 『그림 형제 동화전집 1』, 김열규 옮김, 현대지성사, 2000(이하 그림동화), 148-162쪽.

는 두 아이를 데리고 숲에서 살고 있었다. 너무 가난하게 살고 있는 데다 특히 그해는 기근이 들어 먹을 것이 부족해지자 부부는 아이들을 숲속 깊이 내다 버리자고 제안한다. 우연히 이를 듣게 된 오누이 헨젤과 그레텔은 밤에 몰래 나가 하얀 자갈을 주워오고, 다음 날 숲으로 들어가는 길에 이것들을 길에 떨어뜨린다. 부부는 두 남매를 버려두고 왔지만 오누이는 자갈을 따라 무사히 집으로 돌아온다. 아이들을 버리는 데 실패한 부부는 다시 한번 아이들을 버리기로 계획한다. 아이들은 이 계획을 엿들었지만 자갈을 주우러 가지 못했다. 계모가 문을 잠가두었기 때문이다.

아침이 밝자 부부는 남매에게 빵 한 조각씩만을 준 채 아이들을 다시 숲으로 데려 간다. 그리고 부부는 아이들이 춥지 않도록 불을 지필 나무를 하러 간다고 하면서 아이들을 그 자리에 버려두고 떠난다. 아이들은 이것을 예상하고 길에 빵을 뿌려두었지만 새들이 그 빵을 다 먹어버렸다. 결국 아이들은 숲속에서 길을 잃고 만다. 아이들은 산딸기만 조금 먹었을 뿐 아무것도 먹지 못하고 지칠 대로 지쳤다. 세 번째 맞는 아침이 되었다. 간신히 일어난 아이들은 걷기 시작한다. 굶주린 채로 숲속을 헤매던 중 아이들은 지붕이 케이크로, 창문이 설탕으로 된, 빵으로 만들어진 집을 발견했다. 배가 고픈 아이들은 그 집을 뜯어먹다가 할멈에게 발각된다. 하지만 그곳에 살던 할멈은 못된 마녀였다.

마녀는 아이들을 유혹해 잡아먹기 위해 음식과 잘 곳을 제공하며 안심시킨다. 하지만 이튿날 마녀는 속내를 드러내며, 헨젤을 잡아먹기 위해 우리에 가두고 그레텔을 하녀처럼 부려먹는다. 마녀는 헨젤이 살이 쪘는지 보기 위해 팔을 내밀어 보라고 하지만 헨젤은 우리 안에 있던 뼈다귀를 내밀어 위기를 모면한다. 그러자 마녀는 그레텔부터 잡아먹기로 결심한다. 그녀는 그레텔에게 오븐의 온도가 굽기에 적당한지 그 속으로 들어가 보라고 한다. 그러나 그레텔은 꾀를 내어 오히려 마녀를 오븐 안으로 밀어 넣는다. 마녀를 처치한 헨젤과 그레텔은 그곳에 있던 보석들을 가지고 집으로 돌아온다. 아버지는 아내가 죽고 혼자 살고 있었다. 아이들을 버리고 불행했던 아버지는 그들을 보고 무척 기뻐하고, 근심걱정은 모두 사라지고 아이들은 아버지와 행복하게 살게 되었다.

「헨젤과 그레텔」이 아동문학으로 얼마나 유명한지는 유튜브에 이 이야기의 (오페라) 연출이 얼마나 많이 올라와 있는지를 보면 금방 알 수 있다. 이 동화는 독일의 작곡가 엥겔베르트 훔퍼딩크(Engelbert Humperdinck, 1854-1921)가 만든 오페라로서 성탄절만 되면 연주된다. 특히 아이 관객들만을 위해 연주되기도 한다. 그리고 영화와 애니메이션, 오디오북으로 만들어져 해마다 아이들의 사랑을 받고 있다. 물론 이 동화도 어느 정도는 아이들을 교육할 목적으로 만들었다는 느낌을 주기는 한다. 성장이라는 과제를 어느 문화보다도 더 교양(교육)의 이상으로 삼는 독일에서는 더욱 그렇다.

그러나 이 동화는 다른 동화에 비해 원시인의 관여법칙과 아동의 세계상을 많이 간직하고 있다. 다시 말해 아동문학의 요소가 많다고 할 수 있다. 환상적 장면, 욕구의 구체화, 보이지 않는 무의식의 세계에 대한 심상 등은 이 작품을 가히 전래동화의 왕좌를 지키고 있다고 부를 만한 근거를 제시한다. 그러면 이 전래동화의 아이다움은 어디에 있는가? 이야기의 첫 부분, 그러니까 부모님이 버렸을 때 헨젤과 그레텔이 자갈을 떨어뜨린 후 길을 찾아 집으로 돌아온 곳까지는 어른과 다를 바 없다. 빵부스러기를 새가 먹어치워 돌아갈 수 없을 때까지도 이야기는 이성적이다. 그러나 세 번째 아침부터 그들은 너무나 굶주리고 지치게 된다. 여기서 독자는 마법을 찾아볼 수 있다.

실재론

우리는 이제 피아제(또는 레비브륄)의 이론에 따라 아동(원시인)의 세계상이 이 동화에 어떻게 녹아 있는지 살펴보고자 한다. 정신분석학적 동화 비평을 한 브루노 베텔하임은 아이들은 부모를 떠나면 어떻게 될까 하면서 늘 불안해한다고 한다. 배가 고파서 한밤중에 잠이 깬 아이는 부모에게 자신이 필요 없으며, 버려졌다는 위협감을 느끼는데, 그것은 굶주림에 대한 공포라는 형태로 경험된다.[4] 배가 고파진 아이들은 먹는 상상을 하고 그것은 실재론적 세계를 만든다. 그것은 빵으로 만들어진 집, 케이크로 된 지붕, 설탕으로 만들어진 창문이다. 그러나 이 마법은 위험한 사태를 몰고 온다. 바로 아이들의 무의식에 있는 공포는 할멈(마녀)의 몸으로 구체화되기 때문이다. 마찬가지로 배고픈 아이들에게 집과 지붕, 그리고 창문은 그들의 상상이 구체화된 것이다. 현대적 관점으로 볼 때 아이들의 무의식은 마

---

4 베텔하임, 267쪽.

법(실재론)의 원동력이 된다.

우리의 어린 시절 경험에 비추어 보아도 아이들은 부모가 나를 떠나거나 죽으면 어떻게 하나 걱정을 하고 두려워한다. 이 두려움이 곧 실제로 부모가 자신들을 버리는 이야기로 구체화된다. 만약 이런 이론에 근거하지 않는다면 이 이야기는 계모가 아이를 버린다는 도덕적 이야기로 전락할 수밖에 없다. 그렇다면 아버지도 아이들을 버리는 데 일조하는 것은 어떻게 설명할 것이며, 아이들이 버려진 뒤에도 필사적으로 집으로 돌아오려고 노력하는 것은 또 어떻게 설명할 것인가. 우리가 아이들의 실재론적 사고방식을 이해하지 못한다면 이야기도 의미 없게 될 것이다. 하버드 대학교 심리학과 교수인 엘렌 랭어 교수가 "어리석은" 아이들로 해석하는 것 또한 이성적이고 합리적인 어른들의 시각일 뿐이다.[5]

전래동화에서 중요한 것은 합리적 인과 관계가 아니라, 아이들의 본능적인 의향이다. 안주와 퇴행에 익숙한 아이들은 그런 합리적인 생각을 원하는 것이 아니다. 안주와 퇴행(귀소본능)은 원시인에게서나 아이에게서 동시에 찾아볼 수 있는 세계상으로서, 합리적으로 지어낸 이야기가 아니다. "눈처럼 하얀 새 한 마리", "빵으로 만들어진 집", "케이크로 된 지붕", "설탕으로 만들어진 창문", "칠흑처럼 캄캄한 숲", "빨간 눈을 가진 마녀", "불길이 넘실거리는 오븐", "하얀 오리 한 마리" 같은 마법적 현상들은 현실에는 없는, 아이들의 세계상에서 비롯된 것들이다. 아이들은 생각과 현실이 일치한다고 생각

5 엘렌 랭어, 『마음 챙김 학습의 힘』, 김한 옮김, 동인, 2011, 105쪽.

할 뿐이다. 그렇기에 이 모든 것은 청각을 시각으로 바꿔주는 마법들이다.

마녀는 욕동의 파괴적인 측면을 의인화한 것으로서 이것 또한 실재론적 세계상에서 유래한다. 쾌감원칙에 대항한 죽음의 원칙이랄까? 아이들이 집을 먹어치우듯이 마녀는 아이들을 잡아먹으려 한다. 아이들이 더 이상 길들여지지 않는 본능의 충동에 휩싸였을 때 아이들은 파멸의 위험에 처해진다. 아이들이 살아남기 위해서는 욕망을 이겨내고 차분해야 한다. 이런 측면에서는 이 이야기는 지금부터 피아제가 말한 아동발달의 끝, 적어도 3단계에 속하는 이야기로 전개된다. 소위 자아에 따른 행동을 하기 위해서 아이들은 본능의 압박에 따른 욕구를 바꾸어야만 한다.

인공론

헨젤이 지붕 한 조각을 뜯어먹고, 그레텔은 창문을 사각사각 갉아먹는다. 이때 고함소리가 들린다. “내 집을 갉아먹는 게 누구냐?” 그러자 아이들은 “바람, 바람이에요. 하늘에서 불어오는 아주 부드러운 바람.” 독일어에는 “하늘이 보낸 아이(das himmlische Kind)”로 표현되어 있다. 이것은 바람을 누군가, 즉 신이 만든 것이라는 생각을 보여준다. 사실 이 집 전체를 만든 것 또한 마녀였다. 그저 ‘집이 있었다’거나 ‘어떤 사람이 만든 집’이 있는 것이 아니라 이 초자연적인 집은 아이들에게는 누군가 만든 것이다(“그 마녀는 아이들을 유혹하기 위해 빵으로 된 집을 만들었던 것입니다.”). 사실 「헨젤과 그레텔」의 결말은 하나도 변한 것이 없다. 오로지 내적인 태도가 변했을 뿐이다. 더 정확하게 말하자면 내면적인 태도가 변했기 때문에 모든 것이 변했다.

이야기의 전개과정에서 아이들은 공포와 두려움을 극복하고, 구순 욕구를 충족시키고 엄마 아빠가 없어도 얼마든지 자신들이 자연(마녀)과 대적해서 이길 수 있는 힘을 얻은 것이다. 이는 정확히 아동의 세계상인 실재론과 그 궤를 같이하고 있다. 그렇기 때문에 아동 이야기, 즉 민담의 원칙이 아동의 세계상과 정확히 일치할 때, 공감할 수 있는 진실한 이야기가 된다. 이 이야기는 계모와 그녀의 악행을 이야기하고자 하는 것으로 변질되어 있지만, 결국 원시인들이나 아이들에게 닥쳐오는 통과의례[6]를 보여준다. 성년이 되면서 부모로부터 독립하고 부모를 극복해야 할 아이에게 이 동화는 중요하다.

초판에서는 친부모가 등장하는 것이었으나, 개정판에서는 아이들의 정서를 고려하여 계모로 수정되었다고 한다. 오페라나 영화에서는 대부분 수정 없이 친엄마로 나오는 경우가 많다. 그래야 이 이야기가 단순한 부모와 아이가 맺는 도덕적 문제가 아니라 아이들의 통과의례, 즉 내면과 성장에 대한 이해로 읽힐 수 있다. 그보다는 지금까지 부모 밑에서 종속적으로 구순 욕구를 만족시키던 아이들이 만약 집을 떠난다면 어떻게 될까, 그것이 주제가 되기 위해서는 아이의 세계상과 일치해야 한다.

---

6 통과의례(通過儀禮, Les Rites de Passage)는 개인이 새로운 지위·신분·상태를 통과할 때 행하는 의식이나 의례를 말한다. 이 용어가 일반화된 것은 반 헤네프가 『통과의례(Les Rites de Passage)』(1909)에서 이 말을 처음으로 사용한 후부터이다. 반 헤네프는 장소·상태·사회적 지위·연령 등의 변화에 따른 의례를 가리키기 위해 이 용어를 사용했다. 그에 의하면 통과의례의 전 과정을 통해 사람은 태어나 생일을 맞고, 양육되고, 학교를 들어가고, 새로운 사회적 지위를 획득한다.

2. 신데렐라[7]

한 부자 남자의 딸이 잘 성장한다. 그러나 엄마는 딸에게 신앙심 깊은 아이가 되라고 유언하고 죽고 만다. 딸은 매일 엄마의 무덤을 찾아가 울었다. 그 이듬해 아버지는 다시 새 아내를 맞아들였고, 계모는 딸 둘을 데리고 왔다. 이 두 언니들은 이 소녀를 부엌으로 몰아넣고 일을 시켰다. 이제 소녀는 아궁이 옆에서 자야 했으므로 재가 묻게 되었고, 이후로 재투성이, 즉 신데렐라(독일 말로 아셴푸텔)로 불리게 되었다. 어느 날 아버지가 장에 가면서 딸들에게 무엇을 사다줄까 묻는다. 계모가 데려온 첫째 딸은 아름다운 옷을, 둘째 딸은 진주와 보석을 원한다. 아버지는 막내인 신데렐라에게도 묻는다. 그러자 신데렐라는 "아버지의 모자에 닿는 첫 번째 나뭇가지를 꺾어다 주세요."라고 대답한다.

신데렐라는 이제 아버지에게 받은 개암나무 가지를 엄마의 무덤가에 심고서는 하염없이 운다. 그 후 신데렐라가 무덤가 나무를 찾아올 때면 새 한 마리가 그 나무로 날아오곤 한다. 그리고 신데렐라의 소원을 들어준다. 때마침 그 나라의 왕자가 신붓감을 구하기 위해 잔치를 벌인다. 그러나 언니 둘은 갈 수 있지만 신데렐라는 따라가지 못한다. 계모가 방해했기 때문이다. 그리고 같이 가려면 조건이 있었다. 잿더미 속의 콩 한 말을 두 시간 안에 골라 담으면 가

---

7 그림 동화, 212-226쪽. 이 책에서는 '재투성이'라는 뜻의 독일 말을 그대로 '아셴푸텔'이라고 차용해서 쓰고 있다. 나는 여기서 우리에게 일반적으로 알려진 영어 표현 '신데렐라'로 사용한다.

도 좋다고 한다. 신데렐라는 소리친다. "착한 비둘기들아, 산비둘기들아, 하늘 아래 있는 모든 새들아, 이리 와서 날 좀 도와주렴. 좋은 건 저 단지 안에 넣고, 나쁜 건 너희들이 먹고."

새들의 도움을 받아 두 번에 걸쳐 재에서 콩을 걸러냈지만, 계모는 파티에 입고 갈 옷이 없다고 다시 못 가게 한다. 신데렐라는 엄마의 무덤가로 가서 울며 소리친다. "온몸을 흔들어라, 어린 나무야! 내 몸 위에 금과 은을 떨구어 다오." 그러자 새 한 마리가 금실과 은실로 지은 드레스 한 벌과 비단 수를 놓은 신 한 켤레를 떨구어 준다. 이 옷을 입고 신을 신고 왕자와 춤을 춘 신데렐라는 집으로 돌아온다. 왕자는 신데렐라를 데려다준다. 그러나 집으로 오자마자 그녀는 비둘기 집으로 도망가고 그녀를 찾으려고 왕자는 도끼로 비둘기 집을 부순다. 다음 날 저녁에도 이 같은 일이 다시 일어나고 신데렐라는 이번에는 배나무 위로 사라진다. 마지막에 왕자는 꾀를 내어 신데렐라가 도망치는 계단에 송진을 발라둔다. 거기에 신발이 달라붙도록.

왕자는 신데렐라의 아버지에게 와서 그 신발의 주인을 찾는다. 그러자 큰딸이 신어보는데 신발이 너무 작아 자기의 엄마가 준 칼로 큰딸은 엄지발가락을 끊어낸다. 그러고는 아픔을 참고 그 신발을 신고 왕자와 같이 말을 타고 집을 떠난다. 그때 개암나무의 두 마리 비둘기가 소리친다. "그 처녀가 신고 있는 신발을 좀 보세요. 온통 피투성이잖아요." 왕자가 그 피를 보고는 이 처녀는 자기가 만난 처녀가 아니라는 것을 알아챘다. 그러고는 다른 처녀에게 신어보라 한다. 그런데 이번에는 앞은 쏙 들어가는데 뒤꿈치가 너무 커서 둘째 딸은 칼로 뒤꿈치를 잘라낸다. 왕자가 그녀를 데리고 가는데 다시 두 마리의 비둘기가 소리친다.

왕자는 결국 다른 딸을 요구했고 아버지는 할 수 없이 신데렐라를 데리고 온다. 신데렐라에게 그 신발은 꼭 맞았고, 왕자가 그녀를 데리고 갈 때 비둘기들이 신발이 꼭 들어맞는다고 소리친다. 그 다음은 더 말하지 않아도 잘 안다. 두 딸들은 처벌받고 신데렐라는 행복하게 산다.

우리나라의 아동문학은 대개 실제의 세계를 그린 실화 이야기가 많다. 아무래도 식민지 시절 안데르센 동화를 선호한 일본의 영향을 받은 탓일 게다. 그리고 초자연적 마법이 전래동화에 등장하지만 이 마법이 아이들의 특성에 부합하지 않는 경우가 많다. 그렇게 되면 단순한 신비에 그친다는 점에서 우리의 생각과는 다르다. 그러면 홍해가 갈라지는 것이나, 죽은 사람을 살리는 종교와 닮은 사고방식이 되고 그것은 결국 아이의 세계상과는 차이가 있다. 「콩쥐와 팥쥐」의 마법은 아이들의 노력 없이 신의 힘에 의존하고 있는데 이것이 이 경우에 해당한다. 현실 그대로의 이야기일 경우(안데르센 동화), 어린아이의 경험 법칙에 위배되는 어른들의 이야기가 된다. 이야기는 아이의 세계상과 일치할 경우 이야기가 재미있고 긴장감을 유발하게 된다. 그런 의미에서 과연 전래동화 「신데렐라」는 과연 아이의 세계상과 일치하는지 살펴보고자 한다. 이 동화는 1697년 페로가 쓴 동화 「재투성이 또는 작은 유리 구두」(Cendrillon ou la Petite Pantoufle de verre)에서 비롯되었다. 그러나 페로 동화에 비하면 그림 형제의 동화에 더 많은 문학적인 요소가 있다고 보기 때문에 그림 형제의 판본으로 이야기를 해볼까 한다.

물활론

이 동화에는 물활론적 세계상이 들어 있어 이 이야기가 벌써 동화임을 직감할 수 있다. 아버지가 장에 가기 전 딸들에게 무슨 선물을 사다줄지 묻는다. 언니들은 예쁜 옷과 진주, 보석을 원했지만 신데렐라는 "모자에 닿는 첫 번째 가지를 꺾어다" 달라고 말한다. 아버지가 말을 타고 돌아오는데 "나뭇가지 하나가 가로막더니 아버지의 모자를 툭 치는 것이었다." 물론 나뭇가지가 살아 있긴 하지만 이렇게 "툭 칠" 수는 없다. 마치 개암나무 가지가 살아 있는 사람이라도 되는 양, 이야기는 꾸며져 있다. 아이들은 이 순간 누가 이렇게 나뭇가지를 건드려 툭 치게 하는지 안다. 분명 그것은 신데렐라의 죽은 엄마일 것이다. 아마 그 나뭇가지도 엄마가 만든 것이라고 생각할 것이다.

신데렐라가 그 나뭇가지를 심자 그 위에 새가 날아와 앉는다. 새는 일반적으로 신의 화신으로 이해된다. 물활론을 확장하면 새의 의인화 내지는 신성화로 이해할 수 있다. 왕자가 초대한 파티에 갈 수 없는 이유가 춤을 추러 갈 옷도 없고 신발도 없기 때문이라는 것을 알게 된 신데렐라는 엄마의 무덤가 개암나무에게 말한다. "온몸을 흔들어라, 어린 나무야! 내 몸 위에 금과 은을 떨구어 다오." 그리고 이 말은 물활론의 세계를 드러내는 것으로 마치 엄마에게 말하듯 나무에게 말을 한다. 그러나 나무는 마법처럼 신데렐라에게 금과 은을 떨구어준다.

인공론

개암나무 모티브는 인공론적 사고방식으로 설명할 수도 있다. 개암나무 가지가 마법을 부리는 것은 사실은 누군가가 그 가지를 만들어놓고 그것이 어떤 돈을 만들 수 있다는 생각이다. 동화를 읽는 아이에게 "그 개암나무 가지는 누가 만들었지? 그 새는 누가 만들었지(또는 누구지)?" 하고 묻는다면 틀림없이 죽은 엄마가 만들어놓은 것이라고 대답할 것이다. 우리가 이런 세계를 어른의 세계로 가져간다면 이 개암나무 가지야말로 노동의 비밀을 알려줄 것이다. 계모의 두 딸들은 노동의 대가 없이 옷과 신발을 공짜로 받았지만 신데렐라는 직접 일하고 기른 개암나무에서, 다시 말해 노동의 대가로 금과 은을 얻었다는 점이다. 물론 새가 금실과 은실로 지은 옷과 신발을 가져다주긴 하지만 말이다.

실재론

문학은 사실적 지식을 개인적 지식으로 바꾸어 놓는다. 현실에서 일어나는 이야기는 아이에게 재미가 없을 뿐 아니라 아이의 환상 욕구를 채워줄 수도 없다. 엄마 아빠는 아이에게 늘 두렵거나 고통스러운 존재일 뿐이다. 부모가 나무랄 때면, 아이는 부모를 계모나 계부쯤으로 생각한다. 그러면서 존재하지도 않는 진짜 엄마를 상상할 수도 있다. 이것이 아이들의 실재론적 사고방식이다. 억압당한 아이의 무의식을 대변해줄 수 있는 것은 이런 이야기일 뿐이다. 왜냐하면 전조작기 아이들의 자아는 아직 확립되어 가는 과정에 있기 때문에 아직 자신의 욕망을 지배하기 힘들다. 이 싸움은 인간이 성장하기 위해 벌여야 하는 끊임없는 싸움으로 본능과 현실과의 갈등에서 나오는 것들이다. 있지도 않은 이야기를 통해서라도 부모를 지배하고 싶은 욕망을 이야기를 통해 외부화함으로써 아이는 욕구를 충족할 수 있다. 이야기를 통해 원시인들이나 아이들은 끊임없이 시달리는 외부적 스트레스에 대한 심리적 위로를 얻게 된다.

심리적 위로를 얻기 위해 이야기는 어떤 구조를 필요로 하는데 그것이 바로 이야기의 플롯이다. 그러므로 플롯에는 단순한 사건만 있거나 그것들을 그저 나열해서는 안 되고 그 사건에 대한 파격적 전환점을 가져야 한다. 그것은 복수심, 가학심리, 오이디푸스 같은 아이러니가 될 수 있다. 「신데렐라」에서는 어른의 관점으로 보더라도 하나의 전환을 찾아볼 수 있다. 만약 신데렐라를 계모가 잘 챙겨 주었더라면 가지를 심어 물을 주고 그 가지가 돈을 가져와 왕비가 되게 하지 못했을 것이다. 반대로 신데렐라의 언니들 또한 만약 보호받지 않고 스스로 문제를 해결했더라면 발가락이나 뒤꿈치가 잘리는 일을 겪지는 않았을 것이다.

아이의 실재론적 세계상은 마법이기에 앞서 이야기의 강한 플롯을 마련하는 소재가 되기도 한다. 이 세계상을 통해 자신의 감정을 가감 없이 드러낼 수 있기 때문이다. 이때 우리는 아이가 동일시하는 인물에게 기적의 힘, 즉 마법의 힘이 있다는 것을 알 수 있다. 이것을 통해 아이는 자신의 신체적 결함이나 부족을 메울 수 있다. 이런 힘에 근거하여 하늘을 날 수 있거나, 거인들을 쳐부술 수 있으며, 힘이 세거나 왕비로 외모를 바꿀 수 있다. 이렇게 공상 속에서 거창한 꿈이 충족된 후라야 아이들은 현실 속의 자신의 초라한 모습에도 안도감을 느낄 수 있다.

인간은 자신의 모습에 만족하려는 원초적 자기애를 갖고 있는데, 가령 아이들이 칼싸움을 하면서 위대한 이순신을 연기하거나, 청소년들이 멋있는 시를 읊으면서 위대한 시인의 흉내를 내거나, 백화점의 비스듬한 거울에서 키 큰 자기를 보아가며 아름다운 신데렐라의 꿈을 펼친다. 인간은 이런 거창한 꿈을 꾸면서 그것을 상상에서 실현하면서 안도감을 느낀다. 그렇기 때문에 동화나 아동문학은 반드시 이런 통과의례를 재현한다. 그러나 동화의 주인공이 초자연적인 모습을 한 채 끝나는 일은 없다. 이것이 신화와 다른 점이기도 하다. 신화에서는 영웅이 그런 초인적인 모습을 영원히 가지고 있다. 제우스는 제우스고 아킬레우스는 아킬레우스다. 그러나 동화의 결말은 자신의 정체성을 획득하고 난 후 이야기가 끝난다. 신데렐라는 왕비가 되면 더 이상 비범한 인물이 아니다.

그러므로 아이들의 세계상에서 일어나는 마법은 신화와는 다르다. 동화 속의 아이는 고난에서 출발한다. 그는 무시당하고 거부당하고, 버려지거나, 곤핍하고 고통스러운 상태에서 이야기를 시작하게 한다. 「신데렐라」 이야기도 그렇게 시작한다. 그 후 이야기는 화려한 전망을 내놓아야 하는데, 초인적인 마법적인 전개과정이 그렇다. 이것은 어른들이 갖고 있는 세계와는 정반대의 것이다. 말하자면 이성적인 추론과정과는 정반대의 것이다. 물활론적, 실재론적, 인공론적 세계상을 총동원하여 아이들은 일시적인 절망 상태를 극복한다. 아이가 절망적인 상태를 극복하기 위해서 이야기는 초자연적 현상이나 도덕적인 훈계가 아니라 상상을 필요로 한다.

3. 들장미

옛날 어떤 왕과 왕비가 오랫동안 아이 낳기를 바라고 있었다. 어느 날 개구리 한 마리가 나타나 왕비가 아기를 가질 것이라고 예언한다. 왕은 아이가 태어나자 잔치를 벌였다. 그 나라에 있는 열세 명의 지혜로운 여인(원문: 요정)을 초대했지만, 대접할 금 접시가 열두 개밖에 없으므로 부득이 한 사람은 초대받지 못했다. 그런데 잔치가 끝나갈 무렵 이 열세 번째의 여인이 나타나, 아이가 열다섯 살이 되면 물레의 북바늘에 찔려 죽을 것이라고 저주한다. 그러나 마침 한 여인이 아직 축복을 하지 않았고, 저주를 풀지는 못하지만 공주가 죽지 않고 백 년 동안 잠에 빠지리라고 그 저주를 누그러뜨린다. 왕은 나라의 모든 북바늘을 불태우라고 명령한다. 공주가 열다섯이 되는 해에 마침 왕과 왕비는 외출하였다. 공주는 궁 안을 돌아다니다가 오래된 탑을 찾고는 들어간다. 그 방 안에는 마침 늙은 여자가 북바늘로 열심히 베를 짜고 있었다. 공주는 까딱거리는 물건이 뭐냐고 물으며 북바늘을 집어 들려고 한다. 그 순간 손가락이 찔리고 공주는 침대 위에 쓰러져 깊은 잠에 빠진다. 공주뿐 아니라 이제 궁 안의 모든 것은 잠에 빠졌다. 성 주위로 들장미(가시 장미)가 자라기 시작했다. 공주는 '잠자는 아름다운 들장미'로 불리고 공주의 이야기는 온 나라에 퍼진다. 많은 왕자들이 장미 울타리를 뚫고 성 안으로 들어가고자 애를 썼지만, 장미 가시에 갇혀 오도 가도 못한 채 비참한 죽음을 맞이했다. 아주 오랜 세월이 흐르고 난 뒤, 한 왕자가 그 성에 와서 이런 이야기를 듣는다. 마침내 백 년이 지나고 왕자가 장미 울타리로 다가서자 아름다운 꽃들이 길을 터주고 왕자가 들어서자 다시 문을 닫았다. 왕자는 탑으로 가서 작은 방의 문을 열고 거기 누워 있는 공주에게 키스를 한다. 그러자 모든 것들이 깨어나고, 들장미 공주와 왕자는 결혼식을 치렀다.

이 이야기의 내용은 앞의 두 동화와는 다르게 좀 더 성숙한 사춘기를 다루고 있다. 그렇지만 여기서도 마법은 작용되고 있다. 개구리가 왕비에게 잉태를 예언하는 것, 그리고 공주가 북바늘에 찔려 백 년간 잠에 빠졌다가 다시 깨어나 왕자와 결혼하는 것이다. 그리고 공주와 성의 모든 것들이 죽어 있을 때 들장미(가시 장미)가 빽빽하게 자라나 아무도 들어갈 수 없게 한 것이 그렇다. 그럼 이 이야기는 사춘기 아이의 어떤 생각을 나타내는 것일까? 여기서도 물활론적, 실재론적, 인공론적 세계상을 찾아볼 수 있을까?

실재론

프로이트, 융, 베텔하임 같은 정신분석학자들은 이 이야기를 해석할 때 사춘기 소녀의 성적인 소재를 다루고 있다고 주장한다. 아이일 때는 외부의 것이 꿈(또는 상상)에 침범하는 것이 실재론적 사고의 골조였다면 사춘기에 다가간 아이는 정교한 상징으로 이 구조를 대체하고 있다. 급격한 질풍노도기를 거칠 때 아이들은 과격해지거나 무기력해진다. 이 시기에 아무것도 하지 않고 수동적으로(심지어 마법에 걸려 돌이 되어) 몇 해를 보내는 주인공들이 많다.[8] 특히 사춘기 소녀일 경우, 성징이 나타나는 시기에 아무 말도 하지 않고 무기력하게 보내는 아이가 많다. 프로이트는 이 잠을 사춘기의 도피적 환상이라 보고, 융은 열세 번째 요정을 대모(大母)로서 공주의 성과 여성성을 억압하는 것으로 보았다.[9] 이 이야기에서 공주가 100년간 잠에 빠져 누워 있다는 것은 바로 이런 마음을 구체적으로 체화하였다는 점에서 실재론적 사고의 한 형태라고 볼 수 있다.

그러나 이 우울과 무기력 같은 좋지 않은 면만을 이 이야기가 강조하였다면 그것은 아이나 원시인의 세계상이라 할 수 없다. 당연히 긍정적인 면, 다시 말해 아무것도 하지 않고 백 년간 누워 있어도 시간이 되면 변화는 일어나고 그 결과 왕자와 결혼할 수 있다는 희망도 포함하고 있다. 이것이 아이들의 의향이다. 여기에 어떤 인과 관계가 작용하는 것이 아니라, 몸이 체득한 성장의 과정, 다시 말해 인간이 성장에서 겪는, 어떤 마법적인 힘에 의해 조종되는 무의식적 의지일 뿐이다. 이런 의미에서 볼 때 100년간의 잠이라는 것은 깊은 고독, 자기 자신에 집중함을 상징한다.

성적인 상징은 이보다 많다. 왕비가 아이를 낳지 못하자 목욕할 때 물에 같이 있었던 개구리 또한 성적인 것의 상징이다. 그리고 공주가 죽고 궁성의 모든 것들이 죽어 시간이 멈췄을 때 그 성을 둘러

---

8 베텔하임, 365쪽을 참조하라.

9 Harold Neemann: *Schlafende Schönheit*. In: Enzyklopädie des Märchens. Band 12. Walter de Gruyter, Berlin/New York, 2007, 17쪽.

싸고 있는 들장미(가시 장미)는 여성의 성기이자, 처녀성을 지키려는 (또는 지키라는) 터부의 상징일 수도 있다. 이 들장미는 성이 보이지 않도록 무성하게 자라서, 여러 왕자들의 (성적인) 공격을 막고 그들을 들장미 가시에 갇혀 죽게 한다. 성적인 성숙이 무르익을 때까지 잠에 빠지게 한 것도 같은 상징이다.

인공론

사춘기 소녀가 겪는 모든 일은 만들어졌다. 오늘의 말로 하자면 누군가가 기획한 것이다. 아무리 현대인이라 하더라도 어떤 불행의 기원이 있다고 생각한다. 이것이야말로 마법의 생존을 보장한다는 것인데, 잠에 빠지는 것은 요정이 저주하고 기획한 것이다. 요정이 만든 북바늘에 찔리는 것도 잠에 빠지는 것도 요정이 만든 것이다. 문화적(기독교적) 상징인 12라는 숫자는 구원받은 성도의 숫자(신성 수 3×방위의 숫자 4=12)를 의미한다.[10] 이것도 그 문화권의 아이가 전승받은 만들어진 틀이다.

물활론

마침내 백 년이 지나자 사람을 포함해 성안의 모든 것들이 움직이기 시작한다. 거꾸로 이야기하면 비둘기의 조형, 닭을 들고 있는 하녀의 모습이 이제 활기를 얻기 시작한다. 그리고 공주 또한 왕자의

---

10 동양에서도 12간지에 따른 동물이 하나의 주기를 이룬다. 12라는 주기를 벗어난 13이라는 숫자가 기독교에서 악마인 루시퍼를 의미하는 것과 비슷하다.

키스를 받고 눈을 뜬다. 더 어린 아이들(3-6세)은 실제로 인형에 입을 맞추면 살아난다고 생각하는 것과 같다. 모든 것이 정지 화면에서 활동 화면으로 변하게 된다. 이것은 곧 삼라만상이 살아 있다고 생각하는 아이들의 세계상에서 비롯된 것이다. 여기서 잠시 눈을 돌려 어른들의 세계를 보자. 그들은 이 마법과 아이들의 세계상과 다른 생각을 한다. 독일의 작가 귄터 쿠네르트[11]가 들장미를 패러디한 이야기이다.

> 무수한 세대의 아이들이 바로 이 동화에 열광했다. 그것은 이 동화가 그들에게 환상을 불러일으켰기 때문이다. 해마다 무성한 들장미 넝쿨이 자라며, 모든 것을 덮을 정도로 높이 자랐고, 수직으로 늘어선 정글은 피고 지는 꽃들로 덮였고, 지빠귀와 향기로 채워졌을 테지만, 길도 없고, 헤치고 나갈 수도 없는 미로만 있었다. 어떻게 하면 이 정글을 넘어설까 덤벼든 용감한 자들은 모두가 길을 포기했고, 들장미 가시에 찔려 죽었다. 그리고 들장미 가시덤불에 갇히고, 잡히고, 묶였다. 독충의 습격을 받으며 그는 갑자기 의심이 들기 시작하였다. 꼭 가졌으면 하는 공주가 과연 있기라도 한 걸까. 드디어 최후의 승자가 왔다. 그는 이전 도전자들이 실패한 것을 얻었다. 그는 성으로 들어가, 계단 위로 올라가서, 작은 방에 들어갔다. 공주는 누워 있었다. 이빨 빠진 입은 반쯤 벌리고 있었고,

---

11 귄터 쿠네르트(Günter Kunert)는 1929년 동독에서 태어났다. 1979년까지 동베를린에서 살다가 정치적인 이유로 서독으로 망명하였다. 이 글은 1972년에 썼다.

> 침을 흘린 채, 푹 꺼진 눈두덩, 해골의 볼에는 얼기설기한 머리칼이 걸쳐 있고 시퍼런 핏줄이 보이며 주름져 있다. 검버섯과 먼지로 뒤덮인 채, 코를 골며 잠자는 할멈.
> 오, 들장미 공주를 꿈꾸며 들장미 넝쿨에서 죽어간 자들 모두 복 있을진저. 그 장미 넝쿨 뒤에 어떤 시간이 지배하고, 그 시간 속에서 궁극적으로 한번 확고하게 존재할지도 모를 시간을 믿으며 죽어간 자들 모두 복 있을진저.

이 이야기에는 마법이 아니라 탈마법만 있다. 백 년이라는 시간도 흘렀고, 들장미 공주는 이빨 빠진 할멈이 되었다. 원시인이 가진 상상은 사라지고 계몽된 세계의 합리성이 파악하는 공주와 성의 모습이다. 다시 말해 어른의 이야기가 되었다.

4. 백설 공주

> 어느 추운 겨울날 눈송이가 흩날리고 있을 때, 한 왕비가 흑단으로 만든 새까만 창틀이 있는 창가에서 바느질을 하고 있었다. 그러다 그만 실수로 손가락이 찔리고 말았다. 세 방울의 피가 눈 위에 떨어지자 문득 왕비는 '눈처럼 희고, 피처럼 붉고 흑단처럼 검은 아이가 있었으면' 하고 생각한다. 소원이 이루어져 왕비는 딸을 얻었고, 아이는 눈처럼 하얀 살결과 피처럼 붉은 뺨과, 검은 머리카락을 가지고 있었다. 그래서 아이의 이름을 백설 공주라 불렀다. 왕비는 이 나라에서 가장 아름다운 여자였고 자신의 아름다움을 자

랑으로 여겼다.[12] 그 왕비는 마법의 거울을 하나 갖고 있었는데 매일 아침 그 앞에 다가서면 이렇게 물었다. "거울아, 거울아, 벽에 달린 거울아, 이 나라에서 누가 가장 예쁘니?" 그러면 거울은 언제나 "왕비님 당신이지요. 당신이 이 나라에서 가장 예쁘지요." 하고 대답했다. 그러면 그녀는 이 세상에서 자기보다 더 예쁜 여자는 없다고 확신했다. 그러나 백설 공주가 자라 일곱 살이 되자 너무 아름다워 왕비의 아름다움을 앞지르게 되었다. 어느 날 왕비가 다시 거울에게 물어보았다. "거울아, 거울아, 벽에 달린 거울아, 이 나라에서 누가 가장 예쁘니?" 그러자 거울이 대답했다. "왕비님, 당신이 이 나라에서 가장 예쁩니다. 그러나 백설 공주는 당신보다 천 배는 더 아름답습니다." 이 말을 듣자 왕비는 질투심에 얼굴이 창백하게 되었다. 그 이후로 왕비는 백설 공주를 미워했다. 그리고 왕비는 공주를 볼 때마다 공주 때문에 자기가 이 나라에서 가장 아름다운 여자가 아니라는 사실로 마음이 매우 불편했다. 이제 왕비는 질투로 편할 날이 없게 되었다. 어느 날 그녀는 사냥꾼을 불러 이렇게 말했다. "백설 공주를 저 먼 곳에 있는 숲으로 데려가라. 거기 가서 그 아이를 죽이고, 그 증거로 허파와 간을 가져오너라. 그러면 내가 소금을 쳐서 구워 먹으리라."

백설 공주는 숲에서 도망을 갔다. 얼마나 달렸을까, 작은 오두막이

---

12 그림 동화 초판(1812)에는 왕비가 백설 공주의 친엄마였다. 1857년 개정판부터 엄마 왕비가 죽고 계모가 들어왔다고 고쳐 쓴다. 헨젤과 그레텔에서도 원래 엄마가 도덕적인 이유로 계모로 바뀌게 되었다. 김열규가 옮긴 『그림형제 동화전집』에는 처음에는 여왕으로, 나중에는 왕비로 서로 다르게 쓰여 있다. 왕비로 통일해야 한다.

보였다. 그 오두막에 들어가니 일곱 사람이 식사할 수 있는 식탁이 차려져 있었다. 그리고 음식을 먹고 마실 것을 마셨다. 여러 개의 침대가 놓여 있었는데 백설 공주는 자기에게 맞는 마지막 침대에서 잠이 들었다. 날이 어두워지자 오두막의 주인들인 일곱 난장이들이 돌아온다. 이들은 산에 보석을 캐러 갔었다. 그들은 돌아오자 누군가 자신들의 물건에 손을 댔다는 것을 알고 놀란다. 일곱째 난장이가 자기 침대에서 백설 공주가 잠들어 있는 모습을 보고는 그 아름다움에 넋을 빼앗겨 깨우지도 못한다. 다음 날 아침 깬 백설 공주는 자기의 처지를 말하고, 집안일을 도와줄 테니 자기를 이 오두막에 살게 해달라고 한다. 허락을 받은 백설 공주는 매일 낮에 혼자 집에 있게 되었다. 그래서 난쟁이들은 왕비를 조심하고, 아무도 집에 들여서는 안 된다고 당부한다.

한편 나쁜 왕비는 자기의 거울에게 다시 이 나라에서 누가 가장 예쁘냐고 물었다. 거울의 대답을 듣고 아직 백설 공주가 살아 있고 저 일곱 산 너머에 있는 난쟁이 오두막에 백설 공주가 숨어 있다는 것을 안다. 왕비는 장사꾼으로 변장을 하고는 물건을 판다. 그래서 공주를 죽이려 한다. 맨 먼저 허리를 날씬하게 해주는 레이스 띠를 팔고는 급하게 졸라매 공주가 숨이 막혀 쓰러지게 한다. 그래도 공주가 죽지 않자, 그다음에는 독이 묻은 빗과 독이 든 사과를 팔아서 공주를 죽이려고 한다. 결국 백설 공주는 독 사과를 베어 먹고 죽게 된다. 매번마다 난쟁이들이 살렸지만 맨 마지막은 이유를 몰라 결국 살릴 수 없었다.

백설 공주가 너무 아름다워 난쟁이들은 백설 공주를 땅에 묻을 수 없었다. 대신 유리관을 만들어 그 안에 공주를 누이고 그 위에 백설 공주라는 이름을 써 붙였다. 백설 공주는 죽은 게 아니라 잠을 자는 듯이 보인다. 난쟁이들은 산꼭대기로 관을 가져갔고 그 관을 한 명씩 돌아가며 매일 지켰다. 동물들도 와서 울면서 지켰다. 이제 나쁜 왕비가 거울에 물으니 자기가 가장 예쁜 여자라는 대답을 듣는다. 백설 공주는 죽은 지 오래되었지만 여전히 살아 있는 듯이 아름다웠다.

어느 날 왕자가 말을 타고 숲에 와서 공주를 보고는 그 죽은 공주를 사랑하게 되었다. 그래서 그는 난쟁이들에게 공주를 보지 않고는 살 수 없으니 이 아름다운 공주를 달라고 하였다. 왕자가 너무 가련하게 보였기 때문에 난쟁이들은 아픈 마음에도 불구하고 백설 공주를 넘겨준다. 하지만 왕자의 시종들이 비틀거리는 바람에 관이 땅에 떨어지게 되었다. 그 순간 공주의 목에 걸려 있던 독 묻은 사과가 목구멍에서 나왔다. 백설 공주는 눈을 뜨고 두 사람은 결혼식을 올리게 된다. 그 결혼식에 왕비도 초대된다. 거울이 아름답다고 한 그 왕비가 누구인지 궁금하여 그녀는 그 결혼식에 가게 된다. 연회장에 들어선 왕비는 백설 공주를 보고 가슴이 철렁했다. 왕비는 뜨겁게 달궈진 쇠 신발을 신고 죽을 때까지 춤을 춰야 했다.

이 동화에서 우리는 어떤 마법과 마주하고 있는가? 우선 마법의 거울이다. 이 거울은 살아 있기에 세상의 모든 미녀를 알 수 있다. 그야말로 물활론적 세계상이다. 백설 공주가 어느 곳에 가 있든지 살아 있으면 그녀를 비출 수 있다. 동시에 아이들에게 '이 거울은 누가 만든 걸까?' 하고 묻는다면 아이들은 왕비가 만들었다고 대답할 것이다. 강자인 왕비가 만든 것이다. 일곱 난쟁이는 누가 만들었을까? 아무 이유도 없이 난쟁이들은 하느님이 혹은 왕자가 만들어놓은 것이라 말할 것이다. 실제로 짐승을 만나 죽을 수도 있는 백설 공주를 위해 누군가 만들어 두었을 것이라는 생각들은 모두 목적론적 사고방식으로서 인공론적 세계상에 기초한다.

백설 공주는 삶과 죽음을 마음대로 넘어 다니며 실제로는 죽지 않는다. 레이스 띠로 졸려 죽고도 살아났고, 독 빗으로 죽어도 살아났고, 마지막으로는 독 사과를 먹고 죽은 것 같았지만 목에 걸린 사과가 튀어나왔을 때 백설 공주는 다시 일어났다. 이런 마법은 아이들이 죽음과 삶의 실제 세계가 그들의 믿음 세계와 같다는 생각, 즉 실재론적 세계상과 일치한다. 왕비의 소원대로 아이를 낳은 것도 실재론적 사고에 해당한다. 그리고 세 방울의 피는 곧 왕비가 백설 공주를 세 차례 죽이려 한 것과 같다. 이것을 상징이라 인정한다면 이것 또한 실재론적 세계상에서 나온 것이다.

이런 마법적 세계를 강화하기 위해 '백설 공주'라는 이름은 이야기의 전개과정에서 유래된 이름을 가지고 있다. 눈 위의 세 방울의 피는 곧 백설 공주가 직면하는 어려움이자 그녀가 존재해야 할 목표이므로 목적론적 세계에 근거하고 있다. 이런 목적론적(인공론적) 세계상에 부합하기 위해 아이는 모험을 떠나야 하고, 그런 모험을 하도록 만들기 위해서는 왕비가 자기의 딸을 집에서 쫓아내야 하며, 쫓아내기 위한 구실이 자기보다 더 아름다워서는 안 된다는 인간의 본성인 질투를 목적론적 토대로 삼고 있다. 이것은 오이디푸스 콤플렉스가 변형된 한 형태가 아닌가 생각된다.

「헨젤과 그레텔」이 부모와의 관계에서 문제가 된 것이 가난이라는 외부적인 문제였다면 여기서는 질투라는 내면적인 문제를 해결하도록 마법이 등장한다. 「백설 공주」에 나타나는 마법은 '나는 부모와 경쟁하지 않아. 나는 이미 부모보다 나아'라고 하는 아이의 유아기적 생각과 그 생각의 실현, 즉 실재론적 사고를 잘 보여주고 있다.

우리가 뒤에서 다루게 될 창작동화 『마법의 설탕 두 조각』은 「백설 공주」의 이런 세계상을 모방하고 있다. 렝켄은 자기를 반대하는 부모를 물리치기 위해 마법을 구하러 요정에게 간다. 물론 이런 사고를 어른들도 할 수 있다. 가령 '내 아이는 나보다 나아.'라고 생각하는 것이 그것이다. 그래서 동화에 등장하는 마법을 현대적으로 해석하면 이런 무의식을 말해주는 것이다. 그렇기 때문에 플롯이 진행됨에 따라 화자가 그 마법이 일어나는 이유를 설명하거나, 인물들을 상대화하거나, 그 인물을 판단하거나 해석하지 않는다.

창작동화

동화의 역사를 살펴보면 창작동화가 전래동화의 스키마에 기초하여 만들어졌다는 것을 알 수 있다. 그렇기 때문에 동화라고 하면 전래동화든 창작동화든 공통된 특성을 가지고 있다. 마법적으로 작동하는 세계, 결국은 행복하게 끝나는 결말, 구어적으로 대화하고 소통하는 형식이 전래동화와 창작동화에 공통분모로 들어 있다. 그러므로 다양한 창작동화들은 공통분모를 자기들 창작동화 내부에 갖고 있는 것이 아니라 외부에서, 즉 전래동화에서 가져온 것이라 할 수 있다. 안데르센의 창작동화, 루이스 캐럴의 『이상한 나라의 앨리스』, 생텍쥐페리의 『어린 왕자』가 서로 다르게 보이지만 모두 동화라 일컬어지는 데는 이의가 없다. 그것은 그 세 작품의 공통분모가 있다는 뜻이다. 그러나 그 공통분모는 그들 개개 작품 내에 있는 것이 아니라 전래동화에서 따온 것이다.

그러므로 창작동화 작가들은 반드시 전래동화에서 하나의 모범을 갖고 온다.[13] 가령 루이스 캐럴의 『이상한 나라의 앨리스』는 안데르센의 「엄지 아가씨」에서 모티브를 가져와 뒤집어 놓았다. 전래동화는 이미 거의 모든 모델들을 제시해 놓았다. 선과 악, 강자와 약자, 자연과 초자연은 그런 패턴을 말해주고 있다. 다만 전래동화의 소재가 항상, 그리고 전체적으로 창작동화에 이용되는 것은 아니다. 창작동화의 작가들은 특별한 모티브를 전래동화에서 가져와 자신의 세계상을 투영한다. 시대에 맞게 적용한다는 뜻이다. 그리고 다른 점을 강조하고, 경우에 따라서는 부정해버린다. 가령 독일의 작가 쿠네르트는 「들장미」라는 전래동화에서 백 년간 흐르지 않던 시간을 흐르게 하여 세계에 대항하고 있다. 『내 친구 커트니』에서 버닝햄은 「빨강 모자」에 나오는 늑대가 사람으로 변하는 것처럼, 말 못하는 개를 사람으로 변화시켜 인종 차별하는 사람들에 대항하고 있다.

---

13 Volker Klotz, Volker Klotz, *Das europäische Kunstmärchen. Fünfundzwanzig Kapitel seiner Geschichte von der Renaissance bis zur Moderne*, Metzler, Stuttgart 2000(이하 Volker Klotz), 8쪽.

그러나 아무리 창작동화라 할지라도 피아제의 아동의 세계상과 일치하는 '마법'이라는 구성성분은 창작동화에도 그대로 적용된다. 우리가 여기서 살펴볼 19세기의 창작동화는 네 편, E. T. A. 호프만의 「호두까기 인형과 생쥐 왕」, 안데르센의 「못생긴 새끼 오리」, 루이스 캐럴의 『이상한 나라의 앨리스』, 마크 트웨인의 『톰 소여의 모험』이다.

5. 호두까기 인형과 생쥐 왕(1816)[14]

성탄절 전날 밤이다. 아이들은 집의 한가운데 있는 응접실에는 갈 수가 없다. 왜냐하면 포장된 성탄절 선물이 있지만 그 방에서 성탄전야 파티가 열리기 전까지는 그것을 볼 수 없기 때문이다. 왕립의료원 의사였던 슈탈바움 씨의 아이들은 이제 곧 부모님과 고등법원 판사인 드로셀마이어 대부로부터 선물을 받게 된다. 드로셀마이어 대부는 판사 직업 이외에도 온갖 시계 장치와 갖가지 기계 장치가 달린 장난감을 만드는 일을 했다. 그래서 아이들에게 온갖 인형과 기계 장치가 든 예술작품을 가져왔다. 마리는 예쁜 정원이 있는 기구를 기대하고 있고, 오빠인 프리츠는 요새가 있는 기구를 기대하고 있다. 드로셀마이어 대부는 올해도 기계 장치로 된 멋있는 성을 하나 만들어 선물로 주었다. 여러 가지 선물 중

14 다음의 번역서들이 있다. E. T. A. 호프만, 『호두까기 인형』, 문성원 옮김, 시공사, 2006. 에른스트 테오도어 아마데우스 호프만, 『호두까기 인형과 생쥐 왕』, 정영은 옮김, 교보문고, 2018. E. T. A. 호프만, 『호두까기 인형』, 함미라 옮김, 보물창고, 2018.

에서 마리에게 유난히 눈에 띄는 선물이 있었으니 그것은 성탄절 선물 탁자 위에 있는 호두까기 인형이었다. 이 인형은 드로셀마이어 아저씨처럼 생겨서 외모는 볼품이 없었지만 다정하게 보이기에 마리는 마음을 뺏긴다. 하지만 거친 오빠 프리츠가 너무 단단한 호두를 넣고 까다가 그만 호두까기 인형의 이빨을 부순다. 눈물을 보이는 마리에게 프리츠는 "이 쓸모없는 것에 상관할 게 뭐람." 하며 몽땅 망가뜨리겠다고 악담을 한다. 마리는 부서진 호두까기 인형을 돌봐주고 장식장 안에 있는 오빠 프리츠의 장난감 기병들 옆에 세워둔다.

슈탈바움 씨네 응접실 장식장 안에는 해마다 프리츠와 마리가 받은 선물들로 가득하다. 위 칸에는 프리츠의 경기병들이 아래 칸에는 마리의 예쁜 인형들이 있었다. 새 인형의 이름은 클래르헨이다. 마리는 이제 모두들 자러 갈 시간인데 엄마에게 이 선물을 조금만 더 가지고 놀게 해달라고 조른다. 그러고는 프리츠가 아프게 한 호두까기 인형을 위로한다. 그리고 드로셀마이어 아저씨께 부탁해서 다시 튼튼하게 해주겠다고 말한다. 그러는 순간 "호두까기 인형의 입이 심하게 일그러지면서 두 눈에 푸르스름한 빛이 서리는"[15] 것을 본다. 마리는 아픈 호두까기 인형에게 침대를 양보해달라고 클래르헨 인형에게 부탁한다. 그리고는 잘난 체하는 클래르헨 옆에 있으면 안 된다고 하면서 작은 침대와 함께 호두까기 인형을 장식장에 넣는다. 그리고 침대로 가려는데 부스럭거리는 소리가 사방

---

15 E. T. A. 호프만, 『호두까기 인형』, 문성원 옮김, 시공사, 2006(이하 호프만), 36쪽.

에서 난다.

이제 12시를 알리는 시계 종소리가 울린다. 그리고 웃는 소리와 휘파람 소리가 울린다. 그러자 마룻바닥의 틈새로 작은 불빛이 나오더니 생쥐 떼들이 나오기 시작한다. 생쥐 떼는 줄과 열을 맞추어 선다. 그러더니 갑자기 왕관 일곱 개를 쓴 생쥐 왕이 나타난다. 늘어선 생쥐들은 만세를 외친다. 그리고는 마리를 향해 진군해온다. 마리는 두려워 뒷걸음질쳤고 마리 팔꿈치에 맞아 장식장은 깨졌다. 그 순간 마리 뒤에 있는 장식장에서 웅성거리는 소리가 나더니 "일어나-일어나-싸움터로 가자-지금 당장-일어나-일어나-싸움터로 가자." 하는 소리와 종소리가 울린다. 살펴보니 장식장 안의 인형들이 움직이는 것이었다. 그리고 갑자기 호두까기 인형이 침대에서 내려오면서 "사각 사각 사각 생쥐 패거리들" 하고 소리치는 것이었다. 마리는 다친 호두까기가 60센티미터나 높은 곳에서 뛰어내리는 것을 보고 운다. 갑자기 클래르헨 인형이 호두까기를 만류하지만 호두까기는 단호하게 전투를 하겠다고 말한다.

호두까기 인형이 "북 치는 병사들이여, 총진군의 북을 울려라!" 하고 소리치자 병사들이 북을 울리고, 여러 인형들과 프리츠의 기병들까지 움직이기 시작한다. 이들이 대포를 쏘자 생쥐들은 하얀 알사탕 가루를 뒤집어쓰게 된다. 그러나 반대쪽에 있는 생쥐의 군대도 만만치 않았다. 이것을 보고 마리의 인형들은 겁에 질려 울기도 한다. 생쥐의 공격이 강하자 호두까기는 병사들에게 후퇴 명령을 내린다. 하지만 호두까기 인형은 생쥐 군대에 의해 포위된다. 당황한 마리는 흐느끼며 자기의 왼쪽 실내화를 벗어 생쥐 왕에게 힘껏

던진다. 그러잖아도 왼팔을 다친 마리는 통증을 느끼며 쓰러지고 만다.
마리가 꿈에서 깨어났을 때 옆에는 의사 선생님이 와 있었다. 부모도 걱정이 가득한 표정으로 마리를 본다. 그런데 마리는 "엄마, 나쁜 생쥐들은 모두 달아났죠? 착한 호두까기 인형은 괜찮은 거죠?" 하고 말한다. 하지만 엄마 아빠는 이게 너무 늦게까지 인형들과 논 탓이라고 생각하고 마리를 나무란다. 그리고 한밤중에 마리가 보이지 않아 찾으러 갔더니 팔은 유리에 다치고 실내화도 벗겨져 있었다고 마리에게 말한다. 마리는 직접 전투하는 것을 보았다고 말하지만 의사가 눈을 깜빡하며 암시하기에 엄마는 모르는 체하면서 넘어가준다. 마리는 이제 호두까기 인형과 깊은 대화를 나누곤 한다. 그때 드로셀마이어 대부가 마리에게 문병을 온다. 마리는 첫날 전투가 일어나기 전 드로셀마이어 대부가 옷으로 시계를 덮어 생쥐 왕을 불러냈고, 그래서 자기가 이렇게 아프게 되었다고 투덜거린다. 드로셀마이어 대부는 그날 호두까기 인형을 고쳐서 가지고 왔다. 그리고 호두까기 인형이 왜 이리 못생겼는지, 그 이유를 알려면 피를리파트 공주와 마우제링크스 부인과 솜씨 좋은 시계공 이야기를 해야 하는데 들어보지 않겠느냐고 묻는다. 드로셀마이어는 이야기를 계속한다. …

E. T. A. 호프만은 독일 낭만주의의 중요한 작가이다. 그의 작품은 오페라로도 작곡되었고, 또한 100년 뒤의 정신분석학자 프로이트에게 인간의 무의식 연구에 귀중한 자료를 제공하고 있다. 호프

만은 이 작품을 1816년 『아이들을 위한 동화』(Kinder-Märchen)에 실었다가, 1819년 그의 단편 모음집 『세라피온 형제들』(Die Serapions-Brüder)에 실었다. 제목은 「호두까기 인형과 생쥐 왕」(Nussknacker und Mausekönig)인데, 이를 모티브로 한 차이콥스키(Pyotr Ilyich Tchaikovsky)의 발레곡 〈호두까기 인형〉(щелкунчик)이 유명세를 타는 바람에 「호두까기 인형」이란 제목으로 더 잘 알려졌다. 또한 그의 동화를 이른바 창작 동화(Kunstmärchen)라고 하는데 이런 동화의 전통을 덴마크의 동화 작가 안데르센이 그대로 물려받는다.

이 작품은 아이들이 잘 읽지 않는 탓에 전반부까지만이라도 자세한 내용을 이야기했다. 이 동화에서는 요정이나 마법사, 상상 속 존재가 아니라 인형이나 장난감 병사, 호두까기 인형이 밤마다 살아난다. 이들은 이야기의 밝은 세계이고, 밤마다 구멍에서 나와 일곱 머리를 가진 생쥐 왕의 지휘를 받는 생쥐 군대는 어두운 세계이다. 아이들의 환상세계는 장난감에서 출발한 것이므로 살아 있지는 않지만 살아 있는 것처럼 행동한다. 여기서도 마찬가지로 우리는 아이들의 물활론적, 실재론적, 인공론적 세계를 찾아볼 수 있다. 이 작품은 안데르센의 창작 동화 「꿋꿋한 장난감 병정」과 월트 디즈니의 『토이 스토리』를 후계자로 만들 만큼 상당한 영향을 미친 작품이다. 그야말로 아이들의 마법적 세계상을 총 집대성한 동화라 할 수 있다.

'생쥐 왕과 호두까기 인형'을 서로 싸우는 군대로 만드는 것은 세계가 누군가에 의해 만들어져 있다는 전제에서 출발한다. 사실 장난감 기계를 만든 것이 드로셀마이어 대부이니 그가 만든 세계이기도 하다. 그리하여 장식장 안의 모든 인형들이 그 싸움에 관여하게 되고, 또한 그들이 곧 마리와 결혼할 왕자나 왕자의 누나들이기도 하다. 드로셀마이어의 이야기대로 모든 것이 실제로 일어나고 젊은 드로셀마이어는 실제적 드로셀마이어의 조카이기도 하다. 여기서 꿈과 현실의 경계가 무너지며 이야기는 판타지나 꿈에서 엄연한 현실이 된다.

이는 낭만주의의 문학적 세계상과 동일하다. 마리가 옷장, 즉 인형나라로 가면 거기는 현실의 성탄트리와 같은 성탄절 숲이 된다. 거기에서 양치기 소년들과 소녀들은 귀엽게 발레를 추고 사냥꾼들은 뿔 나팔을 불고 있다. 그리고 그들은 오렌지 시냇물과 레모네이드 강, 아몬드 우유 호수를 보게 된다. 헨젤과 그레텔이 "빵으로 만들어진 집", "케이크로 된 지붕", "설탕으로 만들어진 창문"을 보듯이 아이들의 식탐이 현실에서 꿈속처럼 이루어진다.

마리가 잠자러 가 사실 꿈을 꾸고 있지만 이야기의 서술은 구체적으로 꿈속인지 현실인지 모르게 진행된다. 인형 또한 실제 인물이 변신한 것이며, 실제의 드로셀마이어는 왕이 시종으로 쓰던 상상의 그 사람이기도 하다. 이런 인공론적, 실재론적 세계는 동시에 이 동화의 물활론적 세계를 보여주기도 한다. 부상당한 호두까기는 실제 사람처럼 감정을 보이고, 사람과 교감을 한다.[16] 피를리파트 공주가 마우제링크스 부인에게 물려 흉측하게 변하자 왕은 공주를 고쳐놓으라고 드로셀마이어에게 명령한다. 그러자 드로셀마이어는 공주의

16 호프만, 36쪽.

몸을 "아주 기막힌 솜씨로 분해"한다.[17]

『마법의 역사』라는 책을 보면 기계가 서양의 중세에 실제로 마법에 기여한 면이 있다는 것을 알 수 있다. 콩을 땅속에 묻고 그 위에 부처를 올려놓고 물을 부으니 땅에서 부처가 나왔다는 신돈의 기만적 마법은 언제나 있었다. 사실 그런 기만은 아이들이나 원시인의 이성의 미분화로 인해 나온 것이기도 하다. 15세기 의사였던 지오반니 폰타나도 시계, 기계식 차량 등으로 악마를 불러내는 마법사의 이름을 얻게 되었다고 한다.[18] 이런 아동의 세계를 강조하기라도 하듯 어른들은 끊임없이 그런 아이들의 말을 부정한다.

마리가 이야기를 하면 어른들은 그것이 낮에 본 것들의 조합이라고 본다. 앞에서 피아제가 지적한 대로 아이가 꿈은 외부자의 침범이라고 보는 데 반해 어른들은 그것이 마음 작용이라고 보기 때문이다. 괴테의 「마왕」에 나오는 아들도 아무리 마왕이 무섭다고 외쳐도 아이의 말을 외면하는 아버지를 두고 아들은 죽고 만다. 마리는 꿈을 꾼 게 아니라고 하자 엄마는 이렇게 말한다. "바보같이 굴기는. 뉘른베르크에서 만들어진 나무 인형이 어떻게 살아 움직인다고 생각할 수 있는지, 참 어이가 없구나."[19] 이렇게 아이들의 실재론적 세계상은 어른들에 의해 무참히 짓밟힌다.

---

17 호프만, 83쪽.
18 리처드 킥헤퍼, 『마법의 역사』, 김헌태 옮김, 파스칼북스, 2003, 191-192쪽 참조.
19 호프만, 160쪽.

6. 못생긴 새끼 오리(1835)[20]

오리 한 마리가 농장에서 가까운 강가에서 알을 품고 있다. 오리 새끼들이 껍질을 깨고 나온다. 그런데 제일 큰 알이 아직 깨지지 않는다. 어미 오리는 그 알을 다시 품는다. 할미 오리가 오더니 혹시 그 알이 칠면조 알일 수도 있으니 알을 품기를 포기하라고 말한다. 그러나 오리 어미는 더 품는다. 이제 이 큰 알도 알을 깨고 나왔는데 정말 크고 못생긴 새끼였다. 어미는 이 큰 새끼 오리가 정말로 칠면조 새끼가 아닌지 의심을 한다. 하지만 곧 의심을 거두고 오리들은 함께 농가로 마당으로 간다. 그곳에서는 두 오리 가족이 뱀장어 머리를 서로 가지려고 싸우고 있었다. 결국 그것은 고양이 차지가 되었다. 그러자 어미 오리는 "세상은 이런 거란다." 하고 훈계한다. 이때 못생긴 오리 가족이 오자, 한 오리가 달려와 못생긴 새끼 오리의 목덜미를 물었다. 어미 오리가 나무라지만 그 작은 오리는 흉측한 오리라고 쫓아버려야 한다고 대꾸한다. 모두들 색안경을 끼고 보지만 어미 오리는 못생긴 새끼 오리를 방어해주고 위로해준다. 하지만 이 오리는 못생겼다고, 몸이 너무 크다고 무리들 틈에서 늘 구박받는다. 갈수록 놀림이 심해지고 왕따를 당하고 심지어 칠면조의 공격도 받는다. 이젠 어미 오리도 그 오리가 차라리 태어나지 않았으면 하고 생각한다.

못생긴 새끼 오리는 모두가 자기를 미워한다는 생각이 들자 이제

20 안데르센, 『안데르센 동화전집』, 윤후남 옮김, 현대지성, 2018(이하 안데르센), 244-255쪽.

그만 그들을 떠나기로 마음을 먹는다. 그가 날아서 도달한 곳은 들오리들이 사는 늪이었다. 못생겼지만 자기 가족과 결혼만 하지 않는다는 조건하에 그들은 못생긴 새끼 오리가 그곳에 있는 것을 허락한다. 그때 마침 기러기 새끼들이 날아와 자기들과 같이 철새가 되자고 말한다. 그 순간 사냥꾼들이 기러기를 사냥하기 위해 총을 쏘고 기러기 두 마리가 피를 흘리고 갈대숲으로 떨어진다. 못생긴 새끼 오리는 무서웠다. 곧장 무서운 개가 킁킁거리며 그의 앞에 다가오다가 돌아갔다. 그는 자기가 못생겨서 개가 돌아간 걸로 생각한다. 못생긴 새끼 오리는 저녁이 되어 잠잠해질 때까지 기다렸다. 그리고 몇 시간이 흐른 뒤에 쏜살같이 늪을 빠져 나갔다. 그러나 곧 폭풍우가 휘몰아쳐 그는 다시 갇히고 말았다.

폭풍우가 걷히고 나자 오리는 작고 초라한 농가로 갔다. 그 농가에는 한 할머니가 고양이와 암탉을 자식처럼 아끼며 살고 있었다. 암탉은 숏다리이지만 알을 잘 낳았기 때문에 할머니가 좋아했다. 이튿날 고양이와 암탉 때문에 존재를 들킨 못생긴 새끼 오리는 할머니에게 잡혔다. 할머니는 오리알을 얻을 수 있다고 좋아했으나 못생긴 새끼 오리는 알을 낳지 못했다. 고양이와 암탉은 소위 '우리와 세상 사람들'이었고 그들은 오리에게 그르렁거리든지 알을 낳기를 원했다. 그러나 못생긴 새끼 오리는 수영을 하고 싶다고 말한다.

결국 못생긴 새끼 오리는 그 농장을 떠난다. 가을을 지나 겨울의 문턱으로 오자 못생긴 새끼 오리는 견디기 힘들어졌다. 어느 날 저녁 한 무리의 아름다운 새들이 날아와 아름다운 소리로 노래하다가 따뜻한 나라로 날아가는 것을 본 못생긴 새끼 오리는 자기도 그들의 몸짓을 흉내내보고 그 새들처럼 노래도 해보았다. 그는 그 새들이 부러웠다. 어느 추운 겨울날 그는 그만 못에 얼어붙고 말았다. 그러자 이튿날 농부가 와서 그를 데리고 집으로 갔다. 그러나 거기서도 그는 실수로 난장판을 치고 말았다. 다행히 그 집을 빠져나온 못생긴 새끼 오리는 수풀로 달아났다.

찬바람이 수그러지고 종달새가 우는 봄이 왔다. 못생긴 새끼 오리도 날개를 퍼덕인다. 그런데 웬일일까 날개가 힘차게 쳐지는 것이 아닌가! 못생긴 새끼 오리는 큰 정원에 내려앉았다. 그곳에는 세 마리의 하얀 백조가 있었다. 지난번에 한 번 본 이후 기억에서 지워지지 않는 그 아름다운 새들이었다. 그는 용기를 내어 그들에게 다가갔다. 하지만 그들이 해를 끼칠지도 모른다고 숨죽여 있는 찰나 반전이 일어난다. 물위에 비친 자신의 모습은 못생긴 새끼 오리가 아니라 우아하고 아름다운 백조의 모습이었다. 못생긴 새끼 오리는 애초부터 백조였던 것이다. 그는 자신이 온갖 고난과 슬픔을 견뎌낸 것이 기뻤다. 백조들은 그를 환영했다. 아이들도 다가와 그를 보고 즐거워했다. "새로 온 백조가 제일 예쁘네." 못생겨서 경멸을 받아왔던 못생긴 새끼 오리가 제일 아름답다는 소리를 듣다니! 그는 행복했지만 뽐내지는 않았다.

한편 안데르센의 동화들은 대부분 우리의 논의와는 다른, 마법이 없는 어른을 위한 이야기가 많다. 이 부분은 짚고 넘어가야 할 것 같아 특별히 다루고자 한다. 오랫동안 「미운 오리 새끼」로 번역되어 우리나라 독자들의 사랑을 받은 동화이다. 그런데 원래 제목은 '어린 백조'였다고 한다. 그런데 안데르센이 새끼 오리가 나중에 백조였다는 반전을 숨기기 위해, 다시 말해 독자가 그 제목을 보고 반전을 알아챌까봐 바꾸었다고 한다. 안데르센의 의도와는 달리 이 동화는 내면의 아름다움이 중요하다고 말하면서, 모순적이게도 외면의 아름다움을 강조한다.

안데르센 동화는 대부분 주인공이 자기의 어려운 처지를 극복하는 따뜻하고 아름다운 이야기들이다. 하지만 이야기의 전개과정에서 억지스런 점들이 없지 않다. 가령 이 이야기의 처음은 오리가 아니라 황새로 시작한다. 황새가 어느 아름다운 여름날 왔다 갔다 하며 이집트 말을 한다. 숲 한가운데 깊은 연못이 있다는 주된 자연 묘사와 상관없는 것이 앞에 붙어 있다. 그리고 바로 "이런 풍경 속을 걷는 것은 참으로 즐거운 일이었다."라고 하면서 말하는 주체가 누구인지 알 수도 없다. 소위 말하는 주인공이 황새인지 아니면 저자인지, 그것도 아니면 나중에 등장하는 오리인지, 한마디로 말할 수 없다. 이것은 독자가 이야기에 몰입하기 힘든 요인이 된다. 그리고 독자는 누군지 분명하지 않은 제3의 화자가 작품 뒤에서 인물들을 조종한다는 느낌을 받는다.

분명코 못생긴 새끼 오리는 이런 조종하는 화자에 의해 도덕적 가치를 강요받고 있고 이것이 작품의 문학성을 현저히 떨어뜨린다.[21] 동화 속에서 만들어지는 핸디캡(문제성) 또한 주인공(화자)이 직접 만

---

21 폴커 클로츠는 『유럽의 창작동화』라는 저서에서 같은 견해를 피력하고 있다. Volker Klotz, 254쪽을 참조하라.

들어놓은 것이다. 어떻게 보면 자기 스스로 덫을 만들고 거기에 걸리는 이상한 스토리로 전개된다. 안데르센 스스로 말한 대로, 동화가 "울타리 하나, 작은 꽃 하나"가 말하는 것으로 이루어지기는커녕, 오히려 인위적인 많은 지식과 훈계만이 중심에 서 있다. 그래서 비판적으로 말하자면 동화로서의 가치를 상실하고 우화 같은 성격을 드러낸다. 순수한 아이들의 세계가 자연스럽게 펼쳐지지 않는다. 이렇게 되다 보니 동화에서 느껴야 할 마법들이나 그로 인한 모험들이 이성과 경험으로 대체되고, 동화는 도덕과 문학의 혼종적인 이야기가 되고 말았다.

아이들이 동물의 등장을 좋아하는 것은 그것이 상징일 뿐 어떤 가치를 발설하지 않기 때문이다. 그런데 작가는 처음부터 "못생긴"이라는 말을 붙임으로써 이미 인간이 평등하지 않다고 보고 시작한다. 그러므로 이 이야기는 어른들의 세계상에 대한 비판이지 아이들의 세계상에 바탕을 둔 아이들의 이야기가 아니다. 그런 표현이 군데군데 많이 있다. 금방 부화한 새끼들을 향해 "어미 오리는 새끼들이 원하는 대로 보게 내버려두었다. 녹색이 눈에 좋기 때문이었다."[22]라는 도덕적이고 실용적인 것은 안데르센의 특징이기도 하지만 결정적인 흠이라고 할 수 있다. 본능적인 부화의 과정을 두고도 "정말 지루하구나!"와 같은 가치 평가를 해버린다.

아이의 발견, 아동문학의 탄생이라는 측면에서 안데르센은 야누스의 얼굴을 하고 있다. 안데르센이 「인어 공주」의 서문에서 스스로

---

22 안데르센, 245쪽.

밝히고 있듯이 "어른들에게 적합한 주제를 잡은 다음, 아이들이 이해할 수 있게" 읽을 수 있다는 측면에서 아동문학의 시작이라고 평가할 수도 있지만, 결국은 어른들을 위해 동화(이야기)를 쓴 것이다. 그의 동화 「성냥팔이 소녀」는 그나마 아이의 세계상을 보이고, 어른들의 동심의 흔적도 가지고 있기에 아이들을 위한 동화라고 할 수 있겠으나, 「못생긴 새끼 오리」는 너무 많은 개념이 있고 가치 평가가 있으며 아이 독자가 넘어야 할 허위의 어려움과 느슨한 플롯 등을 고려할 때 어른들의 도덕을 위한 이야기라고밖에 말할 수 없다.

사실 문학성도 매우 떨어져 거의 도덕 교과서를 대체할 하나의 풍자문학처럼 보이기도 한다. 오랜 시련을 참고 견딘 끝에 백조가 되었다는 이 이야기는 사실 노력과는 아무 상관없이 허무한 결론을 가지고 있다. 열등감이나 성공에 대한 열망은 아이들이 지향하는 것이 아니다. 그것은 어른들의 생각일 뿐이다. 이런 작품은 한국적 상황과 매우 유사해서 각 시대별로 특별하게 수용되는 경향을 낳았다. 세상은 변하지 않는다는 식의 비판의식은 이데올로기로서, 예술성의 전제조건인 무목적적인 관심이 아니므로 사실은 이 동화가 문학성을 가지고 있다고 할 수 없다.

어떻게 이런 글이 문학이라는 이름으로 한국의 아동문학의 표본이 되었을까? 그것은 이 동화가 아마도 미국과 일본을 통해 들어올 때 시대정신과 연관이 있는 것 같다. 우리나라가 일본을 통해 이 동화를 받아들이던 시기나 그 직후의 사회적 분위기가 지속되고, 아동에 대한 이해가 크게 달라지지 않았기에 도덕성을 겨냥한 안데르센이 유명해지게 되었을 것으로 본다. 앞에서 본 「성냥팔이 소녀」, 「벌거벗은 임금님」이나 「엄지 아가씨」, 「인어 공주」처럼 우화나 교훈, 도덕적 아름다움으로 가득 찬 동화들이 우리의 아동문학에 결정적인 영향을 미친 것은 제국주의 이외에도 윤리적 전통 문화와 관련이 있다.

안데르센을 읽어주는 엄마나 선생님은 좀 더 아이답고 좀 더 상상력을 담은 문학이 되기 위해 안데르센의 동화가 어떤 점에서 부족한지 감지하여야 한다. 그것은 아마 아이가 스스로 주인이 되어 마음대로 세상을 조물(造物)하고, 마음대로 모습을 바꾸며, 마음대로 날아다니게 하는 것이다. 그것은 곧 아동의 문학이 그들의 세계상인 마법에서 출발한다는 말과 맥을 같이한다.

7. **이상한 나라의 앨리스**(1865)[23]

1862년 루이스 캐럴은 리델가의 세 여자아이들, 로리나, 앨리스, 에디스와 배를 타고 강으로 놀러갔는데 거기서 이들에게 즉석에서 지어낸 이야기를 들려주었다. 그중 특히 둘째 앨리스를 주인공으로 하여 만든 스토리가 이 이야기로 탄생한 것이다. 루이스 캐럴은 서문에서 이 이야기가 어떻게 탄생되었는지 운율이 있는 시로 이렇게 말하고 있다.

오만한 첫째는 먼저 나서서

23 루이스 캐럴, 『이상한 나라의 앨리스』, 손영미 옮김, 시공주니어, 2004(이하 루이스 캐럴).

"시작해요!" 명령하고
둘째는 상냥하게
"재미있는 걸로요!" 부탁하고
셋째는 일 분마다
이야기에 끼어드네.

그러다 갑자기 모두들 입을 다물고
환상 속으로 빠져드네.
저 땅속 낯설고 신비로운 이상한 나라에서
새와 짐승과 다정하게 재잘거리며
헤매고 다니는 꿈의 아이를 좇아,
그것이 정말 사실인 듯 반은 믿으며.

아이들이 얼마나 이야기와 그 이야기가 만들어지는 마법의 세계에 목말라하는지 이 서문은 단적으로 말해준다. 아이, 어른 할 것 없이 우리는 모두 이야기를 좋아한다. 캐럴이 만난 아이들도 그에게 이야기를 해달라고 졸랐다. 그 이유는 이야기에 무엇보다 현실이 충족시켜 줄 수 없는 상상이 마법처럼 현실에서 일어나기 때문이다. 상상이라고? 상상이 무엇인가? 상상은 현실에서 볼 수 없는 것들이다. 현실이 왜곡되어 어떤 다른 모습으로 재현되는 것을 우리는 상상이라고 하는데, 그것은 이미지로 만들어진다. 마치 무섭다는 생각이 호랑이나 귀신을 떠올리게 만드는 것처럼.

우리가 가볼 수 없는 세계가 상상 속에 있는데 작가는 그것을 보고 이야기를 만들고 그림을 그린다. 그렇기 때문에 아이들이 지금 배에 앉아 있지만 이야기 속에서는 토끼가 인도한 굴에 갈 수도 있다. 상상과 현실은 이렇게 전혀 다른데도 전혀 관련이 없는 것은 아니다. 우리는 상상이라는 창틀을 넘어 현실 바깥으로 나갔다가 다시 현실로 돌아오는 일을 반복한다. 그러니까 상상은 허구와 현실이 교차하는 지점에서 이루어진다. 내가 해보고 싶었으나 하지 못한 것, 그 경계를 넘는 것이 바로 상상의 세계이다. 『이상한 나라의 앨리스』에서는 그 경계에 토끼 굴이 있다. 아이들은 이 상상의 세계를, 위에서 밑줄 친 부분처럼 '그게 사실인 듯 반은 믿는다.' 이것이 앞에서 누차 언급했던 아이들의 실재론적 세계상을 말해준다.

앨리스가 언니의 재미없는 책을 보고 있던 중에 상상이 시작된다. 그때 갑자기 눈이 빨간 흰 토끼가 앨리스 옆을 지나갔기 때문이다. 앨리스는 조끼 주머니에서 시계를 꺼내보고 허둥지둥 달려가는 토끼를 따라 토끼 굴속으로 들어간다. 그 굴에 들어서서 터널처럼 가다가 앨리스는 "떨어지고, 떨어지고, 또 떨어졌다." 얼마나 많이 떨어졌는지 '떨어지다'는 말을 반복한다.[24] 앨리스 앞에는 긴 통로가 하나 나타났고 앨리스는 이 통로를 따라갔지만 토끼를 놓치고 만다. 넓은 홀이 나타났는데 그곳에는 세발 탁자가 하나 있었고 그 위에는 작은 황금 열쇠 하나가 있었다. 이 황금 열쇠는 작은 문에 딱 들어맞았다. 그러나 이 문으로 들어갈 수 없어서 다시 탁자가 있는 데로 돌아와서 보니 작은 병이 하나 있었고 병목에는 '나를 마셔요'라는 글자가 쓰

24 루이스 캐럴, 13쪽과 14쪽에서 두 번이나 말한다.

여 있었다. 혹시 독극물이 아닌가 살펴보고는 앨리스는 이 병 안에 든 것을 마셔버린다. "기분이 아주 이상하다! 내 몸이 망원경처럼 집어넣어지는 것 같아." 그것을 마시자 앨리스는 25센티미터로 줄었다. 앨리스는 이제 그 작은 문으로 들어갈 수 있었다. 앨리스는 걱정도 있었다. "이러다가 나중에는 양초처럼 몽땅 사라져 버릴지도 몰라."

몸이 작아진 앨리스는 문을 통해 정원으로 나가려 했으나 그 황금 열쇠를 두고 온 것이다. 열쇠가 유리를 통해 보였지만 이제 몸이 작아 탁자 다리를 타고 올라갈 수 없었다. 앨리스는 자기 자신을 나무랐다. 이 아이는 '자신이 두 사람인 척하는 걸 아주 좋아했다.' 앨리스가 아래를 보니 유리 상자가 놓여 있었다. 상자 뚜껑을 열어 보니 거기에는 케이크가 있었는데 건포도로 '나를 먹어요'라고 씌어 있었다. 앨리스는 그 케이크를 순식간에 다 먹어치웠다. 앨리스는 자신이 너무 이상하게 변하여 소리를 지르고 이상한 말을 해댔다. 몸이 펼쳐진 망원경처럼 길어진다. 앨리스는 황금 열쇠를 집어 들고 정원 문 쪽으로 간다. 그러나 이제는 너무 커져서 밖으로 나가기가 아까보다 더 어려워졌다. 이 모든 것이 누군가가 만든 세상처럼 보인다. 인공론적 세상은 놀이공원이나, 태어난 아기처럼 누군가가 만든 것처럼 보인다.

그러자 이제 앨리스는 자기가 도대체 누구인지 수수께끼에 휩싸였다. 앨리스는 자기가 친구인 에이다는 아닌지, 그리고 자기가 알던 구구단은 잘 외우고 있는지 지리과목을 알고 있는지 시험해본다. 그러나 구구단은 다 틀리고 말하는 것도 예전 같지가 않았다. 앨리스는 눈물을 흘린다. 어쩌다 토끼가 떨어뜨린 키드 장갑을 끼게 된 앨리스는 다시 60센티로미터 작아졌다. 그리고 계속 작아지자 앨리스는 손에 쥐고 있는 부채 때문이란 것을 알고 부채를 내던진다. (재미있는 것은 토끼가 이 두 가지 모두를 버리고 갔는데 여기서 앨리스가 장갑 때문이 아니라 부채 때문이라고 생각한다는 것이다.)

다시 정원으로 나가려 한 앨리스는 문이 잠겨 있고 열쇠도 탁자 위에 그대로 있어서 나갈 수 없다. 그 순간 앨리스는 물에 첨벙 빠진다. 그곳은 아까 흘린 눈물이 만든 웅덩이였다. 앨리스는 이럴 줄 알았으면 아까 그렇게 많이 울지 말 걸, 하고 후회한다. 재미있게도 어른들이 타이르는 말들이 모두 앨리스 스스로 후회하거나 자신을 자책하는 것으로 나타난다. 그때 마침 물에서 허우적거리는 (해마나 하마인 줄 알았던) 것이 쥐라는 것을 알게 되었다. 그것은 자신의 몸이 작아졌다는 데서 기억해낸 것이다. 그야말로 생각과 현실이 교차되는 실재론적 세계가 펼쳐지고 있다.

"영어를 못 알아듣는 걸 보니 정복왕 윌리엄을 따라온 프랑스 쥐인가 보다." 하고 말하고 불어로 물어보았다. "위 에 마 샤?"[25]('내 고양이는 어디 있지?'란 뜻) 이 문장은 앨리스의 프랑스어 교과서 맨 처음에 나오는 문장이다. 쥐는 (아마도 고양이라는 말 때문에) 겁에 질려 벌벌 떠는 듯했다. 쥐는 소리를 질렀다. "네가 나라면 고양이를 좋아하겠니?" 앨리스는 얼른 쥐를 달랬다. 그리고 자기의 고양이 다이너는 귀엽고 얌전하다고 아무리 설득을 해도 쥐는 화를 낸다. 그리고 이

25 번역본에는 '샤'가 아니라 '샤뜨'라고 적혀 있으나 불어에서는 '고양이'를 뜻하는 'chat'의 't'를 발음하지 않는다.

번엔 고양이 대신 강아지를 좋아하느냐고 화제를 바꾸지만 이야기 중에 다시 쥐를 없애는 강아지 이야기를 하면서 다시 쥐를 자극했다. 고양이와 강아지 이야기를 하지 않는다고 부드럽게 말하자 쥐는 천천히 앨리스에게 와서 자기가 왜 고양이와 강아지를 싫어하게 되었는지 알려주겠다며 뭍으로 나가자고 한다.

이야기가 진행되는 동안 아이들은 사실과 거짓(환상)을 섞으면서 스스로의 마음속에 미적 상상을 연출하는데 이때 감동이 일어나고 이 감동으로 인하여 차츰 아동들은 열광과 황홀감으로 고양된다. 이런 미적 모방은 인간의 타고난 능력으로서, 이 능력은 아이들을 현실로 이끌고 가는 것이 아니라, 반대로 아이들을 현실로부터 환상 속 멀리로 도망가게 하는 기능을 한다. 이와 같은 맥락에서 아리스토텔레스는 이렇게 말한다. "모든 인간은 날 때부터 모방된 것에 대하여 쾌감을 느낀다. […] 아주 흉한 동물이나 시신의 모습처럼 실물을 볼 때면 불쾌감만 주는 대상이라도 매우 정확하게 그려놓았을 때에는 우리는 그것을 보고 쾌감을 느낀다."[26]

미적 상상은 『이상한 나라의 앨리스』에 나오는 체셔 고양이의 미소 같은 것이다. 웃는 고양이를 보고 공작부인에게 앨리스는 고양이가 왜 저렇게 웃느냐고 묻는다. 그리고는 "체셔 고양이가 항상 웃는다는 말은 처음으로 들어요. 아니, 고양이가 웃을 수 있다는 것도 몰랐어요." 공작부인이 말했다. "고양이들은 모두 웃을 수 있고, 실제

26 아리스토텔레스, 37쪽. 제4장.

로 대개 웃는단다."[27] 그러니까 고양이의 미소는 없다. 심지어 미소 짓는 모습의 체셔 고양이 인형이 있다 하더라도 말이다. 만약 앨리스가 상상할 수 없다면 웃는 고양이는 창조할 수 없다. 오로지 미소 짓는(움직이는) 고양이는 상상하는 공작부인이 있기에 가능하다. 작가이자 화가인 폴 호건(Paul Horgan, 1903-1995)은 "존재하지 않는 것을 상상할 수 없다면 새로운 것을 만들어낼 수 없다"고 한다.[28]

판타지 작가 어슐라 르귄은 소설가들이 진실을 열망하지만 "진실을 있는 그대로 서술하는 것이 아니라 결코 존재하지 않았던 사람과 장소, 일어난 적 없는 사건들을 우회적이고 독특한 방식으로 '꾸며내는 것으로' 이를 만들어낸다"고 말한다. 이런 작가의 생각을 이미 루이스 캐럴은 이 작품에서 선취해나가고 있다. 그리고 그 꾸며낸 것은 바로 아이들의 상상력에서 비롯된 것이다. 앨리스의 눈물이 실제로 웅덩이가 되는 것을 느끼게 하고, 체셔 고양이가 웃는 모습을 보게 하는 것은 단순한 허구가 아니다. 피카소가 "예술은 사람이 진실을 깨닫도록 만드는 거짓말"이라고 했다면 아동문학(『이상한 나라의 앨리스』)이 단순히 재미있는 상상일 뿐만은 아니다. 문의 손잡이가 왜 문의 가운데 붙어 있지 않고 한쪽에 붙어 있을까 하는 문제를 시행착오를 통해 경험하지 않고 그저 물리학의 토크(Torque) 이론을 배워봤자 헛수고가 된다.[29]

---

27 루이스 캐럴, 80-81쪽.

28 로버트 루트번스타인·미셸 루트번스타인, 『생각의 탄생』, 에코의서재, 2007, 45쪽에서 재인용.

29 토크란 물체를 회전시키는 힘을 말한다. 일반적으로 자동차의 순간속도를 좌우하는 것은 바로 이 토크에 달려 있다. 문의 손잡이를 경첩과 가급적 먼 곳에 만들면 문의 가운데 만드는 것보다 힘을 적게 쓰고 문을 열 수 있는 원리와 같다. 지렛대의 원리도 같다. 그러니까 자동

그러므로 이 작품은 단순한 허구가 아니라 아이들이 실제와 상상을 정말 같은 것으로 생각할 때 가능한 것이다. 수학자 캐럴이 앨리스에게 그냥 헛소리를 한 것이 이 작품의 성격이 아닐 것이다. 이상한 나라의 앨리스를 이해하기 위해서는 반드시 아이가 실제적으로 이 일이 일어난다고 생각하는 믿음을 전제해야 한다. 루트번스타인 부부는 『생각의 탄생』이라는 저서에서 "생각도구들은 언어와 상징 이전의 것이다."라고 하면서 창조적인 사람들은 몸으로 생각하기를 통해 그들의 창의성에 이른다는 것을 주장하는데, 아이들이야말로 이런 이야기를 통해 실제적으로 자기가 작아졌을 때, 커졌을 때, 방에 갇혔을 때, 눈물 웅덩이에 빠졌을 때의 감정이입을 통해 그 상상력을 발휘한다. 말하자면 자신을 잊고 이야기의 내용과 하나가 되는 것이다.

『거울 나라의 앨리스』에서 수학자였던 루이스 캐럴(본명은 찰스 도지슨이다)이 아이의 특성으로 반영하고자 했던 세계상은 인공론적 세계상인데 어떤 일관성을 가지고 하나의 세계를 만들어낸다.[30] 험프티 덤프티는 앨리스에게 'slithy(유연활달)' 같은 의미 없는 단어를 만들고 이를 아주 논리적으로 설명하고 있다. 그의 설명에 따르면 이 단어는 'lithe'(유연한)와 'slimy'(미끄러지는)라는 두 단어의 뜻과 소리가 함께 들어가 있도록 만들었다. 다시 말해 그냥 아무 말이나 나열하는 것이 아니라 단어의 내적 일관성을 염두에 두고 이야기를 만들어내고 있다. 『이상한 나라의 앨리스』 제9장 「가짜 거북의 사연」에서

차 엔진의 힘(마력)이 높아도 토크가 낮으면 자동차를 빨리 가속할 수 없다.

30 루이스 캐럴, 『거울 나라의 앨리스』, 손영미 옮김, 시공주니어, 2004, 128쪽.

는 앨리스가 이렇게 묻는다. "그럼 하루에 몇 시간씩 수업을 했니?" 그러자 가짜 거북은 이렇게 대답한다. "첫날은 열 시간, 그 이튿날은 아홉 시간, 그런 식이었지." 앨리스는 "이상한 시간표다!"라고 소리친다. 그러자 그리펀이 "그걸 수업이라고 하는 거야. 날마다 줄어드니까 말야." 여기서 영어 단어 'lesson'(수업)을 'lessen'(줄어들다)과 같은 뜻으로(동음이의어를 동의어로) 해석하고 있다.

등장인물인 모자 장수가 갖고 있는 시계는 하루의 시간을 알려주는 것이 아니라, 한 달 중의 어느 날짜인가를 알려주는 시계이다. 시계(時計)가 아니라 일계(日計)라고 할까? 이것은 앨리스가 지구의 한가운데로 떨어졌기 때문에 가능한 것이다. 지구의 한가운데에 있으면 (물론 땅으로 덮여 있다면 보이지도 않겠지만) 태양은 항상 같은 자리에 있다. 해가 기울어지는 것은 지구가 자전하기 때문인데 지구 한가운데에서는 자전의 영향을 받지 않기 때문이다. 태양이 같은 자리에 있다면 시간은 항상 같다.[31] 이와 비슷한 시계가 『마법의 설탕 두 조각』에도 등장한다. 렝켄이 요정을 만나러 가니까 그 요정이 있는 집의 시계는 항상 밤 12시를 가리킨다. 요정이나 마녀가 사는 세계에 대한 인공론적 관점이다. 그렇기 때문에 앨리스가 시간을 감지하려면 달이 차고 기우는 데 의존해야 한다. 그렇다면 이 세계는 달과의 관계에 의해 만들어진 세계로서 '하루 중의 어느 시간'이 중요한 시계가 아니라 '한 달 중의 어느 날'인 일계가 필요한 것이다.

모자 장수의 이 시계(혹은 일계)는 매우 논리적으로 작가에(혹은 아이

---

31 루이스 캐럴, 97쪽.

에) 의해 만들어진, 즉 인공의 세계이다. 사실과 진실은 문학에서 어떤 의미도 없다. 꾸며내는 것(art, artificial을 생각하라)만이 의미가 있다. 삼월토끼도 이렇게 말한다. "그럼 네가 생각하고 있는 것을 그대로 말해야 해." 그러자 앨리스는 "난 그렇게 하고 있어. 난 적어도…… 적어도 내가 말한 그대로 생각해……. 둘 다 똑같은 거잖아." 모자 장수가 말했다. "그건 조금도 똑같지 않지! 그건 '나는 내가 먹는 것을 본다'와 '나는 내가 보는 것을 먹는다'가 같다는 말이나 마찬가지야!" 삼월 토끼가 덧붙였다. "'나는 내가 가진 것을 좋아한다'와 '나는 내가 좋아하는 것을 가진다'가 같다는 말이나 마찬가지지!" 도마우스도 말했다. "'나는 잠잘 땐 숨쉰다'와 '나는 숨쉴 땐 잠잔다'가 같다는 말이나 마찬가지죠!" 도마우스는 마치 잠꼬대를 하는 것 같았다. 모자 장수가 말했다. "너한테는 둘 다 똑같잖아."[32] 아동문학은 의미 없는 말장난도 아니고 경험 없는 개념도 아니다.

8. 톰 소여의 모험(1876)[33]

19세기 중반 미시시피 강변, 미주리의 세인트피터즈버그에서 일어난 악동 토머스(톰) 소여의 모험 이야기이다. 고아인 톰 소여는 폴리 이모 집에서 이복형제인 시드와 그의 사촌 누나 메리, 그리고 검둥이 노예인 짐과 같이 생활한다. 시드는 착실하지만 매사 이

32 루이스 캐럴, 95쪽.
33 마크 트웨인, 『톰 소여의 모험』, 김욱동 옮김, 민음사, 2009(이하 마크 트웨인).

모에게 톰을 고자질한다. 톰은 학교를 땡땡이치는 것은 물론 싸움질이나 집에 있는 것을 훔쳐 먹는 일로 인해 항상 이모에게 야단을 맞고 산다. 그의 친한 친구로는 떠돌이 소년 허클베리 핀이 있는데, 이 아이의 엄마는 죽었고 아버지는 마을에서 악명 높은 술꾼이다. 좋아하는 여자애는 옆집 소녀 베키이다. 그가 말썽을 일으킨 사건을 열거해보면 다음과 같다.

하루는 이 마을에 처음 온 아이와 싸움질을 하고 창문을 넘어 집에 돌아온 끝에 톰은 폴리 이모로부터 담장에 회칠을 하게 되는 벌을 받는다. 이 일이 싫은 톰은 회칠이 정말 재미있는 것처럼 속여야겠다고 꾀를 짜낸다. 관심을 보이는 친구들에게 이 회칠이 정말 어려운 일이고 아무나 하는 일이 아니라고 속인다. 그러자 벤을 위시한 아이들은 한 번만 칠하게 해 달라고 사정을 한다. 톰은 이제 친구들의 부탁을 들어주는 대가로 먹을 것, 장난감 등을 대가로 받고 자신은 논다.

그 일이 있은 뒤 얼마 되지 않아 톰은 사마귀를 뗄 수 있는 주술을 시험하기 위해 허클베리 핀(헉)과 함께 공동묘지에 가게 된다. 그런데 거기서 우연히 살인 현장을 목격하게 된다. 마을 사람들이 늘 두려워하는 혼혈인 인전 조(인디언 조를 사람들이 경멸하는 의미로 '인전 조'라 부름)와 마을의 부랑아인 머프 포터, 마을 의사인 로빈슨이 함께 무슨 일을 하고 있는 것을 목격하게 된다. 인전 조와 머프 포터가 무덤을 헤치고 시체를 꺼내 손수레에 실었다. 의사는 이 시체를 자기 집에 끌고 가 달라고 했고, 포터와 인전 조는 돈을 더 달라고 했다. 그러자 둘 사이에는 싸움이 벌어졌고, 인전 조는 그 젊은 의사를 칼로 찌르고는 의사에게 머리를 맞고 의식이 없던 모프 포터에게 죄를 뒤집어씌운다. 인전 조의 복수가 무서운 톰과 헉은 이 말을 절대 꺼내지 않겠다고 서로에게 맹세한다. 이튿날 이 사건이 알려지게 되고 머프 포터는 감옥에 간다.

삶에 염증을 느끼게 된 톰과 헉은 또 다른 친구 조 하퍼와 셋이서 해적이 되기로 결심한다. 세인트피터즈버그에서 미시시피강의 하류 쪽으로 5킬로미터에 있는 하중도에서 그들은 해적 생활을 즐기게 된다. 한편 마을 사람들은 샅샅이 찾았지만 그들이 없자 모두들 익사했을 거라고 추정한다. 톰은 어느 날 밤 혼자서 마을로 되돌아와 폴리 이모 집에서 이모 폴리와 조 하퍼의 엄마, 시도와 메리가 함께 있는 것을 훔쳐본다. 한번은 폭우가 오고 번개와 천둥이 치자 헉과 조가 해적 생활을 그만두고 돌아가려 하자 톰은 이들을 설득한다. 그러지 말고 자기가 들어 알고 있는 자신들의 장례식 날짜에 돌아가자고 설득하자 모두 동의한다. 마침내 그들은 교회의 2층에서 자기들의 장례식을 바라보게 된다. 결국 이들은 발각되지만 모든 것을 용서받고 교회의 모든 사람들은 이들이 살아 있는 것에 대해 모두 기뻐한다. 톰은 이 일로 인해 다른 아이들의 선망의 대상이 된다. 인전 조와 톰과 헉은 머프 포터의 대한 재판에 출석한다. 톰은 헉과 약속한, 아무 말도 하지 않겠다는 맹세를 깨고 증언을 해 머프 포터가 교수형을 당하지 않게 한다. 그리고 인전 조는 거기서 도망간다. 톰은 지금부터 증언한 자신을 죽이러 올지 모른다는 두려움에 떨며 살아간다.

가을이 되자 톰과 헉은 보물찾기에 나서기로 한다. 그들은 먼저 썩은 나무 밑을 팠지만 보물이 나오지 않자, 이번에는 유령이 나오는 폐가에서 보물을 찾으려 한다. 마침 어느 폐가의 1층에 그들이 있는데 인전 조와 그의 동료가 돈을 감추기 위해 집으로 들어왔다. 위치를 들킨 그들은 마침 벽감에 숨겨 놓은 금화가 든 자루를 가져가 다른 데로 숨기고자 하였다. 며칠 뒤 헉은 보물을 찾기 위해 이 두 사람의 뒤를 쫓았다. 그리고 그들이 대화하는 것을 엿듣게 된다. 인전 조가 복수를 하기 위해 죽은 판사의 미망인인 더글라스 과부를 습격하여 신체를 불구로 만들려는 계획이었다. 헉은 이웃의 도움을 받게 되지만 범죄자들은 다시 도망친다.

곧이어 아이들은—그중에는 톰과 여자친구 베키도 함께 있었는데—맥두걸 동굴에 들어가기로 한다. 동굴에 들어간 톰과 베키는 미로로 된 동굴에서 길을 잃고 만다. 그러다가 톰은 인전 조를 만나지만 캄캄해서 그는 톰을 알아보지 못한다. 결국 톰은 들어온 곳이 아닌 다른 출구를 찾아 동굴에서 베키와 탈출하게 된다. 나중에 톰은 베키의 아버지인 새처 판사가 동굴의 문을 두꺼운 철판으로 막아버렸다는 것을 알았다. 다른 아이들이 들어가서 이런 일이 벌어지지 않도록 하기 위해서였다. 그제서야 톰은 그 동굴 안에 인전 조가 있다는 것을 실토했다. 결국 인전 조는 문에서 빠져 나오지 못하고 굶주려 죽었다. 톰은 헉과 함께 인전 조를 만났던 동굴 속의 장소를 찾아가 인전 조가 숨겨 둔 금화가 든 보물 상자를 찾았다. 톰과 헉은 이 금화를 똑같이 반반 나누기로 한다. 한편 더글라스 과부댁이 죽지 않게 도와줬다는 이유로 헉은 그녀 집에 입양된다. 하지만 헉은 이를테면 매일 같은 시간에 일어나서 빗질을 하

> 고, 담배는 피우지 못하게 하는 그 집의 규칙과 관습을 지키기가 너무 힘이 들자 도망치고 만다. 그는 숲속이나 나무통, 강가에서 사는 자유가 더 좋았다. 그러나 톰은 다음에 자기가 해적 대신 '고상한' 산적단을 만들 거라면서 헉을 설득하여 다시 과부댁에 돌아가라고 한다. 헉은 과부댁에 돌아간다. 마지막으로 저자는 이야기가 끝나는 이유를 밝힌다. "이것은 전적으로 한 '사내아이'의 이야기이기 때문에 여기서 마쳐야 한다. 이야기가 계속되면 '어른'의 이야기가 된다."

미국 아동문학의 금자탑이라고 말할 수 있는 『톰 소여의 모험』을 읽을 때마다 나는 주인공이 여자라는 착각을 한다. 그것은 아마 소공녀와 이름이 비슷하거나 톰의 가족 이름인 '소여(Sawyer)'가 우리말 '소녀'와 비슷하기 때문일 것이다. 그리고 이 작품을 읽을 때마다 마크 트웨인이라는 대작가가 아동문학을 썼다는 사실은 더욱 나를 놀라게 한다. 그것은 아마 내가 아동문학을 편협하게 생각하기 때문에 생긴 일일 것이다. 아동문학은 무언가 착하고 교훈적이고 모범적인 행동을 지향하는 것으로 생각하기 때문일 텐데, 이 작품은 당시 도덕적 엄숙주의자들에게 그야말로 낙인 찍혀서 빛을 보지도 못했다. 1905년 뉴욕의 브루클린 공공 도서관이 "천진난만한 어린이들에게 나쁜 본보기"라는 이유로 이 책을 금서로 지정하였다는 것이다.[34] 충분히 이해가 된다. 그런데 이 '나쁜 본보기'가 오늘날 서양 아동문

34 마크 트웨인, 428쪽.

학의 본질이 되었다니(아직 한국은 아니다!) 아이러니하지 않을 수 없다.

이제 우리는 마법의 단계를 지난 10세 초반의 아이를 위한 문학을 피아제의 관점에서 살펴보고자 한다. 이 나이가 되면 학교에서 배우는 과학의 영향으로 차츰 물활론적이거나 실재론적, 인공론적 사고에서 객관적 사고로 나아가게 된다. 말하자면 문학의 주인공도 차츰 성인문학의 주인공처럼 사고하고 행동한다. 그렇다면 『톰 소여의 모험』은 성인의 문학인가, 아니면 창작동화의 연장선상에 있는가? 앞에 제시한 내용 요약에도 있지만, 마크 트웨인은 이것이 아동의 문학임을 천명한다. 트웨인은 서문에 다음과 같이 말한다. "나는 주로 소년 소녀들을 즐겁게 해 주려고 이 책을 썼다."[35] 그렇다면 이 작품도 아동의 특성, 즉 세계상을 간직하고 있어야 한다. 그리고 그 세계상이 플롯을 구성해야 하고, 그 플롯은 어른들 또는 기성사회의 세계상과는 대립적인 특성을 가지고 있다.

김욱동 교수는 민음사판 번역의 '작품해설'에서 같은 의견을 보인다. "소년기는 성년기와 이항 대립적인 관계를 맺고 있다. 어린이의 세계는 유연하고 개방적이고 자유분방한 반면, 어른의 세계는 경직되고 폐쇄적이고 온갖 인습과 규율에 얽매여 있다." 나아가 그는 그런 세계상을 보이는 아이들(시드, 윌리 머퍼슨, 엘프리드 템플)도 성인의 가치를 갖고 있는 이상 "애늙은이"라고 본다.[36] 김 교수가 주장한 것처럼 이 작품이 "원시와 문명, 자연과 문화"를 상징하고, 톰이 자주

35 마크 트웨인, 414쪽.
36 마크 트웨인, 416쪽을 참조하라.

드나들고, 훔쳐보는 창문이 아이의 세계와 어른의 세계를 구별하는 "분수령"이라면 아이를 대변하는 이 작품의 인물들은 아이의 세계상, 또는 그 흔적을 갖고 있음에 틀림없다. 우리는 물론 이런 분수령이 작품의 시작과 끝 사이에 명백히 있다는 것을 안다. 그러나 마지막으로 성장한 톰과 헉의 세계상이 되기 전까지는 그들의 아이 같은 순진무구한 세계상이 아직 존재함을 알 수 있다.

만약 트웨인이 이 작품을 "소년의 마음"으로 쓰지 않고, 이 작품에 그런 세계상이 없다면, 당대의 영국과 미국에서 널리 읽힌 다른 아동문학과 구별되지 않았을 것이다. 알다시피 이 빅토리아 시대의 문학은 도덕 교과서, 주일 설교와 크게 구분되지 않았다. 우리가 잘 아는 해리엇 비처 스토의 『톰 아저씨의 오두막』(1852, 『엉클 톰스 캐빈』으로 더 잘 알려져 있다), 허레이쇼 앨저의 『누더기 옷을 걸친 딕』(1867)이 바로 그런, 기성세대의 가치관을 교육하려는 작품들이다. 이런 작품들은 우리가 앞서 이야기했던 안데르센 동화와 같은 부류의 문학으로서 아동문학의 특성을 상실한 작품들이다. 인습, 부모의 훈계, 학교와 종교의 구속 같은 것들은 아이들의 자유의지와 본능, 충동에 반한다. 그런데도 많은 문학들(가령 『몽실 언니』나 『마당을 나온 암탉』)은 이런 어린아이의 가치관이나 세계상보다는 어른들의 가치관을 지향한다.

주인공은 영웅인가?

『톰 소여의 모험』이 창작동화 또는 아동문학이 되기 위해서 우리는 먼저 이 작품이 동화의 조건을 충족하는지 살펴보아야 한다. 기적 같은 일이 벌어지고, 인과 관계가 명확하지 않은 일이 일어나지만 중력의 법칙이 완전히 무시되지는 않는다. 그리고 인간과 동물, 나아가 사물 사이의 경계가 무시되지 않지만 자연과 초자연의 경계가 어른의 세계만큼은 없다. 이 동화가 이야기하는 자와 듣는 자로부터 멀리 떨어져 있는가? 비록 이 작품이 '옛날 옛날에…'로 시작하지는 않지만 미시시피강 가나 잭슨 섬이라는 것이 명확히 규정되는 지점은 아니며, 그들이 보물을 찾는 곳도 마법적인 곳이지 인과적 개연성이 큰 곳은 아니다.

그런 장소는 19세기 중반이라는 특성은 가질지언정 역사적 장소는 아니다. 이 장소 역시 동화 속의 마을, 도시, 산, 강, 숲의 이름과 유사하다고 말할 수 있다. 인전(인디언) 조나 톰 같은 이름들도 어디서나 들을 수 있는 평범한 이름들이다. 이들은 전래동화의 주인공들처럼 현실을 떠나 모험을 감행한다. 서사의 시점은 주인공의 시점을 택하고, 이야기를 하는 화자는 절대로 세상이나 주인공의 행동을 상대화하거나 그것을 판단하거나 해석하지 않는다. 이렇게 작품의 특성들은 인과 관계가 없다는 점에서 인공론적 세계상을 말하고, 자연과 초자연(마법)의 경계가 사라진다는 점에서 실재론적 세계상에 상응한다 할 수 있을 것이다.

톰은 이제 전래동화의 영웅에서 현실의 영웅(시민 영웅)의 모습을 취한다. 폴리 이모의 잼을 훔쳐 먹고 학교도 빼먹는다. 기회 있을 때마다 설탕도 슬쩍한다. 그리고 학교 가는 대신 멱을 감으러 가는 톰은 배다른 동생인 모범생 시드와는 전혀 다른 주인공이다. 도시 냄새가 풍기는 한 아이와 싸우다 옷을 더럽히고 창문으로 슬쩍 넘어 들어온다. 톰은 한마디로 반사회적, 비도덕적 영웅이다. 톰은 선물을 받기 위해 성경 구절을 외지만 이것이 그에게 더 이상의 의미는 주지 못한다. 주일학교는 톰이 지긋지긋하게 싫어하는 곳이다. 성경 구절을 잘 외우는 척하며 파란 딱지, 빨간 딱지, 노란 딱지를 받을 수 있고, 폴리 이모에게서 받은 벌로 담장에 회칠을 해야 하지만 아이들의 심리를 잘 이용하여 자기는 놀고 다른 아이가 일을 하게 유도한다. 그는 착하고 모범적인 인물이 아니라 "나쁜 본보기"로 독자들의 상상력을 이끈다.

톰은 예배와 설교를 싫어하고 찬송과 기도를 싫어한다. 교훈을 싫어하고 도덕을 싫어하며 목사와 어른들에 적대적이다. 학교도 가기 싫어해서 온갖 꾀병을 부린다. 몸이 아프다는 연극을 한다. 학교 가는 대신 톰은 낚시질을 하고 싶다. 이제 톰은 동네에서 이름난 주정뱅이의 아들이자 부랑소년인 허클베리 핀과 우연히 만난다. 그의 외모와 행동은 이렇다. "허클베리는 언제나 어른들이 입다 버린 헌옷을 입고 다녔는데 넝마 조각 같은 누더기 옷을 사시사철 피는 꽃처럼 펄럭거리고 다녔다. […] 허클베리는 제 마음대로 나타났다 사라졌다 했다. 날씨가 좋으면 남의 집 문간 계단에서 잠을 자고 비가 올 때면 큰 나무통 속에 들어가 잠을 잤다. 학교에도 교회에도 갈 필요가 없었고, 어느 누구를 선생님이라고 부르거나 어느 누구의 명령에도 따를 필요가 없었다."[37] 사실 이것이 아이들이 바라는 영웅, 아이들이 바라는 세계이다.

---

37 마크 트웨인, 84-85쪽.

인공론

대체로 창작동화(아동문학)는 플롯이 성인문학과 달리 마법과 연관되어 있고, 구체적으로 말하자면 실재론적 세계상과 연관되어 있다. 『톰 소여의 모험』의 플롯은 해적단의 구성원 셋이서 어느 날 밤 공동묘지에서 살인사건을 목격하고, 결국 이 살인사건의 범인인 인전 조와 관련된 보물을 얻는 것이다. 그런데 이 플롯은 항상 마법과 동반하고 있다. 제8장에 보면 이모 집과 학교를 떠나려는 톰은 학교로 돌아오는 아이들과 마주치지 않으려고 "일부러 두세 번 조그마한 개울물을 건너기도 했는데, 아이들 사이에는 물을 건너면 뒤따라오는 사람을 혼란에 빠뜨릴 수 있다."는 미신이 있었기 때문이다. 그리고 톰은 막상 떠나려고 하지만 오랫동안 굳어진 틀에서 벗어날 수 없었다. 그래서 그는 상상하기 시작한다. "만약 이곳을 떠나 바다 건너 저 머나먼 나라로 떠나가서 영원히 다시 돌아오지 않는다면… 전쟁에 이기고… 개선장군이 되어 돌아온다면… 대추장이 되어… 주일 학교로 말을 몰고…" 이렇게 그는 "카리브 해의 무서운 복수자"가 되길 꿈꾼다. 그는 이런 공상을 실현하기 위해 주문을 외지만 효험이 없다. 그럼에도 불구하고 그는 계속 주술을 시도한다. 그리고 책에서 읽은 로빈 후드 이야기를 실제로 연기하기도 한다. 이런 장면은 곳곳에서 찾아볼 수 있다. 결국 이들이 인전 조의 살인을 계기로 보물을 찾아나서는 것은 이런 아이들의 의식세계에서 비롯된 것이므로 이 이야기는 마법적이고, 아이들의 문학이 되는 것이다. 그들은 잭슨 섬에서 해적 놀이를 할 때도 실제로 자신들이 해적인 것처럼 놀이하고, 나중에 헉이 더글라스 과부댁을 떠나려 할 때 설득한 것도 산적이 되자는 약속이었다. 헉은 그 사실을 실제로 믿었다. 이렇게 보면 이 이야기는 전체적으로 그 플롯이 아이들의 미신과 마법, 상상으로 이루어져 있다는 것을 알 수 있다.[38]

물활론

이런 허클베리 핀이 죽은 고양이를 들고 나타난 것이다. 죽은 고양이를 어디에 쓸 것이냐고 톰이 묻자, 헉은 사마귀 떼는 데 쓸 것이라고 답한다. 이에 질세라 톰은 사마귀 떼는 데는 더 좋은 것이 있는데, 그것은 바로 "썩은 나무에 고여 있는 물"이라고 한다. "한밤중에 썩은 나무가 있는 데로 혼자서 가야 하는 거야. 그래서 밤 열두 시 정각이 되면 썩은 나무에 등을 돌리고 기대서서 손을 담그곤 이렇게 주문을 외는 거야.

'보리알, 보리알, 옥수수 가루.
썩은 물아, 썩은 물아, 이 사마귀를 삼켜라.'

그러고 나서 눈을 꼭 감고 얼른 열한 발짝 뒤로 물러서서 세 바퀴 맴을 돌고 난 뒤에 집으로 돌아가는 거야. 집에 가는 도중에 누구한테도 절대로 말을 걸어서는 안 돼. 만약 말을 하면 그동안 주문을 왼 효험이 말짱 꽝이 되는 거야."[39]

---

38 마크 트웨인, 109쪽.
39 마크 트웨인, 87-88쪽.

톰은 나아가 콩으로 사마귀를 떼는 방법도 알려주면서 헉에게 고양이로 사마귀를 떼는 법을 묻는다. 그 내용은 마법이라는 점에서 앞의 주술과 비슷하지만 그 내용이 이 소설의 플롯과 관계가 되기 때문에 소개한다. 허클베리 핀은 다음과 같이 말한다. "응, 누군가 나쁜 사람이 죽어서 묻히면 죽은 고양이를 들고 한밤중에 공동묘지에 가는 거야. 자정이 되면 귀신 하나가 나타나지. 둘이나 셋이 나타날 수도 있어. 눈에 보이지는 않지만 바람 같은 소리를 들을 수 있거든. 어쩌면 귀신들이 소곤소곤 얘기를 나누는 소리를 들을 수도 있지. 귀신들이 그 나쁜 사람의 시체를 데려가고 있을 때 놈들에게 고양이를 냅다 던지면서 이렇게 말하는 거야. '귀신은 시체를 따라가라. 고양이는 귀신을 따라가라. 사마귀는 고양이를 따라가라. 이제 너하고는 끝장이야.' 그렇게 하면 어떤 사마귀라도 다 떨어져 나가게 돼 있다고." 이 모든 것이 작동한다는 것은 홉킨스 노파가 말한 때문이고 그 '할망구'는 마법을 잘 걸기 때문이다. 가령 그 노파는 주기도문을 거꾸로 외우면서 마법을 건다는 것이다.

실재론

『해리 포터』의 플롯이 바로 그의 출생의 비밀과 마법학교로 가는 것이듯이, 『톰 소여의 모험』 또한 여러 가지 에피소드들이 있지만 플롯을 구성하는 계기는 바로 마법에서 시작된다. 그렇게 보면 제9장부터 이 작품의 플롯이 전개된다고 할 것이다. 앞에서 보았듯이 톰과 헉은 죽은 고양이로 사마귀를 떼러 공동묘지에 간다. 그런데 그들이 행한 주술의 내용이 실제로 거기서 발생한다. 물론 아이들이 주술의 내용과 실제로 일어나는 일을 혼동하지는 않지만 이야기를 읽는 독자는 충분히 그럴 수 있다. 인전 조의 살인사건에 대해 서로 침묵하기로 한 후, 어느 날 재판정에서 톰은 헉과의 약속을 어기고 증언을 한다. 조가 범인이라고. 그리고 인전 조는 도망친다. 톰은 처음에 인전 조가 자신을 죽이러 올 것이라는 공포를 느꼈으나 시간이 지나면서 조금씩 사라진다. 제25장에 들어오면서 화자(작가)는 이렇게 말한다. "정상적인 아이라면 누구나 한 번쯤은 어디엔지 모를 곳에 숨어 있는 보물을 파내고 싶은 강렬한 욕망에 사로잡히는 때가 있기 마련이다."[40] 톰은 헉과 조 하퍼를 설득하여 보물을 찾으러 간다. 아주 막연한 제의지만, 톰은 그 근거를 그들의 주술에서 찾고 있다. "아주 특별한 곳에 묻혀 있어. 헉, 어떤 때는 섬에, 어떤 때는 밤 12시 그림자가 드리우는 죽은 고목가지 끝 바로 밑 땅속 썩은 상자 안에 들어 있지. 하지만 대개는 귀신이 나오는 집 마루 밑에 있거든."

만약 이들이 나이가 어린아이들이라면 이런 주술로 보물을 찾고 또 보물이 찾아질 것이다. 그러나 이 아이들은 이미 10세 초반의 아이들이라 그것으로 통하지는 않는다. 톰은 이렇게 말한다. "표적 같은 건 필요 없어. 범인들은 언제나 유령 나오는 집이나 섬 또는 가지 하나가 길게 뻗어 나온 고목 밑에 그걸 숨겨놓으니까." 이렇게 말하면서 은연중에 이야기는 인전 조와 범인들, 그리고 보물을 연결한다. 비록 이성적이고 합리적인 방법이긴 하지만 마법이라는 아이

40 마크 트웨인, 286쪽.

들의 세계상이 여기서 유감없이 발휘된다. 결국 아이들은 인전 조와 그의 동료로부터 비밀을 알아내고 금화가 든 보물상자를 찾아 부자가 된다는 플롯이 완성된다. 이것은 일반적으로 전래동화에서 어려움을 극복한 주인공이 왕이나 왕비가 되거나, 원래의 행복한 상태를 알고 그 상태로 돌아가거나, 고통을 극복하고 부자가 되는 경우와 같다.

보론: 마법에 대해

동화는 아이들이 어떻게 살아갈까 하는 문제에 대한 대답이다. 하지만 동화는 그저 삶의 의지만 보여줄 뿐 삶이 왜 그런지, 삶을 어떻게 살아야 하는지에 대한 대답은 하지 않는다. 아이들은 마법적 사고방식에 익숙한 나머지 그런 세계에만 관심을 둔다. 아이들이 마법적 사고를 갖고 있다는 것을 피아제는 '정신적 세계와 물질적 세계의 동일시'라는 말로 표현한다.[41] 낭만주의의 시인들과 작가들은 계몽으로 인해 잃어버린 세계를 노래했는데, 우리는 이것을 마법이라 한다. 독일 낭만주의 작가들의 마법 관련 표현들, 노발리스의 "기억의 마법", 티크의 "마법의 밤", 레나우의 "마법의 어둠", 뫼리케의 "마법의 실"은 오늘날 우리의 기억에서 거의 사라져버린 문학과 주술의 친족관계를 상기시킨다. 그 문학이 바로 전래동화나 민담 같은 원시인의 문학임은 말할 것도 없다. 독일의 시인 아이헨도르프는 이렇게 노래한다.

> 모든 사물에 노래가 잠들고 있으면
> 사물들은 거기서 꿈을 꾸고 또 꿈을 꾼다,
> 그러면 세상은 고개를 들고 노래하기 시작하고,
> 너는 이제 마법의 말을 만나게 될 것이다.

---

41 피아제, 157쪽.

마법적인 말의 효능을 믿었던 그 시기로부터 유래된 주술들은 '마법'에 대해 하나하나 설명하지 않는다. 오히려 이 시에서는 마법이 특별한 행위를 지칭하는 것이 아니라 일반적인 주제로 보인다. 낭만주의 시들은 이렇게 시문학이 언젠가 가졌던 마법의 능력을 노래하고, 또한 그것의 상실을 안타까워한다.

그러나 우리는 이런 마법의 세계가 완전히 상실된 것이 아니라 아직 동화에 고스란히 남아 있다는 사실을 잊어서는 안 된다. 현대의 계몽된 사회, 계몽된 동화에서는 믿어지지 않는 마법이 '이상한 동화세계'에 남아 있다. 하이네는 '마법의 나라'가 동화의 나라에 있음을 이렇게 노래한다.

옛 동화에는 하얀 손으로
오라는 손짓들이 있네,
그러면 마법의 세계가
노래하고 종소리가 울리리라.

해리 포터 시리즈를 보자. 거기에는 무수한 마법어(魔法語)들이 있다. 그러나 그 마법어가 오늘날까지 말은 유지되어 왔으나 그 마법은 유지되지 못했다. 마법은 아이들과 아이들의 동화에만 남아 있다. 클로드 레비스트로스는 언어, 신화, 음악 사이의 관계를 다음과 같이 설명하고 있다. "한편에 있는 음악과 다른 한편에 있는 신화, 이 둘은 모두 언어에서 유래합니다. 그러나 각각 다른 방향으로 갈라져 진행하면서, 음악은 언어 속에 의미 깊이 간직돼 있는 소리의 측면을 강조하게 되죠. 반면, 신화는 지각의 측면, 곧 의미의 측면을 강조하게 되는데, 이것 역시 이미 언어 속에 깊이 간직돼 있는 것입니다."[42] 음악적 측면이 시(동요)로 분화되어 갔다면 신화는 동화로 분화되어 원시인의 의미, 지각을 간직하고 있다.

문화마다 주술은 다르지만 신을 부르는 마법어를 사용함에 있어서는 동일하다. 가령 말라야어의 바사한투(축자적 의미로 귀신들의 언어), 에스키모어의 안게코크, 다른 문화에서는 마법어가 낯선 또는 오래된 언어를 사용한다. 서양의 아이들이 마법을 부릴 때 사용하는 '호쿠스 포쿠스 티디부스'는 라틴어 미사에서 사용하는 말을 변화시킨 것이다. 성찬식에서 사제가 라틴어로 "Hoc est corpus meum(이것이 내 몸이니라)"라고 말하는 것을 잘 알아듣지 못하는 신도들(fideles)이 비슷하게 흉내 내어 말한 것이다. '아브라케다브라'나 '리룸, 라룸, 뢰펠슈틸'(이 두 주술어 모두 음성반복이 주도적이다)은 마법의 힘을 장난이나 난센스와 결부시킨다. 그런데 진지하게 말하는 마법어도 의미 없는 단어들이나 모순적인 생각들로 만들어져 있어 일상적 발화와 같지 않다. 그것은 마법어가 신들의 세계에 접근할 수 있는 통로를 만들기 때문이다.

원시인들의 사고나 행위와 가장 비슷한 것이 아이들의 태도이다. 아이들은 무생물계를 생물계의 인간처럼 대한다. 자기를 기쁘게 하는 예쁜 물건은 마치 엄마가 자기에게 하듯이 머리를 쓰다듬는다. 돌부리에 걸려 넘어지기라도 한다면 돌에다 대고 '나쁜 놈' 하고 외

42 클로드 레비스트로스, 『신화와 의미』, 이끌리오, 2000, 105-106쪽.

친다. 그것은 돌이 고의적으로 자기의 다리를 걸었다고 보는 물활론적 사고방식에서 기인한다. 어린아이에게 구르는 돌이나 흐르는 물, 떠오르는 태양, 흔들리는 나무, 불어오는 바람은 영혼이 있고 의지가 있는 생물체로 작동한다. 그러니 그런 생물을 변하게 하고 그런 무생물로부터 대답을 듣는 것은 당연한 이치이다.

또한 동화에 등장하는 동물들은 표현하지 않더라도 자기를 이해하고 공감하고 있다고 확신한다. 「신데렐라」나 「헨젤과 그레텔」에서도 사람이 동물이나 식물(나뭇가지)과 대화하고 동물과 사람이 서로 바뀔 수 있다고 확신한다. 살아 있는 것과 죽은 것 사이에 경계가 없다. 이렇게 동화는 마법의 세계와 아주 긴밀히 결부되어 있다. 그뿐 아니라 실제로 종교적 세계상이 지배적이었던 서양의 중세에는 종교와 마법이 아주 긴밀히 결부되어 있었다. 리처드 킥헤퍼는 『마법의 역사』에서 다음과 같은 전설(민담)이 주술로 어떻게 변형되는지를 보여준다.

> [전설] 하느님의 성스러운 순교자인 성 니카시우스는 눈에 티가 있었는데, 하느님에게 티를 없애달라고 간청했고 하느님은 그를 치료해주었다. 그는 다시 하느님에게 그의 이름을 자신의 몸에 지니는 사람이면 누구나 모든 티가 치유되도록 해달라고 기원했는데, 하느님은 그의 말을 들어주었다.
>
> [주술] 따라서 내가 살아계신 하느님과 성스러운 하느님의 이름으로 너, 티에게 엄명하니, 네가 흑인종이든 홍인종이든 백인종이든

하느님의 종인 니카시우스의 눈에서 사라져라. 예수님께서 너를 쫓아내주실지어다. 아멘. 성부와 성자와 성령의 이름으로, 아멘.[43]

전설에 있던 실제의 상황은 사라지고 주술만이 남는다. 주술은 그 마법의 능력을 소유하고 있는 주체에 대한 부름이 있고, 마법을 실현할 주문이 있고, 또한 그것을 반복한다. 반복만으로 충분하지 않다. 리듬과 운율과 메타포가 있는 아름다운 말이 따라야 한다. 종교적 차원에서 벗어나게 되면 차츰 호명한 신의 이름이 자연(마법)적 대상으로 바뀌고, 병을 고치는 것과 같은 중요한 내용은 차츰 사라지게 되며, 언어적 유희 같은 부수적인 것이 중심을 차지한다. 기독교의 경우, '성부와 성자와 성령의 이름으로'라든가 '주님에 의해, 주님과 함께, 주님 안에서'와 같은 문구가 들어간다. 그러니까 인공론적 사고 방식, 즉 내가 하느님이 되어 티를 없앨 수 있는 위치에 가는 것이 곧 마법이다.

아니면 우리가 해리 포터 시리즈에 나오는 수많은 낯선 단어들에서 보듯이 그리스어나 라틴어 또는 고대 페르시아어 등이 나올 수도 있다. '아요스, 아요스, 아요스, 테트라 그라마톤'이나 '렉스, 팍스, 낙스 인 크리스토 필리오 수오' 같은 말이다. 앞의 '아요스'는 그리스 말로서 라틴어 상크투스(sanctus)의 뜻, 즉 '성스러운 이'라는 뜻이고, '테트라그라마톤'은 '하느님'이란 뜻이다. '렉스'는 '왕', '팍스'는 '평화', '크리스토 필리오 수오'는 '주의 아들 그리스도 안에서'라

43 리처드 킥헤퍼, 『마법의 역사』, 김헌태 옮김, 파스칼북스, 2003(이하 킥헤퍼), 24쪽.

는 뜻이다. 그리고 우리나라에는 '수리수리마수리'가 있는데 이는 원래 '수리수리마하수리 수수리 사바하'라는 산스크리트어로서 '입으로 지은 업을 깨끗하게 씻어내는 참된 말'이라는 뜻이다. 혹 개그맨이 '숭구리당당 숭당당'이라 너스레를 떠는 것도 이 주술에서 유래한 것이라 생각된다. 초자연적인 힘을 가진 것은 비단 하느님이나 부처님만이 아니라 자연에 있는 사물 중 강력한 상징적 특징을 가진 사물 또한 이런 마법의 힘을 가진다. 잎이 간 모양인 식물은 간장을 치료하는 데 어떤 마법을 가지고 있고, "독수리를 늑대의 가죽으로 싸서 환자의 목에 걸면 독수리의 뛰어난 시력이 눈의 질환을 치료할"[44] 수 있다고 보았다.

> 가자미야, 가자미야, 바다의 가자미야,
> 들어다오, 들어다오, 내 말을 들어다오.
> 내 아내 일제빌의 부탁이라.
> 원치 않지만 어쩔 수 없이 왔단다.

동화에는 우화에서와는 달리 예술적이고 감각적이며 경험적이고 상징적인 요소가 많다. 다시 말해 신화가 갖는 의미와 소리라는 음악성을 결부하고 있어 원초적 주술을 많이 포함하고 있다. 이런 것은 주로 반복을 통해 실현된다. 그렇기 때문에 동화는 아이가 스스로 글로 읽는 것보다는 그것을 음성으로 들을 때 더 큰 의미로 다가

---

44 킥헤퍼, 40쪽.

온다. 이성적인 교화를 목적으로 하는 우화와는 달리 동화는 이렇게 마법적인 특성이 있으므로 아이를 현재의 아이에서 끌어내어 동화 속의 인물이 되게 하는 것, 또는 그렇게 상상하도록 한다. 이 상상 속 인물, 즉 빨리 내포독자가 되게 하는 데 일조하는 것이 반복과 마법이다.

원초사회일수록 아이들에게 어떤 지식의 전달이 아니라 어떤 지혜와 주술을 가르쳐주기 위해 애썼다. 오늘날도 창의성이란 관점에서 동화는 많은 도움이 된다. 「맛있는 죽」은 주문을 못 외어서 심각한 위기를 겪는 것을 보여주고 있는 데 반해, 「영리한 한스」에서 아이들은 단순히 암기(memory)로는 우리가 세상을 살아갈 수 없다는 것을 경고하고 있다. 아이들이 차츰 성장한다는 것은 그들의 인식이 마법적인 차원에서 이성적인 차원으로 넘어온다는 데 있다. 「개구리 왕자」는 마법보다 약속을 기억하라고 교훈하고 있고, 「헨젤과 그레텔」이나 「늑대와 일곱 마리 아기 염소」도 각기 개체 보존이나 생존을 위해 기억해야 할 것이 무엇인지를 강조하고 있다. 그러나 그 모든 것이 마법과 결부된 아이의 아이다움, 즉 충동, 상상, 감정이 완성되지 않고서는 아이들을 위한 문학이 될 수 없다.

제3장

그림책으로서의 20세기 창작동화

1. 짖어봐 조지야[1]

> 조지네 엄마가 조지를 보고 짖어보라고 한다. 그런데 조지는 "야옹" 하는 것이 아닌가? "고양이는 야옹, 개는 멍멍"이라고 하면서 다시 짖어보라고 하지만 조지는 계속해서 "꽥꽥", "꿀꿀", "음매" 하고 짖는 것이 아닌가? 하는 수 없이 엄마는 조지를 의사 선생님께 데리고 간다. 의사 선생님은 금방 알아내겠다고 말한다. 그러면서 조지가 "야옹"이라고 짖자 조지 입속으로 손을 넣어 고양이를 꺼낸다. 그리고 계속해서 오리와 돼지와 소를 꺼낸다. 그러자 조지는 "멍멍" 하고 짖는다. 조지 엄마는 기분이 좋아진다.

이 책은 '아이들은 세계를 어떻게 바라보며, 아이들의 마음은 어떻게 되어 있을까' 하는 것을 구체적인 그림으로 보여준다. 마음이란 우리가 일상적으로 사용하는 말이기는 하나 말로 정의하기 어렵다. 그러나 정의하기 힘들다고 해서 부정하기는 더욱 힘든 어떤 에너지, 체험, 동요, 충동, 불안, 아니면 감성, 마음, 느낌을 말한다. 이것은 외부세계에서는 직접적으로 볼 수 없고 파악할 수 없는 내성적(內省的) 통찰을 통해 경험할 수 있는 것이다. 공간적인 은유인 '마음'은 신체의 '표면' 아래에서 일어나는 내적 과정들이지만, 보이지 않으므로 그에 대해 우리가 말하려면 반드시 그것을 공간화하여야 한다.

20세기 들어와 프로이트와 융은 각기 정신분석과 심층심리학이라

---

1 줄스 파이퍼, 『짖어봐 조지야』, 조숙은 옮김, 보림, 2000.

는 말을 만들어 이것을 언어화하였다. 이들은 우리의 외부적 행위나 말이 내부적 욕망과 상치되는 경우가 많다는 것을 발견하였다. 특히 마음은 보이지 않으므로 언어적 표현 자체보다는 표정, 몸짓, 행동에서 추론할 수 있으며, 언어적 표현의 문법적·논리적 실수는 "무의식적이거나 침묵한 체험 내용"의 결과로 해석할 수 있다고 주장했다. 이것이 어른들이 연구하고 이해한 마음에 대한 이론이다. 아이들은 과연 마음을 어떻게 알고 있을까? 과학적 대답이 나오기 전까지는 아마 어른들도 아이들처럼 생각했을 것이다. 그것은 말로 나온 것은 마음속에 그대로 존재하는 것이고 마음속에 존재하는 것은 그대로 실제가 된다는 것이다.

이 그림책의 저자는 아이들이 마음속을 어떻게 보는지를 아이들의 시각으로 재현한다. 그것은 마치 고대 이집트의 사람들이 호수 속에 있는 물고기를 물 위에 그리는 것과 같다.[2] 또한 그것은 사람의 마음을 들여다보는 것과 같은 구조로 되어 있고, 원시 무녀가 영성으로 사람을 들여다보는 것과 같다. 조지가 스스로의 정체성을 잃고 야옹, 꽥꽥, 꿀꿀 등으로 소리를 내는 것은 마음속에 각기 고양이와 오리와 돼지 등이 있어서 그럴 거라고 추론하는 아이들을 잘 관찰하고 있다. 마음은 공간이 아니지만 이 책의 저자는 마치 마음을 공간처럼 그린다. 여기서 우리는 피아제가 말한 아이들의 실재론적 세계상을 찾아볼 수 있다.[3]

2 곰브리치, 60쪽. 도판 〈네바문의 정원〉을 보라.
3 피아제, 157쪽.

조지네 엄마가 말했어요. “짖어봐 조지야” 조지가 짖었어요. “야옹”

이런 식의 사고방식은 고대 이집트나 파푸아 뉴기니 원주민 문화에서도 종종 찾아볼 수 있는 일이다. 그러니까 피아제는 아이들이 “야옹”이라는 소리를 들을 때, 아이들은 배 속에 고양이가 있다고 생각한다고 아동의 세계상을 설명한다. 그가 탐구한 사례는 이것을 확인하게 해 준다. 관찰자가 아이에게 이렇게 묻는다. “네가 걸어가는 것은 발로 걸어가지? 자! 그럼 네가 생각하는 것은 무엇으로 할까?” 앞 장에서 살펴보았듯이, 몽(Mont)이라는 7세 되는 아이는 이렇게 대답한다. “입으로요.” 그러므로 입을 막으면 생각할 수 없다고 답한다. 아커(Acker)란 아이도, 슈미(Schmi)란 아이도 무이(Muy)란 아이도 모두 같은 대답을 한다. 입으로 생각한다고.[4] 마치 입이라는 구체적 현실만이 생각을 한다는 듯이. 그러므로 “야옹”이라는 소리가 난다면 그것은 마음속에 그 소리를 내는 한 마리의 고양이가 있어야 한다. 이 책은 마치 마음의 비밀이라곤 전혀 없는 것처럼, 모든 배경에 있는 알 수 없는 마음이 전경에 천연덕스럽게 배치된다. 마치 마음을 보고, 만지고, 들어볼 수 있는 것처럼.

어린아이는 자기의 생각과 현실이 같은 것이라고 생각한다. 다시 말해 내면과 외면적 표출이 같다고 생각한다. 사실 엄마는 조지의 행위와 관계없이 허영심이나 걱정이 많은 사람이 아닐까? 다시 말해 아이가 공부 잘하기를 바라고 그렇게 하지 않으면 분노하고 그것

---

4 피아제, 48-49쪽.

을 바꾸려고 하는 엄마처럼 보일 수도 있다. 다양한 생각 가운데 변하지 않는 하나의 진리는 조지가 "멍멍"이라고 짖는 순간 이야기가 끝난다는 사실이다. 아이들에게 물어보자. 근데 고양이는 누가 입에 집어넣었을까? 그러면 아이들이 대답할 것이다. "의사 선생님!"이라고. 이것이 흔히 말하는 실재론적이고 인공론적인 마법의 세계이다. 이 그림책은 아이의 세계상에 천착한 만큼 불후의 명작이 되었다.

그림에 대해

나아가 이 그림책은 스토리 이외에 조지에 대한 엄마의 반응을 그림으로 표현하면서 아이(또는 어른) 독자에게 감정의 변화를 감지하게 한다. 그리고 아이의 반응에 따라 엄마가 어떻게 대응하고, 그에 따라 감정이 어떻게 변하는지를 그림을 통해 보여준다. 조지네 엄마는 첫 장면에서 무슨 일인지 근심에 가득 찬 얼굴로 조지에게 짖어보라고 한다. 조지가 "야옹"이라고 짖는 것을 보자 엄마의 걱정은 불안으로 바뀐다. 고개를 떨군 엄마의 얼굴이다. 그다음에 "꽥꽥"이라고 짖자 아예 엄마는 이를 갈며 분노한다. "감정은 사건"이라는 길버트 라일의 말이 떠오른다. 조지가 계속해서 "꿀꿀", "음매"라고 짖자 엄마의 분노는 극에 달하고 결국 엄마는 조지를 병원에 데리고 간다. 의사 선생님 앞에서 엄마의 마음은 수치와 체념으로 변한다. 의사 선생님은 탐구하듯 조지의 입속을 들여다보고 신기하게도 고양이와 오리와 돼지, 그리고 소를 꺼낸다. 꺼낼 때의 동물의 크기에 따라 의사 선생님의 자세는 바뀐다. 인간의 마음을 전적으로 언어로 서술하는 것이 아니라 변화된 표정의 그림으로 대체한다.

2. 돼지책[5]

> 피곳 씨와 두 아들은 아내이자 엄마인 피곳 부인을 도와주지 않고 늘 의존적으로 산다. 그들은 늘 자기들의 관심사만 들어주길 바란다. 피곳 부인은 소외되어 늘 부엌일만 한다. 그러던 어느 날 피곳 부인은 편지를 남기고 집을 떠난다. 그러면서 편지에 "너희들은 돼지야!"라는 마법어를 남긴다. 그 편지를 본 남편과 두 아들은 모두 돼지로 변하고, 집은 돼지우리처럼 변한다. 결국 그들은 피곳 부인에게 돌아와 달라고 사정한다. 피곳 부인이 다시 돌아오자 그 남자들은 아내이자 엄마를 도운다. 이제 비로소 피곳 부인은 아내이자 엄마가 되어 행복해진다.

우리 가족 중 어느 누구가 소외된다면? 그것은 결코 행복한 일이 아니다. 하지만 많은 가족들은 이런 일을 경험한다. 가족이라는 이름으로 우리는 다른 사람에게 희생을 강요하거나 강요당하기 때문이다. 앤서니 브라운은 (실제로는 참고 견뎠을) 이런 마음을 글과 그림으로 형상화하는 데 성공하고 있다. 말로 표현할 수 없는 이런 마음(감정, 의지, 사고)을 직접적 언어로 표현하지 않고 상징이나 은유를 통해 그림으로 재현해내고 있다. 나는 처음에 『돼지책』이라 하여 『아기돼지 삼형제』처럼 돼지가 주인공으로 등장하는 이야기를 상상했다. 그러나 작가는 실제 돼지와는 관계없는 은유로서의 돼지를 그리고 있다.

---

5 앤서니 브라운, 『돼지책』, 허은미 옮김, 웅진주니어, 2001.

이 이야기의 그림과 플롯은 어린아이가 이해하기에 어려운 부분은 있다. 그러나 마법이 있는 이야기라서 아이나 어른이나 그 수준에 상관없이 누구나 읽을 수 있다. 실재론적 사고 방식은 조금 더 성숙한 아이(10세 정도)에게나 성인에게는 상징으로 읽도록 책을 꾸며 놓았다. 이 그림책은 묵묵히 가사일만 하던 피곳 부인(엄마가 아니다!)의 마음에 일어나는 일을 설명하지 않고 실제로 일이 일어나는 것처럼 구성했다. 그러니까 마법이 이 이야기의 플롯이 된다. 마치 "훌륭한 작가는 이야기가 원하는 것을 말하고, 시원찮은 작가는 자신의 생각과 느낌을 말한다"고 한 아리스토텔레스의 『시학』의 생각을 직접 시연하는 듯한 느낌을 받는다.[6] 이 작품은 한 사람의 희생을 의도적으로 설명하고, 설득하고, 교훈하지 않는다는 점에서 아이의 마음을 사로잡는다.

그저 엄마에게 무슨 일이 일어났고, 그것이 우리에게 어떤 감정을 유발하는지, 그리고 그것이 어떤 행동으로 연결되는지를 보여주고 있다. 만약 우리가 마음의 작용을 말로 설득할 수 있기만 한다면 문학은 존재하지 않아도 될 것이다. 그러나 알다시피 문학은 현실에서 불가능한 것, 현실에서 해결되지 않는 것, 현실에서 얻을 수 없는 것을 형상화하는 데 그 본질이 있다. 이 그림책의 이야기 또한 현실에서 가능하지도 않는 이야기를 실제로 일어나게 하여 플롯을 완성한다는 점에서 문학이다. 이제 이 그림책이 갖고 있는 아름다움에 대해 살펴보자.

---

6 마이클 티어노, 『스토리텔링의 비밀』, 김윤철 옮김, 아우라, 2008(이하 티어노), 22쪽.

첫 번째 장면에는 멋진 집, 멋진 차 앞에 피곳 씨와 두 아들이 당당히 서 있다. 나는 벌써 피곳이란 이름이 피그(pig), 즉 돼지란 뜻을 담고 있는 것으로 느껴진다. 그곳에 아내이자 엄마인 피곳 부인은 없다. 눈치가 빠른 독자는 여기에 엄마가 없다는 것을 알아차릴 수 있다. 문학적으로 엄마의 부재는 빈자리 또는 부정성을 의미한다. 피곳 씨의 부인, 즉 아이들의 엄마는 어디 있을까? 그녀는 어떻게 생겼을까? 무슨 일을 할까? 그런데 왜 전면에 등장하지 않을까? 그녀는 어딘가에 감춰져 있다. 다음에 이어지는 장면에서 아버지와 두 아들은 "아주 중요한" 자신들의 학교와 직장으로 간다고 서술한다. "아주 중요한"이라는 말 이상을 하지 않지만 그것은 이들이 이기적이라는 것을 암시하기에 충분하다.

세 번째 장면에는 많은 것이 상징(그림)으로 처리되어 있다. 신문으로 가린 곳에는 아마 피곳 씨가 있고 그가 읽는 신문에는 "밥 달라"고 외쳐대는 모습이 그려져 있다. 손과 발 이외에는 보이지 않지만 그의 얼굴을 우리는 충분히 상상할 수 있다. 그리고 이들 세 남자가 얼마나 자기 욕구에 매달리는지를 보여주고 있다.

네 번째 장면에 와서야 피곳 부인이 나온다. 그런데 등장하는 피곳 부인의 얼굴에는 표정이 없다. 얼굴의 감각 기관이 눈에 보이지 않는다. 집안일을 다 하지만 아주 중요한 사람이라는 표현도 없다. 얼굴이 보이지 않는다는 것은 피곳 부인이 정체성을 상실했다는 것을 뜻한다.[7] 네 번째 그림에서는 또 하나의 반복이 일어난다. 그들이

---

7 감정에 관한 한 최고의 권위자라 할 수 있는 폴 에크만은 1차 감정이 기쁨, 슬픔, 분노, 공포,

반복적으로 밥 달라고 외치는 것은 동물적 반복 충동을 의미한다. 이들이 외칠 때 벽에는 튤립이 그려져 있다. 튤립의 꽃말(상징)은 사랑의 고백, 매혹, 애정 그리고 경솔이다. (그런데 이 튤립이 나중에는 돼지로 바뀐다.)

다섯 번째 장면에서는 피곳 부인이 다시 표정 없이(약간 보이기는 한다) 설거지, 빨래, 다림질, 그리고 먹을 것을 만드는 그림이 나온다. 여섯 번째 장면은 온통 그림만으로 가득하다. 튤립으로 가득한 벽지(아마도 세 남자의 입장에서의 사랑을 의미할 것이다) 돼지 저금통, 많이 먹고 돼지처럼 변한 자의 그림자, 고양이, 개, 그리고 벽에 있는 「웃고 있는 기사」, 그리고 텔레비전에 몰입하는 아이들(그들의 쾌감은 빨간 스탠드로 상징)은 이곳이 낙원임을 말해준다.

일곱 번째 장면에서는 반전이 일어난다. 이 아버지와 아들들이 직장과 학교에서 각자 돌아오자 피곳 부인이 없다. 지금까지는 당연히 있어야 했던 사람, 아내이자 엄마가 없다. 벽에 있는 튤립은 차츰 돼지로 변한다. 이는 물활론적 세계상을 보여준다. 양복의 꽃, 문의 손잡이, 전기 콘센트가 모두 돼지로 바뀌는데 이것 또한 그들의 모습을 상징한다. 그리고 벽에 있는 「앤드류 씨 부부」 그림은 돼지 그림으로 변하고 그 부인의 초상은 잘려 나가고 없다. 이렇게 모든 것이 마법적으로 변하는 것은 그리스 신화나 아동문학 모두 아동(원시인)의 세계상과 일치하고 그 생각에서 나온 아이디어이다. 물활론, 인

경악, 혐오의 6가지로 나뉜다고 한다. 그리고 2차 감정은 질투, 수치, 죄책감, 긍지, 당황 등이 있는데 이는 사회적 감정으로서 문화마다 약간씩 다르다.

공론, 실재론의 세계상을 엿볼 수 있는 장면들이다.

결정적 장면은 여덟 번째 장면이다. 편지를 개봉하자 거기에는 "너희들은 돼지야."라는 말이 적혀 있다. 이 말은 마법의 효과가 있어 현실이 상상으로, 상상이 현실로 변하게 한다. 이 편지를 꺼내는 피곳 씨의 손은 돼지 족발로 변한다. 이제 집은 스위트홈이 아니라 돼지우리가 된다. 마치 마녀 키르케가 오디세우스의 군사들에게 배를 채운 뒤 지팡이로 그들의 머리를 치면서 마법을 걸었던 것과 똑같다. 그다음 장면들은 이들의 삶이 돼지의 삶이 되고 만 것을 보여준다. 그림 속의 나폴레옹도 완전한 돼지로 변하였다. 내면이라는 사적인 공간은 만질 수도 볼 수도 냄새 맡을 수도 없다. 앤서니 브라운은 이런 내면세계와 외부공간이 일치하도록 그림을 그리고 텍스트를 썼다. 그의 이런 세계상은 아이들의 세계상과 정확히 일치한다.

그림에 대해

첫 번째 면 그림에는 멋진 집 앞에서 멋진 복장을 한 세 남자가 당당하게 서 있다. 이들은 피곳 씨와 그의 두 아들이다. 그러나 여기에 피곳 부인은 없다. 두 번째 면 그림은 두 아들과 아버지가 식탁에 앉아서 밥 달라고 하는 그림인데, 역시 피곳 부인은 없다. 피곳 씨는 신문에 얼굴이 완전히 가려 있고 신문에는 아우성치는 아이들을 상징하는 그림이 있다. 셋째 면 그림에는 피곳 부인만 그려져 있다. 침침하고 음울한 분위기에 얼굴도 보이지 않는다. 표정도 없고 전체 그림은 각각의 프레임에 갇혀 있다. 넷째 펼친 면 그림에서는 아이들이 학교에서, 피곳 씨는 직장에서 돌아와 밥 달라고 소리치는데 뒷 벽지가 온통 튤립 꽃무늬로 가득하다. 차츰 이 무늬는 핑크빛 돼지 무늬로 변한다. 벽지 위로 드리운 피곳 씨의 그림자에는 돼지 그림자가 비친다.

다섯 번째 펼친 면에서 왼쪽 그림에는 피곳 씨의 입과 먹는 음식과 먹는 동작만 크게 부각되어 그려져 있다. 오른쪽 그림에는 피곳 부인이 앞에서처럼 설거지하는 모습으로 프레임에 갇혀 있다. 여섯 번째 펼친 면 그림에는 피곳 씨와 두 아들이 실컷 먹고 늘어져 있는 모습이 그려져 있다. 그 집의 개와 고양이도 주인과 마찬가지로 늘어져 있다. 특이한 것은 왼쪽 위에 걸려 있는 장식 그림이다. 이 그림은 네덜란드 화가 프란스 할스(Frans Hals, 1582-1666)의 「웃고 있는 기사」 그림이다. 집안 살림이 넉넉하다는 것을 상징하는 그림이다.

일곱 번째 펼친 면 그림에서 피곳 씨와 아이들이 각기 회사와 학교에서 돌아온다. 그러나 집에 피곳 부인은 없다. 여덟 번째 펼친 면의 왼쪽 그림에는 벽난로와 돼지 무늬가 그려진 벽지 그리고 돼지 저금통이 보이고 벽난로 타일도 돼지무늬로 장식되어 있다. 벽난로 위에는 영국의 초상화가 토머스 게인즈버러(Thomas Gainsborough, 1727-1788)의 「앤드류 씨 부부」라는 그림이 그려져 있다. 다만 그림은 패러디로서 부인의 초상은 잘려나가고 없다. 이 그림은 훌륭한 사유지에서 유복하게 살지만 피곳 부인이 없다는 것을 상징한다. 부인이 곧 사라질 것임을 암시한다. 그 그림 밑에 편지 봉투가 하나 있다. 봉투 속의 편지 내용은 펼친 면 오른쪽 그림에서 상세히 전해진다. “너희들은 돼지야” 이 편지에 피곳 씨가 손을 대는 순간 그의 손은 돼지의 발로 변한다.

아홉 번째 펼친 면 왼쪽 그림에서는 모든 것이 돼지와 돼지우리로 변해 있다. 심지어 벽시계와 달까지도. 오른쪽 그림에는 처음 식사를 준비한 이들 삼부자가 식탁을 완전히 엉망으로 더럽힌 그림이 그려져 있다. 열 번째 펼친 면 그림도 앞의 연장선상이다. 열한 번째 펼친 면 그림에는 피곳 씨와 아이들이 먹을 게 없어지자 구석구석 먹을 것을 뒤지는 모습을 그린다. 앞 장에서 본 프란스 할스의 「웃고 있는 기사」 그림에서 기사는 돼지의 얼굴을 하고 있다. 오른쪽 그림에는 그때 갑자기 피곳 부인의 그림자가 보인다.

열두 번째 펼친 면 그림에서는 모두들 피곳 부인 앞에 무릎을 꿇는다. 처음으로 피곳 부인의 얼굴이 보인다. 열세 번째 펼친 면 그림에서는 피곳 씨가 설거지를 하고 다림질을 하고, 두 아이들을 침대를 정리한다. 열네 번째 펼친 면 그림에서는 피곳 씨와 두 아들이 요리를 한다. 이제 피곳 부인이 아니라 엄마는 행복하다고 표현된다. 마지막 그림에서는 엄마가 차를 수리하며 얼굴에 기쁨이 가득하다.

3. 겁쟁이 빌리[8]

빌리는 걱정이 많은 아이다. 모자 때문에 걱정하기도 하고 신발이나 구름, 비, 새 때문에 걱정하기도 한다. 엄마 아빠는 빌리가 걱정하는 일이 절대 일어날 수 없다고 하고, 엄마 아빠가 빌리를 반드시 지켜줄 거라고 말한다. 그러나 빌리는 여전히 걱정이 많다. 하

8 앤서니 브라운, 『겁쟁이 빌리』, 김경미 옮김, 비룡소, 2006.

루는 할머니 댁에서 자면서 걱정 얘기를 했더니 할머니가 걱정 인형을 만들어주신다. 그러고는 이 인형들에게 걱정을 한 가지씩 말하고, 그것들을 베개 밑에 넣어두면 이 인형들이 대신 걱정을 해줄 것이라고 말씀하신다. 빌리는 할머니가 시키는 대로 인형들에게 온갖 걱정을 다 이야기하고 편안하게 잠이 든다. 그런데 며칠 뒤 밤이 되자 다시 걱정이 생기기 시작한다. 인형들이 자기를 대신해 걱정하는 것이 걱정된 것이다. 그래서 그는 그 걱정 인형들을 위한 인형을 만든다. 그러자 빌리와 걱정 인형들은 모두 편안히 잠들게 되었다. 그 후로 빌리는 걱정을 안 해도 되었다.

이 그림책은 우리의 알 수 없는 마음 중 불안, 걱정 같은 마음의 동요(動搖)에 대해 이야기하고 있다. 마음의 동요는 어떻게 작동하는지 그것을 제어하기 위해서 우리가 어떤 지혜를 가질 수 있는지를 말해준다. 그러니까 걱정 인형에게 걱정을 맡기는 것은 보이지 않는 내면과 보이는 외부의 일치를 말한다. 이는 보이지 않는 신상을 만들어 거기에 복이나 저주를 비는 원시인의 세계상과 일치한다.[9]

빌리는 걱정이 많은 아이다. 모자도, 신발도, 구름도, 비도, 커다란 새도 모두가 걱정거리다. 빌리는 자신의 주변에 있는 모든 것들 때문에 걱정이 된다. 아빠는 그런 일이 생기지 않을 거라고 말하고, 엄마는 무슨 일이 있더라도 도와주겠다고 장담하지만 빌리에겐 소용이 없었다. 어느 날 빌리는 할머니 집에서 잠을 자게 되었는데, 할머

---

9 실제로 이 이야기의 소재는 중앙아메리카 과테말라의 풍습에서 가져온 것이다.

니에게 자기의 걱정거리를 얘기하게 되었다. 할머니는 빌리에게 자기도 그런 경우가 있었다면서 '걱정 인형'을 만들어주면서 실제적인 도움을 준다. 그래도 빌리의 걱정은 사라지지 않는다.

그래서 빌리는 걱정 인형을 위한 인형을 만들기 시작한다. 반전은 두 군데서 일어난다. 걱정 인형으로 걱정을 사라지게 할 수 있다는 마법과 걱정 인형을 위한 걱정 인형을 만든다는 실재론적 생각을 하는 순간이다. 엄마와 아빠의 생각은 어른들의 생각이고 개념적인 언어이다. 그러나 할머니는 아이들의 사고방식에 근거해 주술적인 행위처럼 모든 생각은 실제의 사건으로 간주하고 걱정인형을 만들어준다. 이것은 다름 아닌 실재론적 사고방식이다.

'걱정' 또는 '불안'에 해당하는 라틴어 'angustiae'(독일어 'Angst'나 영어 'anxiety'는 이 말에서 유래함)는 '좁다'는 의미를 갖고 있다. 그래서 프로이트는 이를 두고 우리가 태어날 때 자궁의 좁은 통로를 통해 나오면서 원초적으로 겪는 느낌이기에 대상(즉 모태)의 상실과 밀접한 관련이 있다. 그러므로 불안이나 걱정은 대상 상실에 대한 막연한 생각이라는 점에서 필수 불가결하다는 것을 알아야 한다. 공포가 없으면 존재의 위협을 받는 것과는 달리, 유년기에 자주 등장하는 알 수 없는 두려움이나 걱정, 막연한 불안은 어른이 제어하도록 도와주어야 할 것들이다.

책의 제목 '겁쟁이 빌리'는 영어 원어로는 'Silly Billy'로, 운에 맞는 말로 만들어져 있다. 말하자면 '어리석은 빌리'라는 뜻이다. 대부분 이런 막연한 불안은 어른들 눈에 또는 친구들 눈에 어리석은 것으로 비칠 수 있기 때문이다. 어리석게도 빌리는 너무 많은 것들을 걱정했다. 모자, 신발, 구름, 비, 새 등이 바로 그것들이다. 그런데 왜 굳이 모자와 신발을 택했을까? 그것은 작가가 상징적인 것을 통해 문학성을 이루기 위함일 것이다. 모자가 상징하는 것은 권력 또는 자아, 신발은 삶과 건강, 구름과 비는 기분, 미래에 닥쳐올 일(세상일), 새는 신, 또는 정령, 귀신 같은 자연마(自然魔)적인 것들이다.

물론 이런 것들은 어른들에게도 두려움의 대상이 될 수 있다. 그런데 빌리의 아빠는 "걱정 마라, 얘야, 그런 일은 절대로 일어날 수 없단다. 다 네 상상일 뿐이야." 하고 마치 마왕의 아들이 아버지 마왕에게 두려움을 말하는 것을 받아친 아버지와 같이 그저 판단할 뿐이다. 엄마도 마찬가지다. "무슨 일이 있더라도 엄마 아빠가 널 꼭 지켜줄 거야." 이런 말들은 도움이 되지 않는다. 빌리는 결국 할머니에게 도움을 청하기로 한다. 집에서 자면 너무 걱정거리가 많았기 때문이다.

할머니는 아빠 엄마와는 달리 말한다. "나도 너와 같을 때 그런 꿈을 많이 꿨지." 하며 할머니는 걱정 인형들을 만들어주었다. 걱정을 말하면 들어주는 인형들이다. 이것이야말로 꿈이 현실이고 현실이 곧 꿈이라는 아이들의 생각을 반영한 것이다. 사실 오늘날 심리치료사들도 걱정 인형과 같은 역할을 한다. 실제로 일어난 것처럼 이야기를 들어주는 것은 우리의 마음속 가상의 것이 실재한다고 보는 무의식 때문이다. 창의성이란 이렇게 상상을 구체화하는 것 이상의 것이 아니다. 이런 구체화는 아이들에게서 종종 찾아볼 수 있는 특성이다. 아이들의 말과 행동이 일치하는 이유는 그들 특유의 세계상 때문이다.

나아가 걱정, 강박, 불안으로 가득한 빌리는 현대인을 상징하기도 한다. 우리는 빌리의 행동을 통해 우리 마음의 질병을 어떻게 제어할 수 있는지 알 수 있다. 그러므로 'Silly Billy'는 다른 사람이 우리 자신을 평가한 것이고 판단한 것이다. '바보 같은 빌리'라는 말은 "화를 내면 나쁜 아이야!"라는 말과 같다. 이 그림책은 우리에게 이런 마음 현상을 도덕화하고 교화하고 주입하려고 하지 않는다. 그보다는 인공론적 세계상을 바탕으로 걱정 인형을 만들고, 실재론적 세계상을 토대로 감정을 형상화한다.

그리고 물활론적으로 인형에게 주술을 불어넣는다. 걱정 인형에게 말하는 것은 자연 또는 대상과 인간이 서로 소통하는 일이다. 이 그림책은 꾸민 흔적이 없다. 이 이야기가 현실에서 모두 그렇게 일어난 것이 아닌데도 말이다. 이렇게 기이한 것이 자연스럽게 보이는 것은 이 책의 내용이 아이들의 세계상을 따른 결과이다.

그림에 대해

벽에는 불안을 야기하는 무늬와 그림으로 채워져 있다. 빌리가 아직 불안을 극복하지 못했다는 것을 암시한다. 그리고 그림책에서 빌리의 심리 변화에 따라 그림은 색채가 달라진다. 빌리가 무의식적 불안을 나타내거나 불안해하는 장면은 흑백 색채가 주로 사용되었고, 현실적이고 의식적인 장면이나 걱정 인형을 받은 후의 장면에는 화사한 원색이 사용되었다. 빌리가 할머니 집에서 잘 때는 구체적인 두려움의 대상이 아니라 불안 본연의 느낌을 보여주는 그림(독일 낭만주의 화가 카스파 다비드 프리드리히의 그림)이 벽에 걸려 있는 것을 본다. 이 그림 속의 인물은 파도를 바라본다. 그러나 그림의 관찰자는 그의 뒷모습만 본다. 사실 낭만주의 작가들은 이런 불안을 미래를 향한 어떤 그리움과 같은 동전의 양면으로 보았다. 창의는 오로지 인간이 이런 불안을 극복하기 위한 것이었다. 그림을 그린다든가 이야기를 한다든가 음악을 작곡하는 것은 그들에게 바로 이런 불안을 극복하기 위한 방편이었던 것이다.

4. 프레드릭[10]

주인공 프레드릭은 들쥐 가족의 일원이다. 가족들은 겨울이 다가오자 양식과 밀과 짚을 모으기 시작한다. 그러나 프레드릭은 아무 일도 하지 않는다. 너는 왜 일을 하지 않느냐고 물으면 일을 하지 않는 것이 아니라, 춥고 어두운 겨울을 위해 햇살을 모으고 있다고 대답한다. 그리고 또 온통 잿빛인 겨울을 위해 색깔을 모으고 있다고 대답하고, 마지막으로는 겨울을 위해 이야기를 모으고 있다고 말한다. 겨울이 되자 들쥐 가족은 돌담 틈새로 들어간다. 들쥐들은 모아 놓은 양식을 먹으며 행복하게 지낸다. 그러나 곧 양식이 다 떨어지게 되자 들쥐들은 프레드릭이 생각나서 프레드릭에게 네 양식은 어떻게 되었느냐고 묻는다. 프레드릭은 바위 위로 올라가 모두들 눈을 감아보라고 한다. 그리고 그들에게 자기가 모아 놓은 햇살을 보내준다. 그리고 색깔도 보여주고 이야기도 들려준다. "눈송

---

10 레오 리오니, 『프레드릭』, 최순희 옮김, 시공주니어, 1997.

이는 누가 뿌릴까? 얼음은 누가 녹일까?" 그러자 들쥐 가족들은 프레드릭이 시인이라며 박수를 보낸다.

이 그림책은 하나의 놀이터처럼 만들어져 있다. 이것부터 아동의 인공론적 세계상을 잘 보여주고 있다. 아이들이 놀고 싶은 마음을 가질 수 있는 그림책이다. 아이의 마음을 시각화했다는 점에서 실재론적 세계상 또한 묻어난다. 특히 그 보이지 않는 세계를 아이들이 잘 이해할 수 있는 원색으로 처리하였다는 것은 바로 아이들에게 이 책이 얼마나 큰 호소력을 가질지 대답해준다. 아이의 내면세계는 볼 수도 만질 수도 없기에 외부의 공간으로 재현해야 한다.

프레드릭이라는 이름의 들쥐가 있다. 작은 들쥐들은 옥수수와 나무 열매와 밀과 짚을 모으며 열심히 일을 한다. 하지만 프레드릭은 일도 안 하고 엉뚱한 짓을 하고 있다. 프레드릭은 햇볕이 드는 곳에 앉아 공상을 하고 있다. 그러나 들쥐 가족들은 그런 그를 비난하거나 쫓아내지 않는다. 이제 겨울이 된다. 처음엔 먹이가 넉넉했다. 이제 먹이가 다 떨어지게 된다. 그때 들쥐들은 프레드릭이 한 말이 생각난다. 그리고 "프레드릭, 네 양식들은 어떻게 되었니?" 하고 묻는다. 그러자 프레드릭은 모아 놓은 햇살과 색깔을 들쥐들에게 준다. 이렇게 꿈꾸는 것이 현실에서 구현되는 것, 그것이 아이들의 실재론적 세계상이다.

프레드릭은 들쥐 가족의 일원이다. 늘 말하다시피 동물의 세계는 인간의 세계보다 덜 영리하지만 그런 만큼 우리에게는 풍성한 감각과 감정의 세계를 보여준다. 프레드릭이 지각하는 감각과, 느끼는 감정의 세계는 아름답다. 보이지 않는 마음의 세계를 보여주기 위해서는 이야기와 이미지가 필요하다. 이야기의 처음은 이렇게 시작한다. "소들이 풀을 뜯고 말들이 뛰노는 풀밭이 있다." 그러나 그곳에 있는 그림에는 나무와 풀밭과 돌담이 있을 뿐 소와 말은 없다. 소와 말은 이 그림 밖에 있을 수도 있고 돌담 너머에 있을 수도 있다. 중요한 것은 그림을 있는 그대로 다 그릴 필요가 없다는 점이다. 상상이 있고 상상은 보이지 않는 곳에서 시작되니까.

첫 그림에서 들쥐 가족은 언급조차 되지 않는다. 왜냐하면 그들은 돌담 사이 어딘가에 있기 때문이다. 그들은 그곳 어딘가에서(보이지 않는 마음을 나타냄) 겨울을 준비하기 위해 열심히 일을 하고 있다. 다만 프레드릭만 빼고 말이다. 겨울이 오자 들쥐 가족은 하던 일을 멈추고 보금자리인 곳간으로 들어간다. 프레드릭도 들어간다. 그들은 모아놓은 음식으로 행복한 시간을 보낸다. 바보 같은 여우 이야기, 어리석은 고양이 이야기로 행복한 시간을 보낸다. 그러나 문제는 육신의 양식이 다 떨어지게 된 것이다. 돌담 사이로 찬바람이 스며들고 누구 하나 말을 걸지 않는다. 이때 들쥐 가족은 무언인가 생각이 난다는 듯이 프레드릭에게 묻는다. "프레드릭, 네 양식들은 어떻게 되었니?" 사실 이에 대한 대답은 아이의 세계상이 아니고서는 대답을 할 수가 없다. 현실에서는 그것이 거짓말이 되고 말 터이니까.

"눈을 감아봐, 내가 너희들에게 햇살을 보내줄게." 들쥐들은 눈을 감고 햇살을 느낄 수 있었다. 이것은 프레드릭의 말소리 때문일까, 아니면 마법 때문일까? "다시 눈을 감아봐." 프레드릭은 파란 덩굴꽃, 노란 밀집 속의 붉은 양귀비꽃, 초록 딸기 덤불에 대해 말한다.

아이들의 실재론적 세계상에 기초하지 않고서는 이런 글과 그림을 만들어낼 수 없다. “이야기는?” 하고 들쥐들이 묻자 프레드릭은 이야기를 했다.

> 눈송이는 누가 뿌릴까?
> 얼음은 누가 녹일까?
> 유월의 네잎 클로버는 누가 피워낼까?
> 달빛을 밝히는 건 누구일까?

아이들은 삼라만상을 누군가 만들었다는 인공론적 세계상을 갖고 있다. “눈송이”, “얼음”, “달빛”은 누군가 만든 것으로서 의인화됨으로써 산문적 이야기에서 벗어나 시적 지위를 가지게 된다. 들쥐 가족은 감탄한다. “프레드릭, 넌 시인이야.” 프레드릭이 만약 식구들과 같이 일만 했다면 그들 모두는 이런 행복감을 얻지 못했을 것이다. 아이들의 세계상, 아이들의 언어가 아니고서는 이런 행복감을 얻지 못하고 위기를 극복하지 못할 것이다. 시각적 세계, 시적 세계, 그림의 세계는 아이들의 마음속에 있는 꿈(이상)과 같은 것으로 그것을 구체적 모습으로 만들어낼 때, 동화가 되고 예술이 된다.

우리는 눈을 감아야 비로소 마음에 저장된 것을 상상할 수 있다. 그것은 상상이 시각적 방해물에 의해서 방해받고 싶지 않기 때문이다. 그렇기에 누구든 그림책을 그리고 이야기를 하려면 프레드릭처럼 보이지 않는 것을 이야기해야 한다. 그것이 상상력이다. 보이는 일상을 그리는(이야기하는) 우리의 이야기 전통과는 다소 거리가 있어

보인다. 그런 의미에서 모리스 샌닥이 말한 것처럼 "아이들의 생기와 엉뚱한 상상력, 삶에 대한 욕구를 빼앗고 억지웃음을 강요하는 19세기식 책들은"[11] 이제 사라져야 한다.

이 책에서는 우리가 아이처럼 생각하지 않으면 사물을 제대로 볼 수 없고 시를 쓸 수 없다는 메시지를 던져준다. 그러므로 시를 읽고 쓰는 어른들의 세계 또한 원시인의 세계상, 아이들의 세계상과 매우 흡사하다. 들쥐들이 사람처럼 표현되는 것도 의인화를 통한 물활론의 확장이고, 색깔과 빛으로 양식을 대신하는 것도 실재론적 마법이다. 생각이나 관념을 현실적인 모습으로 대체하는 것은 아이들의 세계상을 구체화한 것이다.

그림에 대해

이 책에서 가장 눈에 띄는 것은 그림을 회화나 일러스트레이션 대신 콜라주 기법을 사용하여 표현했다는 점이다. 특히 종이를 찢어 붙인 들쥐들의 모습에서 손맛이 난다고 할까, 매우 따뜻한 느낌을 준다. 이는 레오니가 어느 날 불쑥 그의 사무실을 찾아온 손자에게 책상 위의 잡지를 손으로 찢어 모양을 만들며 이야기를 이어간 데서 비롯되었을 수도 있다.[12] 겨울이 되기 전에는 빨강, 노랑, 녹색이 눈에 띄지만 겨울이 되자 그들의 집인 돌담은 온통 무채색으로 변한다. 그 위에 프레드릭이 모은 햇살은 노란색, 그가 모은 색깔은 빨

---

11 존 버닝햄, 『존 버닝햄-나의 그림책 이야기』, 엄혜숙 옮김, 비룡소, 2006, 7쪽.
12 신명호, 『그림책의 세계』, 김영사, 2017, 367쪽.

강, 노랑, 파랑, 녹색, 보라색이다. 그의 이야기는 하얀색 속의 글자로 쓰인다.

이 책의 그림이 특징적인 것은 인물을 그릴 때 「개미와 베짱이」 같은 우화에서 나타나는 것과 같은 가치 판단이 없다는 점이다. 프레드릭이라는 들쥐는 다른 들쥐가 일하는 모습을 볼 때 자신이 노는 것이 악이라는 것을 의식하는 표정이 아니다. 그보다는 무엇인가 마음속의 세계, 상상의 세계를 즐기는 것 같은 천진난만한 모습이다. 이는 아이들의 상모적(相貌的, physiognomic) 감정표현을 훌륭하게 관찰한 결과물이다. 아이들의 세계상은 이와 같이 어른들의 그것과는 다르다. 아이들은 꿈꾸는 것이 곧 실현된다는 실재론적 생각을 한다. 그것은 원색처럼 복잡하지 않은 색채로 드러난다. 그리고 우월한 어른 같은 존재, 일을 잘 하는 형제들 같은 존재가 아니라 아름다움과 진실을 마음속에 품고 있는 존재인 프레드릭이 바로 아동의 세계상을 보여준다.

5. 우리 할아버지[13]

할아버지와 손녀는 다정하게 지낸다. 온실에서 꽃을 돌보며, 같이 노래하며, 같이 놀이한다. 할아버지는 손녀에게 노아의 홍수 이야기를 해주며 다정하게 지낸다. 때로는 다투기도 하지만 아이스크림을 같이 먹고, 바닷가에도 같이 가고, 거기서 아이스크림도 같이

13 존 버닝햄, 『우리 할아버지』, 박상희 옮김, 비룡소, 2006.

> 먹고, 같이 줄넘기도 하고 낚시도 가고 눈사람도 만들고 썰매도 같이 탄다. 할아버지는 때로 아프기도 하다. 같이 TV를 보며 먼 나라로 같이 여행을 가자고도 한다. 이렇게 다정하게 지내던 할아버지의 의자가 어느 날 비어 있다. 손녀는 이제 혼자 놀아야 한다.

이 그림책은 거의 순간순간의 대화 조각만 있어 줄거리를 요약하기 힘들다. 그럼에도 이 이야기는 반전이 있다. 놀랍고 소름 돋는 장면이 있다. 그것은 바로 할아버지가 늘 앉아 있던 자리가 비어 있는 그림이다. 이 순간은 우리가 가장 슬픈 이별의 순간이다. 이 놀라움은 누구나가 어린 시절 한 번은 체험하는 트라우마이다. 이 장면을 접하는 순간 모든 기억들이 살아나고 죽은 존재가 부활한다. 말하자면 이 책은 이런 순간을 떠올리게 하는 책이다.

일반적으로 이야기는 산문으로 설명하여 양화(陽畵, positive)처럼 만들어져 있다. 그런데 『우리 할아버지』는 시처럼 음화(陰畵, negative)로 만들어져 있다고 볼 수 있다. 그리고 이 이야기를 읽으려면 대화 사이에 흩어져 있는 상황을 유추할 수 있어야 한다. 그만큼 문학적 주의력을 필요로 하는 작품이기도 하다. 이 그림책은 할아버지가 돌아가시고 난 뒤, 손녀딸과 할아버지가 대화를 나눈 것을 손녀라는 화자의 입장에서(또는 제3자의 입장에서) 회상하는 내용처럼 보인다. 그런데 이들의 대화를 살펴보면 형식적으로는 문장이 서로 연결되지 않는 단절이 보인다.

일상적인 말을 사용하지만 누구나 알아들을 수 있는 뻔한 말을 주고받지는 않는다. 할아버지가 "이거 원, 이 씨앗들이 다 자라기에는 자리가 모자라겠는걸." 하고 말하는데, 손녀는 생뚱맞게 "벌레들도 하늘나라로 가나요?" 하고 질문한다. 문장이 비약되지 않고 서로 연결되려면 '그러면 심을 데를 더 만들면 되잖아요.' 하거나 '그럼 조금만 심으면 되지요.'라는 표현을 써야 할 것이다. 여기에는 아이들의 실재론적 세계상, 즉 꿈꾸고 생각하는 것이 살아 있고, 모든 살아 있는 것은 인간의 행동을 닮았다고 보는 세계상이 구현되어 있다.

이 텍스트의 문학성은 아이의 세계상과 어른의 세계상이 다르다는 데서 출발한다. 벌레도 사람인 것처럼 만들어 실재론과 유사한 (생각하는 것이 실재한다는 의미에서) 생각을 하는 아이의 대화와 현실을 다만 실용적으로 생각하는 할아버지의 생각의 차이를 통해 문학성을 드러낸다. 그러니까 두 사람의 대화에는 빈자리가 만들어지고, 이 빈자리를 통해 부수 의미(connotations)가 활성화된다. 부수 의미란 텍스트가 말하는 것이 아니라 텍스트가 누설하는 아이의 세계상이다. 그래서 할아버지와 손녀의 세계는 서로 소통되는 것 같지 않지만 이 부수 의미를 통해 독자들에게 진정성을 느끼게 한다. 이후 이어지는 대화도 이런 세계상의 차이를 보여준다. 할아버지가 이렇게 노래한다.

> 한 사람이 풀 베러 갔다네/푸른 풀밭으로 풀 베러 갔다네

리듬과 반복이 있는 것을 보니 아마도 시 같다. 그러나 손녀는 다른 말을 한다.

오리들은 뒤뚱뒤뚱, 햇볕은 쨍쨍, 나무들은 무럭무럭…

손녀는 동시(동요) 같은 말을 한다. 소통하기 위해 서로가 일치할 필요가 없을 것 같다. 할아버지는 혼잣말처럼 이렇게 말한다. "이 곰이 여자아이란 말이지? 할아버지는 몰랐는걸." 손녀는 이 말에 응답하지 않지만, 말하지 않아도 독자는 무슨 말을 하였는지 알 수 있다. 손녀딸이 말하는 것을 작가는 여백 처리해 두었다. 동시에 이 여백에는 할아버지가 손녀 아이의 물활론적 세계를 인정하고 있음이 드러난다. 곰이 움직이는 사람과 같다는 세계상을 읽을 수 있다.

할아버지는 (아마도 성경) 이야기를 해 주신다. "노아는 육지가 멀지 않았다는 것을 알았단다. 비둘기가 올리브 가지를 물고 오는 것을 보았기 때문이지." 이 말은 성경에 나오는 노아 방주 이야기를 토대로 한다. 성경에는 이렇게 쓰여 있다. "또 칠 일을 기다려 다시 비둘기를 방주에서 내놓으매 저녁때에 비둘기가 그에게로 돌아왔는데 그 입에 감람나무 새 잎사귀가 있는지라 이에 노아가 땅에 물이 줄어든 줄을 알았으며…"(창세기 제8장 제10절-11절) 그러나 손녀는 이 이야기를 듣고 엉뚱한 상상을 한다. "할아버지, 그럼 우리 집도 배가 되나요?" 아이의 세계상에서 출발하지 않는다면 이런 발상은 생겨나지 않았을 것이다.

발칙한 상상들이 얼마나 자연스럽게 일어나고 있는가? 억지로 도덕교육을 하는 것과는 아주 다른 분위기가 만들어지지 않는가? 이 분위기는 어떻게 만들어지는가? 이 이야기는 두 사람이 다툴 때도 무엇 때문에, 즉 어떤 내용으로 다투었는지 보여주지 않는다. 두 사람이 서로 갈라져 있는 그림과 "할아버지한테 그렇게 말하는 게 아니지."라는 최소한의 텍스트만 있다. 독자는 작가가 전하려는 말을 그냥 수동적으로 받아들이는 사람이 아니다. 그보다는 자기 안에 있는 상상을 자극하고 이미지를 만들어내는 창조행위의 주체자이다. 그렇기 때문에 우리는 글을 읽으면서 작가의 상상력에 동참하는 것뿐만 아니라, 적극적으로 자신의 경험과 상상을 만들어낸다.

움베르토 에코(Umberto Eco)는 이렇게 텍스트가 말하지 않고 "가정하고, 약속하고, 암시하는 것"을 '여백'이라 말했다. 이 그림책에서 이런 여백은 진정한 모습을 보이는 마지막 장면이다. 왼쪽에는 손녀가 의자 위에 동그마니 앉아 있고 오른쪽엔 늘 할아버지가 앉아 있던 소파가 빈자리로 남아 있다. 그리고 아무 말(글)이 없다. 우리는 그저 있는 것에서 추론해야 한다. 어른들도 누구나 그 빈자리에 할아버지가 앉아 있는 모습을 볼 수 있다. 더 이상 존재하지 않는 할아버지의 존재가 눈앞에 드러나는 것 이상의 실재론은 없을 것이다.

버닝햄은 자서전 비슷한 글에서 자기 그림책이 어떻게 탄생되었는지 일화를 말한 적이 있다. 자신의 할아버지와 딸인 에밀리가 서로 대화하는 것을 엿듣고 이 이야기를 만들었다고 한다. 그러니까 증조할아버지와 증손녀가 서로 대화한 내용이다. 한번은 유니세프의 도움으로 메이페어에 있는 커즌영화관에서 이 그림책에 대한 비공개 시사회가 열린 적이 있다고 한다. 극장에는 많은 아이들이 왔고 바로 이 마지막 장면이 화면에 나타나자 앞줄에 앉은 아이가 작은 목소리로 물었단다. "할아버지는 어디 있어요?" 자기 옆에 앉은 어른들이 말없이 손수건을 찾고 있었지만, 아이들은 이 장면을 이해할 수 있었다고 한다.[14] 아이들의 실재론적 세계상은 미학이 말하는 "미 자체"이기도 하다. 미 자체란 구현되는 것이 아무것도 없는데 눈에 상상으로 보이는 것으로서 상상력과 창의력을 만들어내는 원동력이다. 많이 설명하고 보여주는 대신 줄이고 여백으로 만들어진 아이들의 세계를 구성함으로써 작가는 독자를 진정성 있는 이야기에 끌어들일 수 있다.

6. 내 친구 커트니[15]

아이들이 엄마 아빠에게 졸라댄다. 우리도 개를 키웠으면 좋겠다고. 그러나 부모님은 누가 청소하고 개를 돌보느냐고 대답한다. 그러자 아이들은 자기네들이 다 알아서 할 거라고 대답한다. 그런데 부모님은 단 하나의 조건을 내건다. 좋은 개, 깨끗하고 잘생긴 개를 데려와야 한다는 것이다. 아이들은 가게에서 개를 둘러보았지만 마음에 드는 개가 없었다. 그러자 아이들은 가게 주인 아저씨에게 아무도 데려가지 않는 개는 없느냐고 묻는다. 아저씨는 커트니라는 개를 소개해준다. 아이들은 커트니가 너무 마음에 든다고 하며 집으로 데리고 온다. 집에 돌아오자 부모님은 이 개는 더럽고 늙은 똥개라고 하며 왜 시키는 대로 하지 않느냐고 나무란

---

14 존 버닝햄, 『존 버닝햄-나의 그림책 이야기』, 엄혜숙 옮김, 비룡소, 2006, 154쪽.
15 존 버닝햄, 『내 친구 커트니』, 고승희 옮김, 비룡소, 1996.

다. 그래서 그들은 커트니를 부엌에 재우기로 한다. 이튿날 아침 아이들은 커트니를 서로 먼저 보려고 부엌에 갔지만 커트니는 거기에 없었다. 그러자 부모님은 커트니가 잘 나갔다는 듯이 말을 한다. 그런데 그날 낮에 커트니가 여행 가방을 끌고 들어온다. 그러고는 주방장 옷을 꺼내 입고 요리를 하고 바이올린도 연주하고 아이도 돌보아 준다. 어느 날 집에 불이 났을 때도 누구보다 먼저 올라가 아기를 구해준다. 그러던 어느 날 다시 커트니는 사라지고 만다. 그해 여름 방학 때 식구들이 바닷가로 놀러갔는데 보트를 타고 놀던 아이들이 줄이 끊어지는 바람에 파도에 멀리 떠내려가고 만다. 그런데 갑자기 누군가 모래사장 쪽으로 보트를 끌어당겨다 준다. 누굴까?

나는 이 그림책을 모든 그림책 중에서 가장 좋아한다. 이 책은 이야기가 정말로 일어난 사건이라는 느낌을 강하게 주기 때문이다. 그만큼 이 그림책은 이미지가 구체적이고, 스토리와 플롯이 긴장감 넘친다. 어느 곳에서도 작가는 개입하지 않으며 (비록 픽션임에도 불구하고) 꾸민 흔적이라곤 찾아볼 수 없다. 아이들은 개를 키우고 싶어 한다. 이런 소원(감정)은 사실 엄마 아빠에게는 힘든 일이다. 왜냐하면 애들은 개를 그저 키우고 싶어 하지 개를 잘 돌보지 않기 때문이다. 그러니 엄마 아빠가 아이들 말을 들어준다 하더라도 그것은 개를 스스로 돌본다는, 즉 개를 책임진다는 조건하에서일 것이다. 아이들 시기에는 사실 어떤 좋은 것만 하려고 들지 그것을 책임지기가 쉽지 않다.

아이들은 개성이 있고 이 개성을 직정적(直情的)으로 표현한다. 아이는 어른들과 같은 가치나 경험이 없기도 하지만 어른들처럼 생각이 고착되어 있지도 않다. 어쨌든 아이들은 어떤 아저씨의 도움으로 커트니라는 개를 집으로 데려온다. 물론 늙었고 아무도 찾지 않는 약간 지저분한 개다. 그 많은 예쁜 개를 두고 하필이면 이런 개를 데려오다니…. 엄마 아빠는 늙은 똥개를 데려왔다고 아이들과 커트니가 있는 자리에서 면박을 준다. 하지만 아이들은 태연하게 커트니가 귀엽다고 말한다. 자, 여기서 어른들(어른 독자들)의 생각! 어른들은 커트니가 이 모든 말을 알아듣지 못한다고 생각한다. 그런데 그날 부엌에서 잠을 잔 커트니가 이튿날 온데간데없이 사라졌다. 어디로 갔을까?

독자들은 당황할 것이다. 혹시 엄마 아빠의 말을 알아듣고 집으로 돌아간 것은 아닐까? 혹시 더럽다고 해서 목욕탕에 간 것은 아닐까? 드디어 독자들은 마음대로 상상하기 시작한다. 다만 엄마 아빠는 또 그런 더러운 개는 좋지 않다고 반복적으로 나무란다. 어른들이 겉으로 보이는 세계에 집착하는 반면 아이들은 자기들이 좋다는 생각하는 것은 실제로 좋은 개로 존재한다는 믿음을 가지고 있다. 이것이 이 책이 보여주는 실재론적 세계상이다. 그러니 커트니가 여행 가방을 끌고 오는 것이 허구도 마법도 아니다. 그들의 마음속에 있었던 생각이 구현되었을 뿐이다.

이런 상상은 우리가 독서에서의 '경계 넘기'라고 하는데, 상상의 본질은 현실을 보는 것 이상이다. 보이지 않는 것을 떠올리는 것을 상상이라고 한다. 길버트 라일은 이것을 '마음의 눈'(mind's eye)이라고 말했다. 이는 그가 한 "헬벨린 산을 보고 있는 동안 우리는 더 이상 헬벨린 산을 상상할 수 없다."[16]라는 말과 궤를 같이한다. 커트니는 어느 순간 사람이 되었다. 사람처럼 가방을 끌고 와서 거기서 주방장 모자와 앞치마를 꺼내더니 아침밥을 짓기 시작한다. 이런 상상력은 아이들의 마법적 사고방식에서 오는 것이다. 괴물들이 사는 나라의 맥스가 괴물의 나라에 가서 괴물의 왕이 되듯이, 반대로 커트니는 사람이, 그것도 아주 좋은 사람으로 변한 것이다.

커트니는 급기야 저녁밥도 차려주고 바이올린 연주도 해주고, 아기도 잘 데리고 놀아주고, 집안일을 너무 잘 돌봐준다. 그리고 급기야 불이 났을 때, 보트가 파도에 휩쓸려 나갔을 때 (보이지는 않지만) 아이를 구해주기까지 한다. 이런 상상력의 본질은 무엇인가? 그것은 바로 아이들의 실재론적 세계인 것이다. 아이들이 믿는 물활론 또는 마법 같은 것들은 아이들의 머릿속에 실제로 일어나는 것처럼 보인다. 호메로스의 서사시나 그리스 신화, 민담과 전설, 동화에서 우리가 익숙히 보는 원시적인 믿음들이다.

이 이야기가 재미있게 된 것은 단순히 내면적인 것의 폭로에만 있는 것이 아니다. 단순한 스토리를 쓴 것이 아니라 이야기에 개연성을 더하는 플롯이 있기 때문이다. 아리스토텔레스가 『시학』에서 "가장 중요한 것은 사건의 결합, 즉 플롯이다. 비극은(문학은) 인간을 모방하는 것이 아니라 인간의 행동(생활, 행복, 불행)을 모방한다. 그리고 행복과 불행은 행동 가운데 있으며 비극의 목적도 일종의 행동이지

16 길버트 라일, 『마음의 개념』, 이한우 옮김, 문예출판사, 1994, 332쪽.

성질은 아니다. […] 행동 없는 비극은 불가능하겠지만 성격 없는 비극은 가능할 것이다."[17]라고 말했듯이 이 책에서 만약 커트니의 이런 실재론적 행위가 없다면 이야기의 플롯은 애초에 없다. 아리스토텔레스의 말을 다시 들어보자. 그는 이렇게 말한다. 플롯은 "가능하지만 믿어지지 않는 것보다는, 불가능하지만 있음직한 것으로 택하는 편이 좋다." 이 작품에 딱 맞는 말이다.

커트니가 다시 집을 나갔을 때 아이들은 경찰서로 가서 이렇게 말한다. "개를 잃어버렸어요. 나이가 아주 많고요. 눈썹도 진짜 진해요. 바이올린도 켤 줄 알고요. 저녁밥도 진짜 맛있게 지을 수 있어요. 또 마술놀이를 하면서 아기랑 놀아주기도 하고요." 그러자 경찰 아저씨는 그런 개를 보면 알려주겠다고 하지만 왠지 믿지 않는 듯한 느낌을 준다. 여기서 아이들 수준의 순수함과 진정함이 아이들을 에워싸고 있는 어른들의 세계의 판단과 해석, 가치 평가와 대비되는 느낌을 받는다. 이런 두 세계가 대조되면서 아이 독자는 아이 독자대로 어른 독자는 어른 독자 나름대로 이 책을 읽으면서 마법이 선사하는 심리적 카타르시스를 얻게 된다. 더구나 그림으로 재현된 커트니의 자유(춤, 뜨개질, 바이올린 연주, 잔디 깎기 등)는 아이들에게 상상을 넘어 실제로 자유로운 몸의 움직임까지 자극하는 해피 바이러스가 된다. 이 그림책은 스토리가 압도적이고 그림과 스토리가 상응하기에 굳이 그림에 대해 따로 설명할 필요가 없을 것이다.

---

17 아리스토텔레스, 52쪽.

7. 괴물들이 사는 나라[18]

> 주인공 맥스는 괴물 같은 장난으로 엄마로부터 혼나고 방에 갇힌다. 그러자 맥스의 방에서는 나무와 풀이 자라난다. 그리고 이내 나무와 풀은 맥스의 방에서 무성해진다. 이제 방의 원래 모습은 사라지고 방 전체가 숲과 벌판으로 바뀐다. 맥스는 배를 타고 넓은 바다로 항해를 한다. 꼬박 1년쯤 지나 괴물 나라에 도착한다. 거기 있는 괴물들은 으르렁대고, 눈알을 뒤룩대고, 발톱을 세웠다. 맥스는 마법을 써서 괴물들을 꼼짝 못 하게 한다. 괴물 나라의 왕이 된 맥스는 마음껏 괴물 소동을 벌인다. 그러나 이제 맥스는 외로워졌다. 자기를 사랑해주는 사람이 있는 곳으로 돌아가고 싶었다. 맥스는 괴물 나라의 왕을 그만두기로 했지만 괴물들은 그를 위협하며 가지 말라고 한다. 맥스는 다시 꼬박 1년 동안 항해를 하여 집으로 돌아온다. 방 안에는 아직 따뜻한 저녁밥이 있었다.

모리스 샌닥은 뉴욕에서 태어났지만 폴란드계 유대인이다. 그는 어린이 동화라고 해서 항상 빛나고 아름답고 순수한 세상만은 아니라고 생각했다. 그 아이들의 내면에도 거칠고 투박한 원초적, 야생적 세상이 있다. 그는 이런 자신의 유년 경험을 살려 거칠지만 있는 그대로의 세계를 그리려고 애썼다. 샌닥은 아이들이 이런 거친 세상을 어떻게 부닥치고 극복하는지에 관심을 두었다. 그 결과 이 작품

---

18 모리스 샌닥, 『괴물들이 사는 나라』, 강무홍 옮김, 시공주니어, 2002.

『괴물들이 사는 나라』(1963)가 탄생했다. 어느 날 강아지를 괴롭히고 지나친 장난을 하던 말썽쟁이 맥스는 엄마에게 "괴물딱지"라는 말을 듣는다. 그러자 맥스는 "내가 엄마를 잡아먹어 버릴 거야."라고 소리친다. 엄마는 맥스를 방에 가둬버린다. 이제 맥스의 마음은 괴물이 되어간다. 물론 작품에서는 "맥스의 방"이라고 표현하고 있지만 그것은 맥스의 내면세계이다. 그곳에 나무와 풀이 자란다.

"나무와 풀"은 곧 맥스가 생각하는 원시 야성의 세계이다. 거기서 아이들은 그야말로 짐승처럼 포효하고 으르렁거리며(분노하며) 찌르고 공격할 수 있다. 맥스가 괴물의(야성적) 행동을 원하고 엄마도 맥스를 "괴물"이라고 명명하는 순간 마법처럼 맥스는 괴물이 되어간다. 그리고 맥스는 머나먼 "괴물 나라"로 떠나게 된다. 이것이 아이들이 가진 실재론적 세계이자 문학적 경계 넘기의 순간이다. 마치 『내 친구 커트니』에서 커트니가 가지고 온 여행 가방에서 주방장 모자와 앞치마를 꺼내 요리를 하듯이 맥스는 이제 괴물이 되고 있다. 그러나 맥스는 변하지 않는다. 다만 처음부터 늑대 옷을 입었을 뿐이다. 맥스는 한 번도 이런 모습에서 변화된 적이 없다. 그러면 보통 아이 맥스가 괴물 맥스가 변하는 것은 어느 순간부터인가? 그것은 아마 다음 두 그림에서부터일 것이다.

바로 그날 밤에 맥스의 방에선 나무와 풀이 자라기 시작했다. 나무와 풀은 자꾸자꾸 자라났고, 급기야 방은 차츰 경계가 무너지고 세 번째 그림에서 세상 자체로 변한다. 방은 무엇인가? 맥스의 마음을 나타내는 것이다. 그리고 이 마음은 차츰 외부 세계로 변한다. 왼쪽 그림의 창에 있는 덧문도 가운데 그림에서는 없어지고 왼쪽 그림의 침대는 가운데 그림을 거쳐 오른쪽 그림에서는 완전 사라진다. 이제 방은 달빛이 비치고 어두컴컴한 원시 공간으로 변하였다.

이것을 우리는 유아들의 물활론적·실재론적 세계로 이해할 수 있다. 이런 아이들의 생각은 원시인들의 세계상과 같은 것이다. 아이들은 원시인처럼 발달 초기에 물리적 세계와 심리적 세계를 구별하지 않는다. 이것은 아이들이 "자아와 외부 세계에 분명한 경계선을 두지 않기" 때문이며, 동시에 "성인들이 생명이 없다고 파악하는 물체가 생명이 있고 심지어 의식이 있다"[19]고 파악하기 때문이다.

이제 괴물이 된 맥스는 자기 집 방에서 살고 싶지 않기에 배를 타고 괴물 나라로 멀리멀리 떠난다. 17세기부터 서구인들이 태평양이나 인도, 아프리카 등지에서 찾았던 원시의 세계 같은 것을 그리고 있다. 그러나 내면세계로의 항해는 망각의 강 레테를 건너는 것을 의미하며, 이는 곧 무의식의 강, 죽음의 강을 건너는 것이다. 오르페우스가 산 자는 갈 수 없다는 지옥으로 가는 아케론 강을 통과하듯이, 맥스는 하루가 지나고 한 달, 두 달, 석 달이 지나고 꼬박 일 년쯤 항해한 끝에 괴물 나라에 도착한다. 그만큼 이 내면세계는 망각 너머 깊은 곳에 있다는 뜻이다. 여기서 맥스는 괴물들을 마법으로 꼼짝 못 하게 하고 괴물들의 왕이 된다. 그리고 거기서 괴물들처럼 괴물들과 같이 논다. 이것은 엄마가 금지한 것, 맥스가 하고 싶어 했으나 억압받은 것이다.

우리 인간은 문명화되고 문화를 가꾸면서 얼마나 욕망과 욕구를

---

19 피아제, 157쪽.

억압했던가? 그러나 이런 욕망과 욕구는 금지가 있을 때 정말 하고 싶은 것이다. 금지가 없어진 이상 맥스가 괴물 나라의 왕으로 군림하고 멋대로 행동하고 싶지는 않을 것이다. 이제 맥스는 지겨워진다. 괴물 나라에서 거친 세계를 신나게 경험한 맥스는 떠나지 말라는 괴물들의 만류를 뿌리친다. 그리고 집으로부터 맛있는 냄새가 풍겨온다. 그래서 맥스는 돌아가기로 결심하지만 괴물들이 못 가게 막는다. 밤에 맥스호를 탄 맥스는 집으로 돌아온다. 밤이다. 왜냐하면 의식에서만 사라진 것이므로. 그러고는 따뜻한 저녁밥을 먹는다.

그림에 대해

그림책의 그림은 텍스트 이상의 것을 보여준다. 말하자면 이런 그림은 대체로 마법을 사용한다는 의미에서 외모나 비례가 맞는 구상화라기보다는 일러스트레이션에 가깝다. 다시 말하면 맥스의 내면 세계(불안, 공포, 경악)를 상징하는 것은 그림으로 나타나 있다. 그리고 맥스의 심리상태를 나타내기 위해 반대의 방향으로 그림을 그린다. 맥스가 괴물들이 사는 나라로 갈 때는 그림의 방향이 왼쪽에서 오른쪽으로 진행되지만 맥스가 다시 집으로 돌아오고 싶을 때부터는 오른쪽에서 왼쪽으로 그림의 방향이 진행된다. 마법이 진행되자면 현실과는 달라야 하기 때문이다. 아이들은 실재론적 세계상으로 인해 꿈의 세계와 현실의 세계를 혼동한다.

이 그림에서 특징적인 부분을 꼽으라면 텍스트가 쓰인 흰 공간 말고 그림 자체에 있는 흰 공간이 마법의 세계에 가면 없어진다는 것이다.[20] 아이가 얼마나 꿈과 혼연일체가 되고 싶은지를 샌닥은 잘 파악하고 있다. 화면 공간에서 맥스는 신이 되어 마음대로 괴물들을 만들고, 그들에게 명령하고 욕구 불만을 해소한다. 이때 화면의 크기가 보통 그림보다 확대된다. 이런 화면 크기는 우연히 만들어진 것이 아니라 아이를 연구한 결과물이다. 그다음 아이의 특성을 잘 나타낸 부분을 지적하지 않을 수 없다. 그것은 괴물들의 얼굴이 우리가 생각한 것처럼 그렇게 무섭거나 기괴하지 않다는 점이다. 그보다는 장난스럽고, 바보 같고, 친숙한 느낌을 준다. 괴물들은 맥스라는 왕의 명령을 듣는 하인들이 아니라(이것은 어른들의 세계에만 있다!) 맥스와 즐기고 장난치는 그야말로 아이들이다.

이것들의 모습은 우리가 앞에서 언급하였던 『초록의 하인리히』에서 풍향계의 수탉을 하느님으로 생각하는 아이의 생각과 너무나 흡사하다. 아이들은 이런 현실에서 마주하는 대상을 통해 무서운 것들에서 해방될 수 있다. 샌닥은 그림책과 스토리텔링의 대가이다. 그야말로 제대로 아동의 세계상을 이해하고 그들의 방식으로 아이들의 공포, 불만, 고통을 해결해준다. 아이들은 늘 어른들의 세계상에 의해 교육되고 어른들에 의해 조절되고 어른들에 의해 재단된다. 이 그림책은 아이들이 상상의 세계로 가는 것이 그들의 세계상에 따른 것이라는 것을 보여준다.

---

20 신명호, 『그림책의 세계』, 381쪽을 참조하라.

보론: 동화의 플롯에 대해

동화의 기본적인 플롯은 당면한 세상의 역경을 극복하는 것이다. 전래동화에서 어려움을 극복한 주인공은 왕이나 왕비가 되거나, 원래의 행복한 상태를 인식하거나 그 상태로 돌아간다. 다른 경우는 배고픔과 노동을 극복하고 부자가 되는 경우도 있다. 동화에서 주인공의 목표는 ① 잃어버린 것을 되찾거나, ② 원하던 것을 얻거나, ③ 죽은 자가 살아나거나, ④ 천한 신분이 고귀한 신분이 되거나, ⑤ 버려진 아이였다가 가족을 되찾거나, ⑥ 사랑하는 사람들을 다시 만나거나, ⑦ 혼자 살다가 훌륭한 배우자를 얻는 것이다.

그러나 그런 것은 단순한 이야기일 뿐 우리가 모델이라고 생각할 수 있는 동화는 하나의 역동적 힘, 즉 플롯이 있어야 한다. 플롯은 그런 의미에서 변화이자 이야기의 뼈대라고 말할 수 있다. 『시학』 제14장에서 아리스토텔레스는 플롯에 대해 이렇게 말한다. "플롯은 눈으로 보지 않고 사건의 경과를 듣기만 해도 그 사건에 전율과 연민의 감정을 느낄 수 있게끔 구성되어야 한다."[21] 이야기에서 역동적 변화를 크게 요구하지 않는 우리나라의 고전 이야기(서사)들은 사건과 사건 사이의 인과 관계를 규정하는 능력인 플롯이 빠진 경우가 많다.[22] 그래서 예리한 사람에게는 '그래서 어떻게 됐는데?' 하는 의문을 불러일으킨다.

---

21 아리스토텔레스, 84쪽.

22 『삼국유사』의 만파식적이나 서동요 이야기 등에는 플롯이 없는 경우가 허다하다.

우리는 그런 이야기 자료를 플롯이 있는 이야기라고 생각하지 않는다. 안데르센 동화나 그 전통을 이어받은 한국의 창작동화들도 플롯이 없는 경우가 허다하다. 작품의 플롯이 매우 약하거나 도덕적 교훈에 그치고 있는 동화일수록 문학보다는 도덕에 더 가깝고, 마법이나 아이들의 세계상과는 거리가 먼 어른들의 지식과 경험을 전달하려는 의지를 엿볼 수 있다. 아리스토텔레스는 이야기라면 반드시 하나의 분명한 플롯을 가지고 있어야 한다고 주장한다. 그것은 동화에도 적용된다. "시인(작가)은 플롯을 구성하고 그것을 언어로 표현함에 있어서 되도록 실제 장면을 눈앞에 그려보아야 한다. [⋯] 작시술은 남다른 재능을 가진 사람이나 광기 있는 사람을 필요로 한다."[23]

역동적인 플롯이 만들어지기 위해서는 이미지를 만드는 행동이 필요하다. 창작동화에서 이런 플롯을 만들려면 주인공이라고 하는 인물이 특별한 사람이어야 한다. 그리고 그가 한 행위는 마법적인 능력을 토대로 한 플롯을 갖고 있다. 가령 해리 포터 시리즈는 마법 능력이 있다는 것을 안 해리 포터가 마법 학교에 들어간다는 플롯을 갖고 있다. 우리가 앞에서 언급한 대부분의 서양의 창작동화들도 마찬가지다. 『짖어봐 조지야』는 아이의 세계상에 따른 마법적인 행동(야옹 하고 짖으면 배 속에 고양이가 있다는 식)이 플롯이 된다. 아이들이 커트니는 "늙고 못 생긴 개"가 아니라고 생각하는 것이 마법을 불러일으킨다. 어른들이 보기에 말도 안 되는 이런 것이 아이들에게는 당연

---

23 아리스토텔레스, 14쪽과 15쪽.

한 사건이고 변화이며 플롯이다.

아리스토텔레스는 이야기에서 가장 중요한 것이 급전, 소위 우리가 반전이라고 부르는 플롯이라고 말한다.[24] 그렇다. 안데르센처럼 스스로 덫을 만들고 스스로 고통스러워하는 바를 설명하는 작가는 아마추어이다. 이야기의 영혼은 실감나는 플롯에 있다.[25] 『돼지책』에서는 남편과 아들들이 아내이자 엄마를 소외시키고 가사일은 그녀에게 맡기고 자기들의 일만 하고 있다. 어느 날 엄마는 참다못해 "너희들은 돼지야!" 하는 마법의 말을 뱉고는 집을 나간다. 나머지 식구들은 정말 마법에 걸린 돼지마냥 살아간다. 이들은 엄마이자 아내가 돌아오길 바란다. 아내이자 엄마가 돌아오자 그들은 이제 그녀의 일을 도와준다. 그리고 그녀는 가사일에서 해방되어 자기가 하고 싶은 일을 한다. 강한 플롯이 있어서 우리는 이 그림책에 집중하고 그것을 읽을(볼) 수 있다. 『겁쟁이 빌리』, 『프레드릭』, 『내 친구 커트니』 등도 모두 강력한 플롯을 가지고 있다. 『우리 할아버지』 또한 느슨한 서사로 인해 플롯이 약한 것처럼 보이지만 실제로 할아버지의 빈 의자에 이르러서는 강력한 플롯을 만들어낸다.

EBS 다큐프라임 〈이야기의 힘〉 제작팀이 엮은 『이야기의 힘!』이라는 책도 플롯의 중요함을 강조하고 있다. 이 책은 실험을 통해 갈등이 없는 사건과 갈등이 있는 사건을 아이에게 들려주고 아이가 얼마나 몰입하는지를 보여주고 있다. 저자는 이렇게 말한다. "'누가 무

---

24 아리스토텔레스, 53쪽.
25 같은 곳.

엇을 했는지'가 원인과 결과라는 구조 속에 놓이는 순간, '단순한 사실'은 '재미있는 이야기'로 변신한다. 삶이 우리가 원하는 바대로 움직인다면 우리에게는 이야기가 필요하지 않을 것이다. 우리의 삶 자체는 원인과 갈등이 반드시 존재하는 갖가지 사건들로 이루어져 있으며, 그것을 풀어가는 과정이다."[26] 서로 개연성이 없는 단순한 사실들을 나열했다간 우리는 샤흐르자드처럼 목숨을 유지하기는 힘들 것이다.

아리스토텔레스의 『시학』을 바탕으로 『스토리텔링의 비밀』을 쓴 마이클 티어노는 『시학』 제7장의 말 "전체는 시작과 중간과 결말을 가지고 있다."를 인용하면서 이야기는 반드시 시작과 중간과 결말을 가지고 있어야 한다고 강조한다. 여기서 중간에 해당하는 것이 바로 플롯 행동이다. 그런데 이 플롯은 바깥에 있는 어떤 사건들이 아니라 동기, 즉 플롯 행동 그 자체에서 발생해야 한다. 『꼬마 니콜라』의 에피소드 〈학교 빼먹은 날〉의 다음 부분은 자유 의지를 보여주며 그 행동의 동기가 분명하다.

> 오늘은 오후반이었다. 학교 가는 길에 알세스트를 만났다. "우리 학교 가지 말자." 알세스트가 난데없이 말했다. "안 돼. 학교 빠지는 건 정말 나쁜 짓이야. 선생님도 화내실 거야." 내가 말했다. 우리 아빠는 인생에서 성공하고, 또 내가 비행사가 되려면 (엄마한텐 걱정스러운 일이겠지만) 열심히 공부해야 한다고 말했다. 거짓말

---

26 EBS 다큐프라임 〈이야기의 힘〉 제작팀, 『이야기의 힘!』, 황금물고기, 2011, 49쪽.

하는 건 옳지 못한 일이라고 했다. "오늘 산수 시간이 있는데도?" 알세스트가 다시 물었다. "그래, 그럼 가지 말자." 나는 곧장 대답했다.[27]

학교를 가야 하는 것은 아이들이 속한 사회가 규정하는 규범이다. 만약 그들이 이 규범을 깬다면 어떻게 될까? 이것이 동기가 되어야 한다. 우리가 잘 아는 영화 〈죽은 시인의 사회〉는 그런 학교의 규범을 깨려는 자유 의지를 가진 청소년들의 세계를 보여주고 있다. 영화에서 키팅 선생은 학생들에게 고인이 된 다른 학생들의 사진을 보여준다. 그리고 '카르페 디엠'(현재를 즐겨라)이라고 말하고 더 늦기 전에 꿈을 좇아 살라고 학생들에게 말한다. 이것이 바로 학생들의 행동을 유발하는 내적 동기이며 플롯을 만들어내는 최초 동기이다.[28]

프로타고니스트(주동 인물)의 이 동기는 안타고니스트의 등장과 더불어 갈등을 만들어낸다. 그 갈등은 반전으로 이어지고 화자(등장인물)는 주어진 사회에 적응하든지 아니면 어떤 파국에 직면하든지 한다. 그러나 대부분의 한국의 아동문학의 플롯은 규범을 인정하고 그에 대해 갈등하다가 감정적으로 적당한 선에서 타협을 한다. 이런 다소 부드러운 스토리 전개를 견지하기 때문에 강력한 이미지에서 출발하는 강력한 플롯을 가질 수 없다. 비단 이런 부드러운 전개는 한국의 아동문학만 그런 것이 아니다. 가령 미국도서관협회의

---

27 르네 고니시 글/장 자크 상페 그림, 『꼬마 니콜라』, 윤경 옮김, 문학동네, 1999, 158-159쪽.
28 티어노, 29-31쪽.

추천도서로 꼽힌 샬로트 졸로토의 동화 『우리 언니』도 그와 비슷하게 전개된다. 언니가 동생을 너무 사랑하여 모든 것을 도와주지만, 어느 날 여동생은 그것이 싫어서 몰래 들판으로 간다. 언니는 그 동생을 찾으러 나가고, 찾지 못하자 주저앉아 운다. 그러자 동생은 일어나 계속 슬프게 우는 언니를, 언니가 자기에게 해주었던 것처럼 달래준다.

이 창작동화는 따뜻한 동심을 노래한다고 하지만 실제로 아이들은 이 동화의 플롯처럼 그렇게 행동하지 않는다. 이 동화가 동화로서 자격을 갖추려면 어른의 태도나 감정, 세계상이 아니라 아이의 그것을 느끼게 해야 한다. 말하자면 아이들의 세계상에 따른 반란을 용인해야 한다. 시류에 편승하지 말고 이런 플롯의 구성에 목숨을 걸어야 할 것이다. 이 동화를, 위에서 다루었던 『괴물들이 사는 나라』와 비교하고, 아스트리드 린드그렌 작가상을 수상한 오스트리아의 작가 크리스티네 뇌스틀링거의 『뚱뚱해도 넌 내 친구야』(Dicke Didi, Fetter Felix)와 한국의 아동문학가 박기범의 『문제아』를, 『마틸다』의 저자로 알려진 영국의 작가 로알드 달의 『멍청 씨 부부 이야기』(The Twits)와 민현숙의 『인형의 집 아줌마』를 비교해보면 스토리와 플롯, 그리고 인물의 설정이 아동의 세계상에 따른 것인지 아닌지 그 차이를 뚜렷하게 구분할 수 있다.[29]

작가 방현석은 『이야기를 완성하는 서사 패턴 959』라는 책에서

29 이 차이를 우리는 제5장에서 실제 개작을 통해 보여주고자 한다.

마지막 '9'라는 숫자가 '9가지 플롯'이라고 설명하고 있다.[30] 단일 모티브 플롯, 도주와 추적 플롯, 만남과 엇갈림 플롯, 배신과 헌신 플롯, 버림과 도전 플롯, 비루와 숭고 플롯, 성장과 고백 플롯, 환상과 초월 플롯, 원형서사 활용 플롯이 그것이다. 만약에 우리가 처음에 언급한 동화의 플롯과 이것을 비교한다면 동화의 플롯은 성장과 고백, 환상과 초월 플롯에 해당한다고 할 수 있겠다. 다른 플롯들은 모두 성인이 되어서야 체험할 수 있는 다소 복잡한 성격의 것이다. 이런 의미에서 헤르만 헤세의 『데미안』은 소설이라고 할 수 있지만, 프란츠 카프카의 『변신』은 동화에 가깝다.

창작동화나 전래동화는 반드시 상상과 초월이라는 플롯을 갖고 있어야 한다. 동화의 기본 구조는 영웅 서사를 닮아 있지만, 동화의 서사는 아이들의 세계상(실재론, 물활론, 인공론)에 근거하여 이루어졌기 때문이다. 서양에 비해 한국의 아동문학은 성장과 고백에 더 큰 비중을 두고 있다. 그것도 내면적 성장이 아니라 외부적 세계와 동일시해 나가는 과정(사회적 행위)을 그려낸 것이 더 많다. 이렇게 현실에 적응하고 합리적인 이해를 바탕으로 한 이야기가 소설에 가깝다면, 동화의 플롯은 초월적이거나 비약적이거나 모험적이다. 『블랙스완』이나 『호두까기 인형과 생쥐 왕』의 모티브들이 그러한 것인데, 20세기 초현실주의 그림, 가령 파울 클레의 그림 같은 것들이 난화기 또는 착화기 아이의 그림과 같은 모습을 하고 있는 만큼 동화와 유사하다.

---

30 방현석, 『이야기를 완성하는 서사 패턴 959』, 아시아, 2013, 150쪽 이하.

앞에서 다룬 그림 형제의 동화 「헨젤과 그레텔」을 보자. 이 동화에서는 설명이 아니라 긴장이 지배적이다. '기근이 있다→엄마와 아빠는 어쩔 수 없이 아이들을 숲에 버린다→아이들은 스스로의 힘으로 마녀에게서 벗어나고, 마녀를 죽이고 보물을 가져온다→집에 돌아와 행복하게 산다'라는 플롯을 가지고 있다. 여기에서 우리는 「못생긴 새끼 오리」에서 볼 수 있는 도덕이나 '스스로 만든 덫'을 찾아볼 수 없다. 훈계하고 방법을 지시하는 대신 여기서는 마녀에게서 살아나기 위해 어쩔 수 없는 초자연의 덫(케이크로 된 지붕과 설탕으로 된 창문)으로 인해 아이들은 긴장하고 상상한다. 이는 「신데렐라」, 「백설 공주」, 「늑대와 일곱 마리 새끼 염소」에서도 마찬가지로 작동하고 있다.

마치 고대 그리스의 "데우스 엑스 마키나(deus ex machina)"와 같이 플롯의 문제를 갑작스럽고도 부자연스럽게 해결하면 안 된다.[31] 아이들은 원래 이런 설명이나 인습적인 결말과는 관계없이 상상하고 마법을 즐긴다. 이런 플롯은 성인들이 소설에서 기대하는 서스펜스와 유사한 것으로, 동화에서는 아이들이나 원시인들의 세계상에서 유래한 것이다.

---

31 로널드 B. 토비아스, 『인간의 마음을 사로잡는 스무 가지 플롯』, 김석만 옮김, 풀빛, 2007, 43쪽을 참조하라.

제4장

아동문학으로서의 20세기 창작동화

1. 곰돌이 푸(1925)[1]

아이들의 세계가 자의적이고 마법적이라고 말하지만 어른들의 세계 또한 완전히 탈마법화가 이루어지기 전까지는(자연과학적 세계상이 지배하기 전까지는) 목적론적 사고방식에 가까웠다. 말하자면 사건을 인과 관계에 의해 구성하는 것, 그것을 우리는 목적론적이라고 설명한다. 이런 사고방식은 아리스토텔레스의 행복론과 정의론, 기독교의 신관, 유교적 인간관에서 명백하게 드러난다. 말하자면 하느님은 인간을 자신이 영광을 받기 위해 만들었다는 생각과, 아이는 어른의 말씀을 잘 들어야 하고, 국가의 구성원은 국가를 위해 희생할 수 있어야 한다는 생각이 목적론적이다. '주여, 나를 (당신의) 평화의 도구로 삼으소서.'라는 성 프란체스코의 기도는 곧 목적론적 사고방식에 의해 생긴 것이다. 구체적으로 이런 사고방식에 대해 밀른(A. A. Milne)이 쓴 『곰돌이 푸』(위니 더 푸)를 통해 살펴보자.

> 어느 날 위니 더 푸는 길을 거닐다가 숲속 한가운데 있는 공터에 이르게 되었단다. 거기에는 커다란 떡갈나무 한 그루가 있었는데, 그 나무 꼭대기에서 시끄럽게 윙윙거리는 소리가 나는 거야.
> 위니 더 푸는 나무 밑동에 앉아 앞발로 머리를 괴고는 생각하기 시작했어.
> 그리고는 제일 먼저 이렇게 중얼거렸어.

---

1 앨런 알렉산더 밀른, 『곰돌이 푸』, 박혜원 옮김, 더모던, 2018(이하 밀른).

"저렇게 윙윙 소리가 난다는 건 저기에 뭔가가 있다는 거야. 아무 이유도 없이 저렇게 윙윙, 또 윙윙, 계속 윙윙 소리가 날 리가 없어. 윙윙 소리가 난다면, 그건 누군가 윙윙 소리를 낸다는 거고, 왜 윙윙 소리를 내냐면 그건 바로 저 위에 벌이 있다는 거지."

그러면서 위니 더 푸는 자리에서 일어섰어.

"그리고 꿀을 만드는 이유는 단 하나, 나더러 꿀을 먹으라는 거지."

위니 더 푸는 나무를 타고 오르기 시작했단다.[2]

꿀벌에 관한 푸의 생각은 목적론적 세계상으로 만들어져 있다. 과학적인 생각은 기계론적인 방법을 통해 목적론적 사고방식을 거부하였지만 아동문학에는 이러한 사고방식이 유효하며, 그것을 우리는 인공론의 한 부분으로 이해할 수 있다. 위니 더 푸는 이렇게 추론한다. ① 저 떡갈나무 위에서 윙윙거리는 소리가 난다. ② 그것은 그냥 나는 소리가 아니라 뭔가가 있다는 것이다. ③ 그것은 바로 벌이 있다는 것이다. ④ 벌이 거기에 있다는 것은 꿀을 만들기 위해서이다. ⑤ 꿀을 만드는 이유는 나더러 꿀을 먹으라는 것이다.[3] 다소 억지스러운 추론이지만 재미있는 추론이다. 이 억지스러움의 실체는 인공론적이자 목적론적 세계상이다. 물론 여기서는 문학성으로 작용하고 아이들은 이를 재미있어 한다.

---

2 밀른, 20-22쪽.

3 아리스토텔레스의 윤리학이나 마이클 샌델의 정치철학에서도 사용되고 있다. 마이클 샌델, 『정의란 무엇인가』, 이창신 옮김, 김영사, 2010, 265-267쪽. 샌델은 아리스토텔레스의 목적론적 정의론을 언급하면서 『곰돌이 푸』 이야기를 인용한다.

『이상한 나라의 앨리스』에는 이런 식의 목적론적 억지스러움이 없다. 앨리스가 이상하게 된 것에 대한 이유를 이런 식으로 추론하거나 밝히지 않는다. 그림 형제의 동화 「개구리 왕자」에서도 개구리가 어떻게 왕자로 변하게 되었는지 설명하지 않는다. 심지어 공주가 약속을 지켜야 할지 말아야 할지에 대한 대답도 하지 않는다. 오히려 마법을 통해 이야기는 반전된다. 「헨젤과 그레텔」에서도 부모에게 쫓겨난 헨젤과 그레텔이 집으로 돌아오지 말아야 할 이유가 있냐고 반문이라도 하듯이 왜 다시 집으로 돌아오는지 설명하지 않는다. 그러나 이 이야기에서는 곰돌이 푸가 하는 행위에 항상 이유가 있다. 그것을 우리는 목적론적 사고방식이라고 한다.

아이들의 인공론적 세계상은 차츰 인지능력이 발달함에 따라 목적론적 사고방식으로 변화된다. 밀른이 만든 곰돌이 푸는 성격이 "느긋하고 낙천적이지만" 기억력이 나쁘다. 위에서 말한 것과 같이 목적론적 이야기처럼 엉뚱한 소리를 한다. 사실 이런 행동은 아이들의 특징이기도 하다. 위니 더 푸는 이제 꿀을 따기 위해 나무 위로 올라간다. 이런 노래를 하면서.

정말 웃기는 생각이지만, 곰이 벌이라면,
나무 '밑동'에 집을 지을 거예요.
그랬더라면,
이 계단들을 힘들게 오르지 않아도 될 테니까요.

꿀이 있는 이유는 "단 하나, 나더러 꿀을 먹으라는 거지."라고 목적론적으로 해석한 푸는 이제 또 다시 곰의 입장에서는 벌집을 당연히 나무 밑동에 짓는다는 노래를 한다. 벌의 입장에서는 곰이 꿀을 따 먹지 못할 위치에 만들어 놓지만 곰돌이 푸 입장에서는 나무 위로 올라가는 것이 힘들기에 자기중심적으로 생각을 한다. 이 미분화된 나이에는 당연히 그런 생각을 하고 이런 점이 성인들에게, 또는 이야기를 읽는 독자에게 즐거움을 준다. 위니 더 푸는 나무로 올라가다가 그만 3미터 아래 나뭇가지로 떨어진다. 거기서 튕겨져 나와 다시 6미터 아래 나뭇가지로, 다시 떨어져 9미터 아래 나뭇가지로 내동댕이쳐지고는 후회한다. 그리고 아무래도 자기가 "꿀을 너무 좋아해서" 이렇게 되었다고 생각을 한다.

푸는 크리스토퍼 로빈에게 도움을 청하러 간다. 그러고는 풍선을 줄 로빈은 말도 않는데, 파티에서 받아온 초록 풍선과 파란 풍선 중 어떤 것이 낫겠냐고 묻는다. "풍선을 가지고 꿀을 딸 때, 중요한 건 벌들이 모르게 하는 거거든. 초록 풍선을 가지고 있으면 벌들은 나를 나뭇잎인 줄 알고 눈치채지 못할 거고, 파란 풍선을 가지고 있으면 벌들은 나를 하늘인 줄 알고 눈치채지 못할 거야. 둘 중에 어느 쪽이 더 감쪽같을까?" 크리스토퍼 로빈이 "풍선에 매달려 있으면 벌들이 너를 알아채지 않을까?" 하고 말하자 푸는 벌들을 속이기 위해 자기가 먹구름처럼 보이도록 노력해보겠다고 말한다.

어른들의 사고방식으로 보면 얼토당토않는 얘기가 재미있는 것은 푸와 그의 친구들이 그야말로 아이들처럼 마법적으로 사고하고 행동하기 때문일 것이다. 작가는 당연히 그 나이 때 아이들이 추론할 수 있는 내용으로 이야기를 전개시키지, 어른들이 실제적으로 할 수 있는 일들을 말하지는 않는다. 알다시피 우리 독자(아이 독자)는 이 동화에서 재미있는 이야기를 듣고 싶지 실제로 양봉업자가 되길 원하지 않는다. 결국 둘은 파란 풍선으로 결정한다. 푸는 진흙탕에 가서 새까만 진흙에 뒹굴어 마치 "먹구름처럼" 보이게 한다. 풍선을 잡고 하늘로 올라가는 푸는 파란 풍선은 하늘처럼 보이고 자신은 먹구름처럼 보인다는 생각을 한다. 풍선을 타고 하늘로 올라갈 수 없다. 그것은 현실이다. 그러나 아이들은 마법적으로, 다시 말해 인공론적이고 물활론적이고 실재론적으로 풍선을 사용하고 있다.

푸는 땅에 있는 로빈에게 묻는다. 자신이 무엇처럼 보이느냐고. 로빈은 실망스럽게도 푸가 "풍선에 매달린 곰" 같다고 말한다. 더군다나 문제는 바람이 불지 않아 푸가 그 자리에 단지 떠 있기만 할 뿐 나무에 다가가지도 못한다는 것이다. 잠시 후 푸는 로빈에게 "벌들이 의심하는 것 같아!"라고 소리친다. 그러고는 로빈에게 집에 가서 우산을 가져와달라고 부탁한다. 로빈이 그 우산을 쓰고 왔다갔다하면서 '쯧쯧, 비가 오겠네.'라고 말해 달라는 것이다. 그러면 벌들이 속을 거라고. 우리말에 눈 감고 아웅 한다는 말이 있는데 아이의 이런 행동을 표현하는 말이다. 여기서 말한 것은 곧 이루어진다.

그림 형제의 동화 「헨젤과 그레텔」에서 아이들이 부모에게 버림을 받고 숲으로 들어가 배가 고팠을 때 "빵으로 만들어진 집", "케이크로 된 지붕", "설탕으로 만들어진 창문"이 등장하여 아이들의 구순기적 무의식을 나타내었듯이 푸는 꿀(꿀은 식탐의 상징이다)을 좋아하고 그것을 먹기 위해 온갖 목적론적(인공론적) 생각을 동원한다. 그러나 이런 일을 하면서 결국은 꿀을 얻는 데 실패한다. 꿀을 얻는 데는 실패했을지 모르나 푸라는 아이가(곰이) 꿀을 따기 위한 일련의 꾀, 생각, 행동, 협동, 이런 과정을 거치면서 마법이 자연스럽게 동원된다. 이런 아이다움 없이는 창작동화를 읽는 아동 독자들을 결코 만족시킬 수 없다.

우리는 다음으로 실재론적 사고방식에 따른 아이들의 행동양식에 대한 인식을 지나칠 수 없다. 우리가 앞에서 살펴보았듯이 아이들은 생각과 실제가 같다고 생각한다. 가령 숨바꼭질에서 어른 술래가 "사랑이, 너 장롱 뒤에 숨었지? 찾으러 간다." 하면 그 아이는 "아니, 나 장롱에 없다."라고 크게 말한다. 그러면 어른들은 그 아이가 어디에 숨었는지 안다. 하지만 이때 재미있게 해주려는 어른은 이렇게 말해야 한다. "아, 그럼, 책상 밑에 숨었구나!" 하고 책상 쪽으로 가야 아이가 재미있어 한다.

이런 아이들의 세계를 잘 보여주는 이야기가 제2장 〈푸가 좁은 문에 끼여 버렸어요〉이다. 푸는 노래를 부르면서 다른 친구들은 뭘 하고 있을까 하고 가다가 구멍이 나 있는 모래 언덕을 발견한다. 그러자 푸는 늘 하던 목적론적 대화를 또 반복한다. "구멍이 있는 곳에 래빗이 있다는 거야." "래빗이 있다는 건 내 친구가 있다는 뜻이야. 친구가 있다는 건 저 안에서 먹을 것을 나눠 먹고 내 노래를 들려주고 할 수 있다는 거지." 푸는 구멍 안에 머리를 넣고는 큰 소리로 외친다.

> "안에 누구 있니? 내가, 안에 누구 있냐고 물었거든!"
> 푸가 크게 소리치자

"없어!"

안에서 누가 이렇게 대답한다. 그러고는

"그렇게 소리 지를 필요 없어. 처음부터 다 잘 들렸어."

그러자 푸는

"뭐야! 여기에 아무도 없다는 거야?"

하고 말한다. 그러자

"아무도 없다니까."

하고 안에서 대답하는 것이다.

그러자 푸는 생각을 한다.

"누가 안에 있는 게 틀림없어. 왜냐면 누군가가 '아무도 없어.'라고 말했잖아."

그래서 푸는 머리를 다시 구멍 안으로 들이밀며 말한다.

"저기, 래빗, 거기 너 아니니?"

그러자

"아닌데."

하고 래빗이 대답한다.

"하지만 이건 래빗 목소린데."

그러자 안에서

"아니야. 난 래빗 목소리를 한 게 아니거든."

하고 안에서 말했다.

푸는 한번 더 생각을 한다. 그리고 다시 머리를 들이밀고 말한다.

"그럼 그 래빗이 어디 갔는지 알려줄 수 있니?"

그러자 안에서는

"래빗은 곰돌이 푸라는 친구를 만나러 갔어. 푸는 아주 좋은 친구야."

그러자 푸는 놀라면서

"그게 바로 난데!"

그러자 안에서는

"나라니? 나가 누군데?"

"내가 곰돌이 푸라고."

"정말이야? 저런, 그래. 그럼 들어와."[4]

별 것 아닌 것 같은 바보 같은 대화가 잘 들어보면 아이들의 특성, 아이다움을 잘 말해주고 있다는 것을 알 수 있다. "소리가 났는데 아무도 없다"고 하는 것은 앞에서 술래잡기 할 때의 아이다운 행동으로서 유희 충동, 즉 놀이의 모습을 잘 보여주고 있다. 이것이 아동문학의 미학이다. 천재의 면모를 보여주는 에피소드가 제2장에서 바로 다음으로 이어진다. 래빗이 주는 음식을 먹고 푸는 집에 가려고, 들어온 구멍으로 올라간다. 겨우 코가 밖으로 나오고… 귀가 나오고… 앞발이 나오고… 어깨가 나오고…, 그런데 아뿔싸 푸는 구멍에 끼어서 나가지도 다시 들어오지도 못한다. 래빗은 마침 산책 나오려던 참이어서 뒷문으로 돌아 나와서 푸가 끼인 것을 확인한다. 래빗이 당겨보았지만 아무런 효과가 없다. 화가 난 푸는 이게 다 입구가 작아서 그렇다고 투덜댄다. 하지만 래빗은 따끔하게 말한다. "이게

---

4 밀른, 42-44쪽을 필자의 서사에 따라 약간 변형하였다.

다 너무 많이 먹어서 그런 거야." 그러고는 크리스토퍼 로빈을 불러온다. 로빈은 방법이 하나, 푸가 날씬해질 때까지 기다리는 수밖에 없다고 말한다. 한 일주일 그런 상태로 지내라고 하며 지금 빼내는 것보다 그게 낫다고 충고한다. 래빗은 신바람이 나서 말한다.

> 우리가 책을 읽어줄게. 눈은 오지 말아야 할 텐데. 그리고 있잖아. 네가 우리집 공간을 너무 많이 차지하고 있어서 말인데 혹시 네 뒷다리를 수건걸이로 써도 괜찮을까? 내 말은 그러니까 어차피 네 뒷다리가 저기 있는데 다른 데 쓸데도 없고, 그래서 수건을 걸어두면 아주 편리할 것 같은데.

푸는 한숨을 쉬고 이렇게 말한다.

> 그럼 힘이 나는 책을 읽어줄래? 엄청나게 좁은 곳에 꽉 끼여버린 곰한테 도움이 되고 위로도 되는 책으로 말이야.

재미있는 것은 미하엘 엔데의 『모모』에서 기기가 모모에게 모모 공주 이야기를 해주면서 현실과 환상을 연결하였듯이, 실제 밀른은 아이들에게 책을 읽어 주듯이, 푸가 책을 달라고 한다는 점이다. 그것도 위로가 되는 책으로. 그리고 그의 다리는 "수건걸이"로도 사용된다. 이 점이 너무 재미있다. 하나의 에피소드가 독립되어 있고 하나의 플롯을 갖고 있으면서도, 여러 연작 에피소드들이 등장인물들의 성격을 드러내는 면에 있어서는 하나의 이야기와 같은 모습을 보여준다. 피글렛이나 이요르, 캥거와 아기 루 이야기들이 계속 긴장감 넘치게 이어지고 기상천외한 대화가 수사학적 차원을 넘어서 창의적인 차원으로 이어지는 것이 이 작품을 아동문학의 전형이라 일컬을 수 있게 한다.

2. 어린 왕자(1943)[5]

물론 『어린 왕자』는 전형적인 동화나 아동문학은 아니다. 그러나 이 이야기는 동화와 유사한 점을 너무 많이 가지고 있다. 어떤 점에서 이 이야기는 아이다움의 세계라고 판단하게 하는 동화의 특성을 가지고 있을까? 어떤 요인들이 흡입력 있게 작용하여 아이들이나 어른들에게 감동을 선사하는 것일까? 먼저 주인공이 왕자라는 점이다. 앞에서 살펴본 동화 속의 왕자들은 순수한 마음을 갖고 있다. 그래서 한 왕자는 난쟁이들에게 진심으로 백설 공주의 시신을 달라고 한다. 그 때문에 백설 공주의 목에 걸린 독 묻은 사과 조각을 뱉어내게 할 수 있었다. 들장미 공주를 100년간 계속된 죽음의 잠에서 깨어나게 한 것도 왕자이다. 그리고 재투성이 신데렐라를 알아보고 힘든 현실을 벗어나게 한 것도 왕자이다. 전래동화 속의 왕자들은 보이지 않는 것을 볼 줄 아는 힘을 가졌다. 어떻게 알아보았는지 동화는 말하지 않는다. 그것은 금기시된 마법의 힘이다.

그림 형제가 왕자가 나오는 동화들을 만든 뒤, 100년 후 20세기에

5 생텍쥐페리, 『어린 왕자』, 전성자 옮김, 문예출판사, 1999년.

는 극에 달한 문명을 바탕으로 사람들이 전쟁을 했다. 이런 긴박한 시기에 사람들은 다시 우리를 구원해줄 왕자가 필요했다. 『어린 왕자』는 이때 등장한다. 우선 이 동화의 첫 부분을 보자. 화자인 '나'는 여섯 살 적에 맹수를 잡아먹는 보아뱀 그림을 본 적이 있다고 말하고 있다. 사람들은 그런 그림을 보면 끔찍하게 생각하거나 신기하게 생각한다. 보아뱀이 코끼리를 삼켜 외형이 마치 모자인 것처럼 보인다는 것은 상상이다. 모자의 모양(생각)이 실제로 코끼리를 삼킨 보아뱀이라는 등식을 만든다면 그것이 곧 실재론적 사고방식이다. 화자는 어른과 아이의 세계를 이렇게 구분한다. 어른의 세계는 "지리, 역사, 산수, 그리고 문법"에 관심을 가지는 것, 아이의 세계는 모자 그림이 보아뱀이 코끼리를 삼킨 그림이라는 것을 '아는 것'이다. 말하자면 아이들의 세계는 어른들이 이해할 수 없는, 아이들만이 보는 세계이다.

두 번째 이야기는 사하라 사막에 화자가 비행기 고장으로 불시착했을 때의 이야기이다. 거기에 어린 왕자가 나타난 것이다. 그리고 어린 왕자는 '나'에게 양을 그려 달라고 부탁한다. 불시착이란 "죽느냐 사느냐"의 현실적이고 무거운 얘기다. 양을 그려달라는 것은 너무나 가벼운 이야기이다. 실제로 인간이 고난을 당했을 때 가장 순수한 순간을 생각한다고 한다. 하지만 이 상황은 어린아이가 아니라면 할 수 없는 이야기이다. 아마도 이 어린아이는 화자인 '나'의 순수한 내면공간이나 우리 어른들이 간직한, 그러나 망각한 내면일 것이다.

이와 같이 어떤 생각이 실제로 일어나는 것, 이것이 실재론이라면 『어린 왕자』보다 더 아이들의 실재론적 사고방식을 잘 보여주는 것이 없다. 여기서 '나'는 자신 역시 어른의 세계에 속해 있다는 것을 고백한다. 일찍이 성서에서 자주 순수하나 어리석은 인간을 비유한 "어린 양", 어른인 '나'는 그것을 어떻게 그려야 할지 고민한다. 왜냐하면 아이가 원하는 그 순수함으로 그릴 수 없기 때문이다. 다시 말해 화자인 '나'는 그림에서 길을 잃는다. 여기서 우리는 아이들의 만족하지 않는 특성을 읽을 수 있다. 이 두 에피소드에서 아이는 대상이나 주변 인물이 아니라 중심인물이다. 그가 자율적으로 보는 세계상이 이야기의 중심이 된다는 의미에서 이 이야기는 아동을 위한 이야기가 될 수 있다.

세 번째 이야기는 어린 왕자와 '내'가 어디서 왔느냐에 관한 질문에 대한 것이다. 양적으로 전혀 다른 곳에서 온 것 같지만 질적으로는 같은 곳에서 왔다는 결론이다. 둘 다 하늘, 즉 어느 별에서 온 것이다. 그러나 그 둘의 생각은 너무 다르다. 양 그림에서 '나'는 양을 매어 놓으라고 하지만 어린 왕자는 웃을 뿐이다. 자기의 나라는 너무 작기 때문에 그 양을 매 놓을 필요가 없다. 아이의 눈에 어른의 세계는 적대적인 세계이고 어리석은 세계이다. 여기서 이야기는 우리에게 세상을 아이와 같이 보라고, 다시 말해 코페르니쿠스적 전회를 요구하고 있다. 그런 점에서 『어린 왕자』는 아동문학이다.

네 번째 이야기에서 '나'는 매우 중요한 사실을 알게 된다. 어린 왕자가 사는 별이 "집 한 채보다 클까 말까" 하다는 것이다. 문제는 어린 왕자가 살고 있는 소혹성에 어른들이 번호를 매긴다는 것인데, 이것은 "어른들이 숫자를 좋아하기" 때문에 생긴 일이다. 어른들은 "창가에는 제라늄 화분이 있고"라고 말하는 것보다 "십만 프랑짜리 집"이라고 말하는 것에 더 감동을 한다. 누군가 앞의 것처럼 이야기하면 어른들은 누구나 다 아이 취급을 한다. 그렇기 때문에 "어린아이들은 어른들을 항상 너그럽게 대해야만 한다"(18쪽)고 강조한다. 아동을 위한 문학은 이렇게 '관점의 변화'가 요구된다. 이런 관점의 전환은 『마법의 설탕 두 조각』이나 『내 친구 커트니』, 「신데렐라」 등에서 잘 나타나 있다. 특히 어른들이 보기에 어리석은 '곰돌이 푸'는 아이의 눈에는 아주 정상적이고 따뜻하고 지혜롭다.

다섯 번째 이야기는 바오밥 나무에 대한 이야기다. 여기서도 두말할 것 없이 소위 어른들의 사고방식은 보기 좋게 망신을 당한다. '나'는(대개는 어린 왕자와 같이 어린이의 세계에 속하지만 가끔씩은 어른들의 세계에도 속한다) 바오밥 나무가 보통 나무가 아니라 성당만큼 거대한 나무라고 주장하지만 어린 왕자는 "바오밥 나무도 커다랗게 자라기 전에는 작은 나무"(23쪽)라고 말한다. 그런데 어린 왕자의 별에 이 바오밥 나무가 자란다고 생각을 해보자. 그것은 재앙이다. 뿌리가 별을 뚫고 둥치와 가지들은 온통 별을 점령해버릴 것이다. 사실 아이들은 어른들을 무서워한다. 유치원 선생님도 키가 작은 선생님이 아이들에게 인기가 많다고 한다. 아이들에게 키 큰 어른은 작은 별에 있는 바오밥 나무 같지 않을까? 아이의 시각에서 본다면 끔찍하다.

여섯 번째 에피소드는 해 질 무렵을 좋아해서(아마 어른 같으면 석양이라는 어려운 말을 썼을 것이다) 해 지는 걸 보러 가자는 어린 왕자의 의견에 관한 '나'의 생각이다. 어린 왕자의 작은 별에서는 석양을 보기 위해 기다리거나 어디론가 달려갈 필요가 없다. 언제든 원하는 만큼 볼 수 있다. 어린 왕자는 하루에 마흔세 번이나 해 지는 것을 본 적이 있다. 어른은 그런 나라를(세계를) 알 수 없다.

일곱 번째 에피소드는 '나'라는 아저씨의 행동과 말에 어린 왕자가 실망하고, 분노하고, 눈물을 흘리는 일을 다룬다. 마치 엄마 아빠에게 자신의 실망감을 이야기하는 아이와 같은 모습이다. '나'는 중요한 일이 있다. 그것은 비행기를 고치는 일이다. 그래서 불안하다. 그런 그에게 어린 왕자가 성가시게 묻는다. 양이 가시가 있는 꽃도 먹느냐고. '나'는 아무렇게나 대답해버린다. 그러나 어린 왕자는 "꽃에 가시가 있는 것은 무서운 존재가 되기 위해서 그런 것"이라고 말한다. 그러나 '나'는 중요한 일이 있다는 핑계로 짜증을 낸다. 어린 왕자는 말한다. '나'는 "어른들처럼 말한다"(28쪽)고. "꽃향기라곤 맡아본 일도 없고… '나는 중대한 일을 하는 사람이야.'라고만 되풀이하는" 어른들의 세계에 어린 왕자는 화가 났고, 슬펐다. 마치 『돼지책』에서 "자기들에게 아주 중요한" 일을 하러 나가는 아버지와 두 아들에 대해 내색하지 않고 일하는 엄마의 심정 같아 보인다.

여덟 번째 에피소드는 꽃과의 대화, 다시 말해 아이들의 물활론적인 세계상을 보여준다. 어린 왕자의 별에 있는 "꽃잎이 한 겹인 소박한 꽃"이 말한다. "용서하세요…. 제 머리가 온통 헝클어져 있네요." 어린 왕자는 이렇게 말한다. "참 아름다우시군요!" 어린 왕자에게 그 꽃은 까다롭게 군다. 그러나 어린 왕자는 꽃들이 모순된 존재라는 것을 깨닫고, 꽃이 그럼에도 불구하고 향기를 선사했다는 것을 생각한다.

어린아이들을 위한 문학답게 이 이야기는 소설처럼 긴 이야기가 아니라 짤막짤막한 에피소드들로 연결되어 있다. 왕이 살고 있는 별 이야기, 허영심에 빠진 사람이 살고 있는 별 이야기, 실업가의 별 이야기, 가로등 켜는 사람이 있는 별 이야기, 지리학자가 사는 별 이야기가 나오는가 하면, 지구로 온 어린 왕자는 뱀이 사는 아프리카 사막, 꽃이 있는 곳, 화산이 있는 곳, 장미가 만발한 정원이 있는 곳을 방문하여 거기서 여우를 만나고, 전철수를 만나고, 장사꾼을 만나고, 우물을 만나고, 돌담과 벽, 그리고 별을 만난다. 그리고 이들을 만날 때마다 발견하고 깨달은 것을 어른들은 아무도 이해하지 못할 것이라고 단언한다.

3. 내 이름은 삐삐 롱스타킹(1945)

스웨덴의 작가 아스트리드 린드그렌이 1945년에 쓴 『내 이름은 삐삐 롱스타킹』은 전혀 새로운 아이의 시선으로 이야기를 시작한다.

> 어느 작은 마을 변두리에 잡초가 무성한 오래된 정원이 있었다. 그 정원에는 낡은 집 한 채가 있었고, 이 집에 삐삐 롱스타킹이라는 아이가 살고 있었다. 그 아이는 아홉 살인데 혼자 살고 있었다. 삐삐한테는 엄마 아빠가 없었지만 사실 그것도 아주 잘된 일이었다. 왜냐하면 한창 신나게 놀고 있는데 "자, 이제 자야지." 한다거나, 캐러멜이 먹고 싶은데 간유를 먹으라고 할 사람이 없으니까. 예전에는 삐삐도 아빠가 있었고, 아빠를 무척 좋아했다. 물론 엄마도 있었지만, 아주 오래전에 돌아가셔서 얼굴이 기억나지 않았다. 엄마가 돌아가셨을 때 삐삐는 갓난아이였고, 요람에 누워 아무도 얼씬거리지 못할 만큼 요란하게 울어댔다. 삐삐는 엄마가 하늘나라

에 있고, 하늘에 뚫린 작은 구멍으로 어린 딸을 내려다보고 있다고 굳게 믿었다.[6]

이제 드디어 아이와 아이다움의 문학이 발견되었다. 물론 19세기에 쓰인 『이상한 나라의 앨리스』에서도 상상의 세계를 향한 아이가 보이지만, 아직까지 사회적으로, 다시 말해 다른 아이들과의 관계에서 아이가 발견되는 것은 이 작품이 처음이다. 엄마 아빠가 없는 것이 아주 잘된 일이라니! 그것은 우리나라의 아동문학에서는 상상할 수 없는 일이다. 아니 다른 서양의 작품에서도 마찬가지다. 그러나 이 나이 또래의 아동들은 그렇게 생각할 수 있다. '마치 …인 것처럼'(as if)이 문학의 기본 구조라면 아이들은 누구나 '엄마 아빠로부터의 통제를 벗어날 수만 있다면'이라고 생각할 것이다. 나중에 그 결과가 어떻게 되든 그것은 알 바가 아니다.

그러므로 아이가 생각한 대로 사건이 일어나면 된다. 그것은 아마 전도된 세계일 것이다. 삐삐의 아빠는 돌아가셨지만 살아 있을 때는 "식인종의 왕"이었다. 이것은 현실에서는 받아들일 수 없는 일이다. 그러나 삐삐에게는 이것이 더없이 자랑스러운 일이다. 그러니까 사실 이 창작동화도 아이들의 실재론적 세계상에 기초하고 있다.

삐삐는 정말로 대단한 아이였다. 무엇보다도 삐삐는 힘이 장사였

---

6 아스트리드 린드그렌, 『내 이름은 삐삐 롱 스타킹』, 햇살과나무꾼 옮김, 시공주니어, 1996(이하 린드그렌), 9-10쪽.

> 다. 어찌나 힘이 센지 이 넓은 세상에 삐삐를 당해 낼 경찰이 하나도 없을 정도였다. 삐삐는 마음만 먹으면 말 한 마리도 번쩍 들어 올릴 수 있었다! 실제로 삐삐는 그렇게 했다. 뒤죽박죽 별장으로 오던 날, 삐삐는 금화 한 닢을 주고 말을 샀다. 삐삐는 전부터 자기 말을 갖고 싶어했는데, 이제 뒤죽박죽 별장의 현관 앞 베란다에서 버젓이 말을 키우게 되었다. 그래서 오후에 베란다에서 커피를 마시고 싶을 때는 말을 번쩍 들어 정원에 내려놓았다.[7]

아이는 자기가 생각한 대로 세상을 만들 수 있다고 생각한다. 그것을 우리는 피아제의 이론에 따라 아이들의 실재론이자 인공론적 세계라고 하겠다. 삐삐는 뒤죽박죽 별장처럼 자기가 원하는 대로 세상을 만들 수 있고 또 시간을 초월할 수도 있다. 아이의 발견과 이야기의 탄생은 이렇게 서로가 서로를 조건으로 한다. 영웅의 이야기가 새로운 시대에 아이들의 이야기로 거듭나는 순간이 바로 아이가 발견된 시기이고, 아이의 아이다움이 발견된 것이 곧 그림책의 탄생이라고 할 것이다.

특별한 아이 삐삐 롱스타킹은 이미 그 출생부터 환상적이다. 엄마는 일찍 죽고, 아빠는 넓은 바다를 항해하는 선장이었지만, 그 역시 폭풍우에 희생되었다. 의지할 곳 없는 삐삐는 이런 환상을 가졌다. 아빠가 식인종 섬에 표류해서 식인종의 왕이 되어 있을 것이라고. 삐삐는 이렇게 말한다.

7 린드그렌, 13-14쪽.

> 우리 아빠는 식인종의 왕이야. 이렇게 멋진 아빠를 가진 아이는 별로 없을걸? 우리 아빠는 배만 만들면 곧바로 나를 데리러 오실 거야. 그럼 난 식인종의 공주가 되는 거라고. 야호! 그럼 정말 신나겠지?[8]

앞의 그 '뒤죽박죽' 별장은 아빠가 사 둔 별장이었다. 삐삐는 아빠가 없어진 그 배의 선원들에게 작별 인사를 하고 커다란 "여행 가방"만 들고 배에서 내려 뒤죽박죽 별장으로 온 것이다. 결국 이 이야기도 아이들이 물활론적 세계상을 가진 시기에서 조금 더 성장한 아동들을 위한 이야기이긴 하지만 실재론적 사고방식으로 구조화되어 있다.

아이가 자유롭게 행동하는 것을 저해하는 것은 엄마 아빠의 감시이다. 앞으로 이야기할 『마법의 설탕 두 조각』에서도 엄마 아빠의 감시와 간섭에서 벗어나는 방향으로 플롯이 전개되지만, 이 이야기 또한 그런 플롯을 위해 과감히 실재론적 사고방식을 도입한다. 다시 말하면 삐삐가 꿈꾸는 세계는 바로 엄마와 아빠가 사라지는 것이다. 그리고 작가는 그 꿈이 현실에서 어쩔 수 없이 일어나도록 플롯을 전개시킨다.

그런 대표적인 사례를 꼽자면 많다. 이웃에 사는 토미가 뒤로 걷는 삐삐를 보고 물었다. "너, 왜 뒤로 걸어?" 그러자 삐삐는 이렇게 대답한다. "이집트에선 누구나 이렇게 걷지만 아무도 이상하게 생각하지 않는다고." 이집트에 가본 적도 없이 어떻게 아느냐고 토마가 따

---

8 린드그렌, 12쪽.

져 묻자, 삐삐는 이렇게 대답한다. "내가 인도 사람들처럼 물구나무를 선 채 걸어왔다면 네가 뭐라고 했을지 정말 궁금하다." 다시 토미는 삐삐가 거짓말을 한다고 비난한다. 그러자 "그래, 거짓말은 나빠. 하지만 난 가끔씩 그 사실을 까먹지 뭐니. 우리 엄마는 천사고 아빠는 식인종의 왕이야. 그래서 난 평생 바다만 쏘다녔는데, 어떻게 맨날 참말만 할 수 있겠니?" 그러고 난 후, "콩고에는 거짓말을 하지 않는 사람이 한 명도 없어. 다들 하루 종일 거짓말만 해. 그러니까 너희들은 내가 어쩌다 거짓말을 하더라도 콩고에서 너무 오래 살았던 탓이라는 걸 기억하고 용서해 줘야 돼." 삐삐가 인정하듯 이 두 가지, 아니 세 가지 사실 모두 진실은 아니다. 다만 아이들의 상상이 어느 곳에서는 실제로 일어난다고 믿는 실재론적 사고가 문제다.

이제부터 삐삐의 세상에서는 자연스럽게 허구가 현실이 된다. 말이 베란다에 있는 것, 토미와 아니카가 혹시 삐삐의 집에 식인종의 왕이 앉아 있을까 조심스러워하는 것, 대머리가 된 브라질 사람 이야기, 장롱 서랍의 보물들 등이 진실한 이야기로 변하는 것이다.

4. 샬롯의 거미줄(1953)[9]

존 애러블 씨의 농장에 새끼 돼지 한 마리가 태어난다. 이 새끼 돼지는 너무 약해서 애러블 씨가 도끼로 죽여 없애려 한다. 그때 여덟 살 난 그의 딸 펀이 죽이지 말라고 애원한다. 그러나 아버지인

---

9 엘윈 브룩스 화이트, 『샬롯의 거미줄』, 김화곤 옮김, 시공주니어, 2018.

애러블 씨는 새끼 돼지를 길러보면 힘들어 못 키울 거라고 말하며 그럼 펀이 직접 길러보라고 한다. 펀은 돼지의 이름을 윌버라고 짓는다. 펀은 윌버를 정성스레 길렀지만 결국 아버지는 더 이상 애완동물로 기를 수 없다고 윌버를 팔겠다고 했다. 아빠는 펀에게 윌버를 계속 보려면 주커만 삼촌네에게 팔면 어떻겠냐고 했다. 펀은 윌버가 보고 싶을 때면 삼촌네에서 윌버를 보았지만, 윌버는 차츰 외로워지기 시작했다. 윌버가 사는 게 시들하다고 느끼던 때 암거위가 우리를 뛰쳐나와 윌버에게 밖으로 나가라고 했다. 그러나 윌버는 주커만 씨의 유혹으로 다시 우리에 갇히게 되었다. 농장의 어느 누구도 윌버와 친구해 주지 않았다. 그러던 어느 날 커다란 회색 거미가 "문안이요!" 하며 말을 걸어왔다. 그녀는 예쁜 샬롯이었다. 이제 윌버는 샬롯과 친구를 하기로 했다. 샬롯이 파리를 먹어치우는 것이 잔인하기는 했지만 또 유익한 면도 있었다. 윌버는 이제 주커만의 헛간에 사는 가축 사회의 일원이 되었다. 그러나 곧 늙은 양이 와서 몸무게가 늘어난 윌버를 두고 좋지 않은 이야기를 했다. 사람들이 윌버를 살찌우게 해서 죽여 베이컨과 햄을 만든다는 불길한 말이었다. 공포에 미쳐 날뛰는 윌버를 본 샬롯은 자기가 윌버를 구해주겠다고 나선다. 며칠간 궁리하던 샬롯은 거미줄 한가운데를 큼직하게 찢어내고, 윌버가 "대단한 돼지"라고 써넣는다. 그러자 사람들은 계시가 내려진 것이라고 믿고 이 돼지를 구경하러 왔다. 그러나 사람들이 곧 이 단어에 싫증을 내고, 샬롯은 템플턴에게 쓰레기장에 가서 글자를 가져오라고 한다. 그리고 이번에는 "근사해"라고 쓰자 사람들은 기적이 일어났다고 말하고 돼지의 수명은 연장된다. 한편 펀이 헛간에 있는 동물들과 이야기를 나눈다는 것을 안 펀의 엄마는 도리안 의사에게 가서 혹시 펀이 이상하게 된 것이 아닌지 묻는다. 의사는 동물들이 실제로 이야기를 할 수 있다고 말하며 안심시킨다. 이렇게 윌버에게 기적이 계속 일어나자 주커먼 씨는 윌버를 품평회에 데리고 간다. 여기서 윌버는 상을 받는다. 하지만 이러는 동안 샬롯은 제대로 먹지도 못하고 품평회가 끝나는 밤 수명을 다하게 된다. 샬롯에게 모든 것에 대해 감사한 마음인 윌버는 농장으로 샬롯의 알들을 가져온다. 514마리의 알들은 부화하고 새끼 거미들은 대부분 자기 삶을 위해 떠나지만 세 마리는 윌버 곁에 친구로 남는다.

이 작품도 플롯의 중요한 부분을 마법이 차지한다. 주인공인 펀은 8살이지만, 대체로 10살에서 11살의 아이들이 이 동화를 읽는다는 점을 고려할 때, 이 작품의 세계상은 앞에서 피아제가 말한 3단계의 아동의 세계상 3단계에 속한다고 할 수 있다. 3단계란 마법적 이성을 따르는 행동양식을 말한다. 갓 태어난 새끼 돼지(나중에 주인공 펀이 윌버라는 이름을 붙인다)를 쓸모없다고 도끼로 죽이겠다고 하는 아빠를 펀은 말린다. 그러면서 자기가 몸집이 약했다면 자기도 죽였겠느냐고 말하자 아빠인 존 애러블 씨는 "어린아이와 약한 동물은 다르다"고 말한다. 여기서 우리는 아이가 생각하는 세계와 어른이 생각하는 세계가 근본적으로 다르다는 것을 알 수 있다. 아이는 동물들과도 의사소통을 할 수 있다는 것이 이 작품 전체에서 흐르는 기조이다. 그것은 물활론에서 진화한 아이들의 의인화 현상이다. 펀은 동물들의 말을 알아듣고 동물들도 서로 의사소통을 한다.

윌버를 살리기 위해 거미 샬롯이 거미줄로 글자를 새겨 마법을 부리고, 그 말을 모든 동물들이 알아듣고, 펀 또한 이 말을 알아들으며, 심지어 의사인 도리언 박사도 이러한 일들이 있을 수 있음을 인정한다. 이것이야말로 실재론적, 인공론적 세계상이다. 다만 이 작품의 작위적인 특성은 좋은 플롯이 되기에 좀 미흡한 것으로 판단된다. 이 작품의 플롯은 거미가 되기 위해 노력하는, 그리고 대단한 돼지가 되기 위해 공중제비를 넘는 돼지 윌버를 살리기 위해 샬롯이 마법을 사용하지만 자신은 그 후유증으로 스스로를 희생한다는 내용을 담고 있다. 언뜻 보면 개연성이 없는 마법 같지만 그렇지 않다. 돼지 윌버가 샬롯의 도움으로 "대단한 돼지"가 되는 것은 아니다. 처음에는 펀의 도움으로 살아나지만 외로운 곳에 가서 다른 친구들과 사귀지 않고, 잔인한 샬롯에게 다가가고 거미줄을 짜기 위해 꼬리에 줄을 매달고 뛰어내리는 시도를 한다. 이것이 단순한 행운만은 아니다. 사람들이 모여들어 이 "대단한 돼지"이자 "근사한" 돼지를 보러 왔을 때도 윌버는재주를 넘고 자신의 장점을 살리기 위해 애를 쓴다. 이것은 아이들이 생각하는 대로 '꿈은 곧 현실'이라는 실재론적 세계상이 어느 정도 이성적으로 완화되었을 뿐 그대로 작동하고 있다는 것을 보여준다.

이 창작동화가 문학성을 띠는 것은 그뿐이 아니다. 샬롯이 그냥 마법을 부릴 수 있었던 것이 아니라 많은 집중을 하고 생각하고 힘을 들여 거미줄에 글자를 쓴 것이다. 그 결과 그는 부화에 따른 후유증이기도 하지만 실제로 목숨을 잃게 되는 것이다. 펀은 자기가 믿는 것을 꾸준히 해내면 세상에서 어떤 차이를 만들어낸다는 것을 깨닫는다. 또한 샬롯과 윌버의 우정은, 본성은 서로 다르지만 관용을 베풀 수 있고 친구가 될 수 있다는 것으로 플롯에 중요한 역할을 한다. 아이들이 자라면서 그러하듯이 윌버 또한 두려움과 운명과 죽음과 외로움을 다스리는 법을 배워야 했다. 이런 플롯이 삶과 죽음에 대한 알레고리로서 따뜻한 유모어와 쓸쓸한 아이러니 사이에서 이 이야기를 문학성 있는 아이들의 이야기가 되게 했다.

5. 모모(1973)[10]

워낙에 유명하고(전 세계적으로 700만 부 팔렸고, 지금도 계속 팔리고 있다) 아동청소년문학의 전형으로 꼽히는 작품이기에 그 내용을 먼저 파악하고자 한다. 이 소설은 "시간을 훔치는 도둑과, 그 도둑이 훔쳐간 시간을 찾아주는 한 소녀에 대한 신기한[11] 이야기"라는 부제가 붙어 있다. 초등학교 고학년부터 어른들까지 누구나 읽을 수 있는 전형적인 창작동화이자 교양소설(성장소설)이다. 모모의 나이는(모모 스스로도 모른다) 화자에 의하면 8살에서 12살 사이쯤 되는 것으로 보인다. 이 소설은 총 3부로 구성되어 있다. 그러나 여기서는 내용 파악이 문제가 아니라 아동문학의 발견, 즉 아이의 세계상이라는 주제를 설명할 수 있게 제1부만 살펴보고자 한다.

---

10 미하엘 엔데, 『모모』, 한미희 옮김, 비룡소, 1999(이하 모모).

11 이 책의 번역자는 "이상한 이야기"라고 번역하였다. '신기한 이야기'가 우리말 어감에 더 가깝다.

제1부: 모모와 그의 친구들(제1-5장, 총 5장)

~~제2부: 회색의 남자들(제6-12장, 총 7장)~~

~~제3부: 시간 꽃(제13장-21장, 총 9장)~~

소설이 시작되면 장소에 대한 환상을 불러일으키는 서술이 있다. 옛날에는 화려한 도시, 황금과 대리석 신상이 있었고 광장이 있는 곳엔 당연히 원형 극장도 있었다. 이 원형 극장이 있었던 이유는 그 옛날 사람들도 현실보다 더 현실 같은 무대 위의 이야기에 흥미를 갖고 있었기 때문이다. 수천 년의 세월이 흐르고 난 뒤, 이 도시는 몰락했고 원형 극장도 폐허만 남았다. 여치들의 소리만 들리는 곳이 되었다. 이 환상의 도시는 무너진 원형 극장 터인데 이곳에서 모모의 이야기는 시작된다.[12]

모모는 남의 이야기를 잘 들어주고 위로해주는 능력이 있다. 모모 스스로도 자신의 나이는 모르지만 적게는 여덟 살에서 많게는 열두 살쯤 되어 보인다. 모모는 새까만 곱슬머리에 너무 커서 헐렁한 남자 양복 상의를 입고 있고, 얼룩덜룩한 천으로 기운 치마를 걸치고, 새까만 눈과 언제나 맨발로 다녀 까매진 발로 다닌다. 아무것도 가진 게 없었고 누군가의 도움을 필요로 했다. 마을 사람들은 모모를 도와준다. 이렇게 모모와 마을 사람들은 가깝게 된다.(제1장)

모모는 가진 것은 없었지만 재능은 있었다. 그것은 바로 "다른 사

12 이 소설의 실제 배경이 된 곳은 엔데가 거주한 적이 있는 이탈리아 로마의 남동쪽 네미 호수 옆의 젠차노디로마로 추측된다.

람의 말을 들어주는 재주"[13]였다. 모모가 따뜻한 관심을 갖고 들어주기만 하면 상대방은 지혜로운 생각을 떠올리고, 자신이 무엇을 원하는지 알아차리고 수줍음이 많은 사람은 대담한 사람이 되고, 불행한 사람은 행복을 되찾게 되었다. 이제 모모는 빼놓을 수 없는 좋은 상담자가 되었다. 그림에 끼워놓은 지폐 때문에 다툰 니노와 니콜라도 모모 앞에서 화해를 하게 된다. 모모는 세상의 모든 말에 귀를 기울인다. 귀뚜라미 소리, 두꺼비의 소리, 심지어 빗줄기와 나뭇가지 사이의 바람에도 귀를 기울였다.(제2장)

모모가 잘 들어주었기 때문에 아이들도 더 재미있는 이야기를 만들어냈고 더 재미있는 놀이를 했다. 아이들은 극장 터 전체를 커다란 배라고 생각하고, 저 그리스 신화에 나오는 '아르고호'의 이아손 원정대 이야기를 꾸몄다.[14] 선장, 일등 항해사, 자연과학자(교수), 여자 선원들이 포함된 탐사여행이었다. 이야기 속의 항해에서 폭풍이 일어난 것에 몰입한 아이들은 실제로 원형 극장에 비가 오고 자신들이 천둥, 번개를 무서워한다는 것까지 잊어버리고 만 것이다. 항해의 놀이 중에는 마법과 과학, 모험과 신화(노래)가 교차하고 있었다. 아이들은 모모네 집에서만 이렇게 재미있게 놀 수 있었다.(제3장)

한편 모모에게는 아주 좋은 친구 두 명이 있었는데 한 사람은 나이

---

13 모모, 22쪽.

14 테살리아의 페리아스 왕은 조카인 이아손에게 왕위를 빼앗길까 두려워 일부러 이아손에게 콜키스에 가서 금빛 양의 모피를 가져오도록 명령하였다. 이아손은 커다란 목선(木船) 아르고호를 만들었고, 또한 많은 영웅들을 모았다. 그 영웅들은 아르고호의 선원(아르고나우타이)으로, 헤라클레스, 오르페우스, 테세우스, 카스토르, 폴리데우케스 등 50명이었다고 한다. 이윤기, 『이윤기의 그리스 로마 신화』 5, 아르고 원정대의 모험, 웅진지식하우스, 2018, 특히 96쪽 이하를 읽어보라.

든 사람 베포였고, 다른 한 사람은 젊은 사람 기기였다. 베포는 도로 청소부였는데 키가 작고 자세도 구부정했다. 베포는 누가 뭘 물어봐도 대답을 하지 않거나 늦게 한다. 왜냐하면 그 질문에 대해 곰곰이 생각하고, "진실이 아닌 이야기를 하지 않기 위해서"[15] 많은 시간이 필요한 사람이기 때문이다. 하지만 모모는 오래 기다려주었다. 베포는 모모에게 우리 앞에 너무 긴 도로가 있어서 도저히 해낼 수 없을 것 같을 때 "한 걸음, 한 번 숨쉬고, 한 번 비질"을 하라고 충고한다.

모모의 또 다른 친구는 기롤라모였다. 사람들은 그를 그냥 기기라 부른다. 기기는 베포와 정반대였다. "잘 생긴 외모, 꿈꾸는 듯한 눈" 이외에도 그는 말을 참 잘하는 사람이었다. 기기는 꾸며낸 이야기로 관광객들에게 허무맹랑한 이야기를 해주고 돈을 받는 관광안내원이었다. 하지만 자신의 이야기도 "시인들도 그렇게 하듯이" 꾸며낸 이야기이기에 "백퍼센트 진실"이라고 우긴다. 기기는 이런 안내원 수입으로는 먹고살기 어렵다. 그래서 그는 공원 경비원, 결혼식 증인, 장례식 입회인, 개 산책시켜주기, 연애편지 전달자, 기념품과 고양이 먹이 팔기 등으로 살아간다. 하지만 기기는 언젠가 자기는 부자가 되리라고 꿈꾼다. 이렇게 대조적인 성격의 두 사람도 서로 친구가 되고 또 모모와 가깝게 지낼 수 있었다.(제4장)

모모는 이제 특히 기기에게는 없어서는 안 될 존재가 된다. 기기는 모모를 너무 사랑한다. 그리고 모모를 만난 이후부터 기기는 기발

---

15 모모, 49쪽.

한 착상들이 "봄날의 풀밭처럼"(59쪽) 활짝 피어난다. 제5장에서는 기기가 상상의 나래를 펴고 많은 사람들(관광객들)을 위한 이야기와 한 사람(모모)만을 위한 이야기를 한다. 먼저 관광객들에게 한 이야기는 슈트라파치아 여왕에 관한 이야기이다. 이 원형 극장이 원래는 물고기를 키우던 수족관이었다는 이야기였다. 자기 나라를 자주 공격한 부들부들 족을 물리친 슈트라파치아 여왕은 부들부들 족의 크삭소트락솔루스 왕이 갖고 있는 금붕어를 바치라고 명령했다. 이 여왕은 이 금붕어가 다 자라면 황금으로 변한다는 이야기를 들었기 때문이다. 그러나 크삭소트락솔루스 왕은 금붕어 대신 고래를 담아 보낸다. 금붕어인 줄 알았던 이 고래가 너무 자라자 더 큰 황금을 기대했던 여왕은 큰 수족관을 만들게 했고, 여기서 이 큰 물고기가 황금으로 변하는지, 여왕은 나랏일은 게을리한 채 이를 지켜만 보았다. 결국 부들부들 족은 이 여왕의 왕국을 정복하고 여왕은 수족관에 빠져 죽었다. 독일어 'strapazieren'(지치다)란 말을 연상시키는 여왕의 이름은 돈(황금)만 바라보는 사람을 비유하는 것일 게다. 그리고 이야기에서 말을 하듯, "남의 말을 너무 쉽게 믿으면 어떤 결과를 맞게 되는지"(63쪽)에 대한 교훈일 수도 있겠다.

기기가 미국 관광객을 안내했을 때 한 이야기는 '붉은 왕'이라고 불리는 마르크센티우스 코무누스에 관한 이야기다. 척 들어봐도 이 왕의 이름은 마르크스와 비슷하다. 뒤의 '코무누스'는 공산주의란 말과 비슷하다. 이 왕의 불만은 세상을 자신의 뜻대로 바꾸고 싶지만 세상이 바뀌지 않는다는 것이었다. 그래서 이 왕은 기존의 세계는 그대로 두고, 아주 참신한 세계를 만들려는 생각을 한다. 그래서 지구와 똑같은 천체를 만들라고 명령한다. 이번에는 사람들이 이야기를 듣고 있는 여기 이 원형 극장이 바로 그 거대한 천체를 놓을 받침대였다고 말한다. 그런데 그 천체를 만드는 만큼 지구는 점점 더 줄어진다고 했다. 결국 옛 지구는 완전히 없어졌지만 이 '붉은 왕'이 확인한 것은 아무것도 바뀌지 않은 지구였다. 그리고 옛 지구는 이 깔때기 같은 원형 극장이라는 흔적으로만 남게 되었다는 이야기였다. 예민한 관광객들은 자기네들이 서 있는 곳이 바로 새 지구라는 말을 듣고 도망가고 기기는 돈 한 푼 받지 못했다.

기기는 이제 마지막으로 모모 한 사람을 위한 이야기, 모모 공주 이야기를 들려준다. 모모 공주는 둥근 요술 거울을 갖고 있었다. 공주는 모든 것을 가질 수 있었지만 그것은 오로지 거울 속에 있는 상으로만 존재했다. 요술 거울은 세상의 모든 것들을 담아다가 나들이에서 돌아오면 공주 앞에 모두 쏟아놓았다. 공주는 마음에 드는 것 이외에는 모두 시냇물에 던져버렸다. 그러나 공주는 거울에 자기 모습을 비춰보지는 못했다. 그러면 공주는 여느 평범한 사람처럼 죽는 존재가 되기 때문이다. 하지만 거울의 상들과 노는 것에 공주는 불만이 없었다. 그런데 어느 날 요술 거울이 젊은 왕자의 상을 하나 갖고 왔다. 왕자가 궁금했던 공주는 거울에 자신의 모습을 비추어 왕자가 자신을 찾아오길 바랐다. 그 결과 공주는 언젠가 죽을 수밖에 없는 존재가 되었다. 이 왕자의 이름은 기롤라모였다. (기기는 자신과 모모를 엮기 위해 이 이야기를 만들어냈다는 것을 알 수 있다.)

기롤라모 왕자는 현재의 어떤 나라에 있는 것이 아니고 언제나 딱 하루 앞선 '내일 나라'의 왕자였다. 왕자가 결혼을 할 신부를 고를 때, 얼음처럼 차가운 초록색 피를 가진 마녀가 아무도 눈치채지 못하게 궁정으로 숨어들어왔다. 마녀가 주문을 외우자 마녀는 왕자의 마음에 들었다. 자신과 결혼해달라는 왕자에게 마녀는 조건을 내건다. 왕자는 들어주겠다고 했고, 그 내용은 하늘을 떠다니는 은거울을 일 년 동안 쳐다보지 말라는 거였다. 만약 거울을 보면 '오늘 나라'로 가서 가련한 떠돌이로 살게 된다는 거였다. 왕자는 그러겠다고 약속했다. 한편 공주는 기다렸지만 왕자가 오지 않자, 직접 왕자를 찾아 나섰다. 왕자를 찾아 나선 공주는 드디어 오늘 나라로 오게 되었다.

공주의 모습이 담긴 요술 거울은 하늘에 떠다니며 세상을 내려다보고 있었다. 거울에서 흘린 공주의 눈물이 왕자의 손등에 떨어졌고 왕자는 거울을 보게 된다. 그 순간 왕자는 자기가 마녀에게 속은 것을 알게 된다. 왕자는 이제 내일 나라를 떠나 오늘 나라에서 가난한 떠돌이로 살게 되었다. 공주도 예쁜 옷이 너덜너덜해지고, 헐렁한 남자 양복 상의를 입고, 얼룩덜룩한 천으로 기운 치마를 걸치고 다니게 되었다. 기기 왕자도 모모 공주도 서로를 알아보지 못했다. 그러나 서로 친구가 되어 위로하며 살게 되었다. 어느 날 기기가 거울의 상을 모모에게 보여주었다. 모모 공주는 그것이 그 옛날 자신의 상이라는 것을 알았고 자신이 찾던 왕자는 가난한 떠돌이 기기라는 것을 알게 되었다. 기기 왕자는 모모 공주의 손을 잡

고 아득히 먼 내일 나라로 떠났다. 둘은 이제 자신들이 영원히 죽지 않는 존재임을 알게 되었다.(제5장)

청소년이 읽을 수 있는 이야기이지만 동화적인 요소로 가득하다. 앞에서 지적했다시피, 동화는 시간과 장소, 그리고 등장인물이 모호하다. 그렇게 해야 마법적인 일이 일어날 수 있으며, 가치 평가와 판단에서 벗어나 아동 독자가 자유로운 상상을 펼칠 수 있다. 그렇기 때문에 모모란 아이는 어디서 왔는지, 왜 왔는지, 부모가 누구인지, 나이가 몇인지 알 수 없다. 원형 극장은 한때 실제 존재했고 지금도 그런 면을 갖고 있다. 그래서 사람들은 "무대에서 벌어지는 삶이 자신들의 일상의 삶보다 더 현실 같다는 기묘한 느낌을 갖곤 했다."

이곳에 모모가 산다. 그러니까 모모는 독자에게 이야기 속의 주인공이자 지금 살아 있는 아이로서 그 실체가 모호한 캐릭터로 신비감을 준다. 걸치고 있는 헐렁한 웃옷을 잘라낼 마음이 없었던 이유가 "앞으로 키가 더 커질 것을 미리 계산해서" 그대로 입어야 한다고 생각하는 대목에서나,[16] 마을 사람들이 모모에게 이름을 누가 지어주었느냐고 물었을 때 자기가 지었다고 할 때나,[17] 몇 살이냐고 물었을 때 "백 살"이나 "백두 살"일지 모른다고 자신 없이 말하는 대목에서는 독자로 하여금 실제로 있을 법한 이야기라고 느끼게 한

16 모모, 14쪽.
17 모모, 16쪽.

다.[18] 이것이 이 작품에서 제일 먼저 독자가 만나는 실재론적 세계상이다. 모모는 마법적 캐릭터이기도 하다. 많은 사람들이 다투다가 해결이 되지 않으면 모모에게 오는데 모모는 "가만히 앉아서 […] 상대방의 이야기를 듣기"만 해도 서로 화해하는 것이다. 모모는 사람들이 속마음을 털어놓을 수 있는 신비로운 존재이다. 작가는 어떤 구체적인 비법을 제시하지 않고도 어떻게 모모가 니노와 니콜라, 그리고 싸우는 마을 사람들을 화해하게 만들었는지 독자가 상상하게 한다. 그리고 '그래, 모모라면 그렇게 할 수 있었을 거야'라는 믿음을 갖게 한다.

아이들은 이 원형 극장에 와서 멋진 놀이를 생각해냈는데, 극장 전체를 배라고 생각하는 놀이이다. 그러니까 원형 극장이라는 현실은 아이들의 세계에서 하나의 배가 되고, 그 배 이름을 "아르고호"라 붙이면서 아이들은 실제와 상상의 세계를 같은 것으로 생각한다. 그야말로 아이들은 실제 비를 상상 속 폭풍우로 만들면서 환상 세계를 실제처럼 경험하게 된다. 이야기 속의 이야기는 상상이지만 마법과 신비로 가득 차 있다. 여기는 그야말로 아이들의 특성, 실재론적이고 인공론적인 세계상이 그대로 작동하기에 이 작품을 읽는 아이들은 전래동화에서처럼 이야기와 더불어 생생한 체험을 한다. 상상과 현실이 교차하지만 이것이 환상이라는 생각이 들기보다는 우리 중 어느 누구라도 겪을 수 있는 이야기로 느껴지게끔 만들어져 있다.

---

18 모모, 17쪽.

이야기 속의 이야기(내지는 드라마)이지만 독자라면 누구라도 실제의 경험인 것처럼 체험하게 되는 것은 바로 현실과 상상을 같은 것이라 여기는 아이의 실재론적 세계상 때문이다. 아르고호는 "산호초가 도사리고 있고, 바다 괴물이 우글대는 곳"을 항해하고 있다. 그런데 "영원한 태풍"이라는 사나운 회오리바람이 불고 있었다. 그 태풍에 대응하여 이 아르고호는 잘 만들어져 있고 더구나 선장 고르돈이 용감하게 배를 잘 운행하고 있다. 그리고 "떠도는 태풍"의 원인을 밝혀내고 그것을 제거하기 위해 일등 항해사, 아이젠슈타인 교수, 조수들, 그리고 원주민 소녀가 함께 있었다. 이렇게 과학과 원주민이 동행하는 것이 곧 꿈과 현실의 착종을 의미한다.

한쪽에는 오겔뭄프 비스트로치날리스, 슈트룸푸스 쿠비에치넨주스와 같은 학술 용어가 나오고, 다른 한쪽에는 거대한 해파리가 회오리를 몰고 오고, 사람들이 강력한 태풍에 맞서는, 기막힌 실재론적 세계를 독자는 체험하게 된다. 슘슘 구미라스티쿰은 태풍의 이름인데 교수가 이것이 생물체라고 말하고 이 거대한 생물체 '슘슘'을 향해 대포를 쏘는 것은 물활론적 세계의 전형이라고 할 수 있다. 원주민 소녀는 "말룸바! 말룸바 오이지투 조노! 에르바이니 잠바 인살투 롤로 빈드라. 크라무나 호이 베니 베니 자도가우!"라고 소리친다. 교수는 이 말을 번역해준다. "우리 부족에게는 전해 내려오는 노래가 있다. 누군가 용기 있는 사람이 그 노래를 '떠도는 태풍'에게 불러주면 태풍을 잠재울 수 있다." 이 원주민 소녀의 말과 "티슐라인 덱크트 디히(밥상아, 밥을 차려라)" 간에는 아무런 차이가 없다.

원주민 소녀의 말을 듣고 어떤 이가 웃기는 일이라고 하자, 아이젠슈타인 교수는 "편견을 가져서는 안 된다"고 하며 마법을 옹호한다. 이제 모모의 노래에 따라 모든 사람은 주술에 걸린 듯이 춤을 춘다. 그러자 태풍은 사라지고, 실제적인 비에 온몸을 적신 모든 아이들은 모모 집에서 겪은 일들을 실제처럼 생각한다. 마치 그리스의 장군 이아스처럼 콜키스에 도달하는 기쁨을 맛보게 된다.

제4장은 건너뛰고 제5장을 살펴보자. 우리는 앞에서 창작동화가 전래동화의 스키마를 따르지만 창작동화의 작가들은 특별한 모티브를 전래동화에서 가져와 자신의 세계상에 맞게 재편한다는 것을 살펴보았다. 기기는 모모를 사랑하게 되자 여러 가지 이야기가 마구 떠오른다. 그는 미국에서 여행을 온 귀부인들에게 이야기한다. "폭군 마르크센티우스 코무누스는 세계를 자기 마음대로 바꾸어 보려고 했다. […] 그래서 지구와 똑같은 크기의 천체를 만들고, 그 위에 […] 모든 것을 지구에 있는 것과 똑같은 모양으로 만들라고 명령했지요. […] 사람들은 우선 거대한 천체를 놓을 받침대를 만들었습니다. 여러분이 보고 계신 이곳은 바로 그 받침대의 폐허입니다." 자기들이 모인 곳, 원형 극장을 폭군이 만든 하나의 모형이라고 보는 기기의 세계상은 바로 아이들이 모든 것은 만들어졌다고 보는 인공론적 세계상에서 출발한다.

이유는 마법적이어서 밝힐 수 없으나 세계는 사실 만들어진 것임이 분명하다. 철학에서도, 라이프니츠는 세계는 가능한 세계라고 말하지 않았던가. 기기는 이제 자기와 모모를 연결하기 위해 모모 공주 이야기를 한다. 그들에게 이야기와 현실은 분리되어 있지 않고, 둘 사이의 관계 또한 만들어진 것이고 동시에 만드는 것이다. 누더기를 걸치고 있는 오늘 나라의 왕자와 공주는 지금의 모습이다. 아름다운 옷을 걸치고 있는 내일 나라의 왕자와 공주는 마법의 거울 속에 있다. 거기에는 가치의 차이가 아니라 외양의 차이밖에 없다. 그것을 만든 것은 오로지 마법이기 때문이다.

6. 마법의 설탕 두 조각(1991)[19]

렝켄이라는 이름을 가진 여자아이가 있다. 이 아이는 불만이 많다. 왜냐하면 엄마 아빠가 자기 말을 잘 들어주지 않기 때문이다. 언제나 엄마 아빠 말에 복종해야 하고, 항상 이성적이길 원하는 엄마 아빠도 맘에 들지 않을 뿐더러 아무것도 맘대로 할 수 있는 것이 없다. 엄마 아빠는 아무것도 자기가 원하는 것을 해주지 않는다. 그래서 비밀스럽게 요정을 찾아가 요청한다. 어떻게 하면 엄마 아빠를 이길 수 있는지 알려달라고. 요정은 렝켄의 마음을 재빨리 알아차리고 엄마 아빠를 마법에 걸리게 하는 방법을 알려준다. 요정은 두 개의 각설탕을 주면서 엄마 아빠의 찻잔이나 커피에 이 설탕을 타두라고 한다. 그러면 엄마 아빠가 렝켄의 말을 들어주지 않을 때마다 그들의 키가 반으로 줄어지는 마법이다.

렝켄은 복수가 너무 즐겁다. 드디어 자기 멋대로 엄마 아빠를 조종할 수 있게 된 것이다. 이제 엄마 아빠는 키가 몇 센티미터밖에 되지 않을 정도로 작아졌다. 그러나 문제가 생겼다. 지금까지 생각해

19 미하엘 엔데, 『마법의 설탕 두 조각』, 유혜자 옮김, 한길사, 2001.

보지 않았던 것인데, 렝켄이 엄마 아빠의 도움을 받고 있었다는 사실이다. 그런데 자기가 필요할 때 걱정하고 도와주고 보호해주는 엄마 아빠가 이젠 너무나 작아져서 어떻게 할 수가 없게 된 것이다. 이제 엄마 아빠를 다시 원래의 상태로 돌려놓을 수 있을까? 요정은 이 방법을 가르쳐주지 않았다.

이 이야기는 많은 매력과 유머를 포함하고 있다. 그리고 부모와 아이의 관계를 완전히 거꾸로 되게 만들었다. 일반적으로 어른이 명령하고 아이가 복종하는 것이 아니라, 반대로 아이가 크고 어른은 작고, 아이가 명령을 하고 부모가 명령을 받는 상황을 만든 것이다. 특히나 렝켄이 독백을 하는 곳에서는 아이들의 마음대로 되지 않는 현실을 상상에 따라 마음대로 바꾸는 것이 얼마나 힘든지 구체적으로 보여준다. 이런 전도된 이야기가 바로 이 이야기의 매력이며, 아동의 실재론적 세계상에서 유래하였다.

아동의 이야기에서 무엇이 중요한가 하고 묻는다면 필자는 주저하지 않고 이 이야기처럼 감정의 나열 대신 플롯이 있는 사건을 제시해야 한다는 점을 꼽겠다. 한국의 텍스트들은 이 이야기에서 보여주는 플롯, 즉 사건의 변화를 제시하는 대신, 감정과 행위를 그저 말로 표현하고 또 그것을 완벽하게 표현해내어 그것 자체가 문학인 듯 확신하고 있다. "좋은 감정으로 좋은 문학이 되는 것이 아니다."란 지드의 말을 비웃기라도 하듯 한국의 아동문학은 모든 것을 감정이나 아름다운 말로 대체하고 그것이 동심이라고 말한다.

그런 기준으로 『마법의 설탕 두 조각』을 본다면 동심이기는커녕

사악한 아이에 대한 이야기라고 읽지도 못하게 할 것이다. 그러나 이 이야기 또한 일반 성장소설처럼 이론적 틀을 갖추고 있다. 루카치가 소설을 "문제적 개인이 자신을 찾아가는 여행"이라고 정의한 것, 다시 말해 그 문제적 개인이 그에게는 "아무런 의미가 없는 단순히 존재하고만 있는 현실에 침울하게 갇혀 있는 상태로부터 명백한 자기인식에로 나아가는 길"[20]이라고 정의한 것과 같은 맥락에서 이해하면 된다. 이렇게 보면 우리의 아동문학은 호메로스나 단테의 서사시에 가까운 형식이 된다.

렝켄이 만나는 "우연한 세계"와 "문제적 개인"으로서의 렝켄은 서로가 서로를 조건으로 하는 현실들을 말한다. 만약 엄마 아빠 말에 순종하여야 한다는 전근대의 시대에 렝켄이 산다면 그것이 방해가 된다든가 극복해야 할 힘든 일이 될 수는 있다. 그러나 사건의 진행을 따라가면 아이나 어른 할 것 없이 누구나 긴장감을 늦출 수 없다. 그 이유는 이 우연한 사건은 렝켄에게 자기 정체성에 대한 심각한 위협이 되기 때문이다. 어른이 아이에게 처벌을 할 수 있는 세계는 서사시의 세계, 완결성의 세계이다. 그러나 아이가 어른을 처벌하는 경우는 아이의 세계를 독자적이고 고유한 것으로 만들고, 루카치가 말한 대로 "선험적 고향 상실의 세계"를 만든다. 이런 세계를 접하는 아이 독자는 재미있어하면서, "그래서? 그래서 어떻게 되었어?" 하고 책 읽어 주는 엄마 아빠를 재촉한다.

이야기의 구조 자체가 문제성(플롯)을 제시하기에 그 변화에 따라

20 게오르그 루카치, 『루카치 소설의 이론』, 반성완 옮김, 심설당, 1985, 103쪽.

말뿐 아니라 감정까지도 불러일으키기 때문에 감정과 사건에 대한 서술을 필요로 하지 않는다. 그에 반해 너무 설명이 많고 조종하려는 서술이 많은 문학은 마치 창에 목을 찔려 죽어가는 순간에도 할 말을 모두 다하는 호메로스의 「일리아스」와 같다.[21] 서사시의 시대는 '완결성'을 요구하는 시대였다. 작가가 작품에 개입하지 않는다. 렝켄은 그렇지 않다. 엄마 아빠를 어떻게 해야 할지(다시 말해 어떻게 복수해야 할지) 모르는 렝켄은 요정이 무엇을 도와줄까 묻자 서슴지 않고 대답한다. "상대가 한 사람이 아니라서… 나 혼자 두 사람을 상대하려니까 너무 힘들어요." "키가 지금의 반만이라도 된다면…." 요정은 렝켄에게 각설탕 두 조각을 주는데 물론 이것은 마법으로 가능하다. 여기서는 실재론적, 인공론적 관점에서 아동이 생각한 것을 실제로 옮길 수 있다는 것과 엄마와 아빠를 맘대로 바꿀 수 있는 독자적인 세계를 만들어낼 수 있다는 아동의 세계상을 찾아볼 수 있다.

문학이 더 이상 고전 미학에 머무르지 않고 근대 미학의 그늘로 들어오게 된 것은 『마법의 설탕 두 조각』에서도 찾아볼 수 있다. 미학에 대해 말하자면 우리는 칸트의 『판단력 비판』을 언급하지 않고 지나갈 수 없다. 칸트는 철학적 인식 문제를 다룬 『순수이성비판』과 인간의 도덕적 행위 준칙을 말한 『실천이성비판』 외에도 인간이 갖추어야 할 능력, 즉 판단력에 대해 이야기한 『판단력 비판』을 썼다. 칸트는 여기서 고전 미학의 세 가지 준거에 대해 이렇게 말한다. 한

---

21 호메로스, 『일리아스』, 천병희 옮김, 단국대학교출판부, 2001, 490-491쪽.

사물이 아름답게 보이려면, 첫째로 그 사물이 주는 만족감이 실제적 이득과 무관해야 하고(예술작품의 무목적성), 둘째로 그것이 불러일으키는 쾌감이 보편적이어야 하며, 셋째로 다양한 것을 총체적으로 종합하는 경험을 제공해야 한다.[22]

가령 첫째 준거에 따르면 누구를 칭송하거나 찬양하는 문학은 예술작품이 아니다. 「용비어천가」나 『성경』은 무목적이 아니기 때문에 첫째 준거에서 벗어난다. 「관동별곡」이나 비문 등도 여기에 속한다. 성웅 이순신 이야기도 여기에 속한다. 오늘날 광고도 미학적 기준에서 벗어나고 기술도 벗어난다. '벤츠의 미학'이라고 하는 것은 비유적 의미에서 가능하지 정말로는 미학의 준거에서 벗어난다. 어린이는 착하고 아름답게 행동해야 한다는 원칙으로 작품을 쓰면 그것도 예술작품은 아니다. 둘째 준거를 보자. 어느 시대에나 어느 문화에도 적용되는 보편적인 미의 개념이 있다는 뜻이다. 「모나리자」의 아름다움은 보편적이다. 그러나 「아비뇽의 처녀들」이나 「별이 빛나는 밤」의 아름다움의 보편성에 대해서는 조금 더 생각해 보아야 한다. 셋째 준거는 무슨 뜻인가? 보편적인 쾌감을 주려고 문학에서는 긴장구조, 운율, 메타포, 수사학 등을 사용하고, 미술에서는 원근법이나 황금비, 그리고 음악에서는 화성규칙 등을 사용하며, 이들을 통한 진선미의 추구가 고전 미학의 바탕이다. 하지만 19세기 이후에는 예술을 이런 식으로 설명할 수 없다. 가령 우리가 피라미드 앞에서 느끼는 전율이나 피카소의 「아비뇽의 처녀들」을 보고 느끼

22 임마누엘 칸트, 『판단력 비판』, 백종현 옮김, 아카넷, 2012(이하 칸트), 191-247쪽을 보라.

는 도전적인 미학은 고전 미학과는 판이하게 다른 숭고의 미학이라고 부른다.[23]

렝켄의 이야기는 숭고의 미학이라 볼 수 있다. 아빠가 아이가 원하지 않는 TV 채널을 켰을 때 갑자기 자전거 바퀴에서 바람이 빠져나가는 소리가 났고, 아빠의 키는 반으로 줄어들었다. 어린아이의 마법이 사실 끔찍하거나 황당한 일이 많다. 아빠는 소인국에서 온 사람처럼 보였다. 아이의 이런 생각을 서양의 중세나 한국의 중세에서 찾을 수 있는가? 아니다. 이것은 현대에 와서 아동의 발견과 더불어 발견된 것이다. 이런 일이 계속되자 렝켄도 이제 "덜컥 두려워진다". '덜컥 두려워짐', 이것도 숭고의 미학 중 하나다. 불쾌, 경이, 당혹, 공포, 그로테스크 같은 것들은 숭고의 미학의 준거로서 보들레르 이후 예술적 근대가 이룩한 것들이다. 우리는 아동 문학의 미학이라는 것이 단순히 '동심'이라는 마법어로 끝나지 않는다는 것을 알아야 한다.

7. 해리 포터와 마법사의 돌(1997)[24]

앞에서 우리는 창작동화가 마법 동화라는 측면에서 전래동화의 스키마에 따라 만들어졌다고 추론한 바 있다. 전래동화의 마법은 창작동화에서도 맥을 이어간다. 기적 같은 일이 벌어지고, 인과 관계

---

23 칸트, 248-277쪽을 참조하라.
24 J. K. 롤링, 『해리 포터와 마법사의 돌』, 김혜원 옮김, 문학수첩, 2014(이하 해리 포터).

가 명확하지 않은 일이 일어나며, 중력의 법칙이 완전히 무시되고 인간과 동물, 나아가 사물 사이의 경계가 무시되며 자연과 초자연의 경계가 없어진다. 이 모든 것이 『해리 포터와 마법사의 돌』에도 그대로 구현되어 있다. 그러므로 20세기 말 최고의 아동문학 해리 포터 시리즈는 '동화는 마법적이다'란 말에 아주 적합하다. 동화가 독자(청자)로부터 멀리 떨어져 있는 것만큼이나 해리 포터는 머글들(마법사가 아닌 평범한 사람들을 말함) 가운데 살면서도 그들과 멀리 떨어져 있다. 전래동화의 시작 '옛날 옛날에…'만이 없을 뿐이다.

전래동화가 일어나는 장소, 즉 동화 속의 마을, 도시, 산, 강, 숲은 이름이 없었듯이 해리가 사는 프리벳가 4번지나, 다이애건 앨리, 9와 4분의 3 플랫폼, 호그와트 마법학교는 영국에 실제로 있는 곳이 아니다. 주인공 이름 해리도 전래동화 헨젤(한스)만큼이나 흔한 이름이고 부엉이나 고양이 이름을 가진 교수들 이름도 빨강 모자나 백설 공주와 같이 평범한 것들이다. 그리고 이름들은 등장하는 주인공의 행동이나 플롯에 상응하는 것들이다. 이런 이름을 갖기 위해 주인공 해리는 현실을 떠나 모험의 세계로 떠난다. 서사의 시점 또한 주인공의 시점을 택하기에 이모와 이모부, 사촌 두들리에게 구박당하고 얻어맞는 일에 감정이입하지 않는다. 주인공의 행동이 누구보다 착하다느니, 능력이 있다느니, 불쌍하다느니, 판단하거나 설명하지 않는다.

이 이야기도 인과 관계가 없다는 측면에서(해리 부모의 죽음과 해리가 마법학교에 가는 것의 인과 관계가 모호하다) 인공론적 세계상을 말하고, 9와 4분의 3 플랫폼을 초자연적으로 들어가는 것도, 즉 사물의 경계가 사라진다는 것도 실재론적 세계상을 말한다. '옛날 옛날에' 대신 작가 롤링의 개인적 삶과 그녀가 살던 시대의 의미가 덧붙여졌을 뿐이다. 또 다른 차이는 전래동화가 신탁에 의한 마법이라면, 이 창작동화는 소위 말하는 어떤 작가의 상상력에서 비롯된 마법이라는 것뿐이다. 만약 마법이 모든 문제를 해결할 수 있다면 서사는(플롯은) 존재하지 않을 것이다. 마법은 항상 현실과의 충돌에서 발생한다. 덤블도어는 해리에게 어떤 일이 그의 머릿속에서 일어난다고 해서 그것이 실재한다는 뜻은 아니라고 말한다. 이 말은 아동문학의 '마법' 논리를 정면으로 반박한다. 그렇다. 그것은 적어도 『해리 포터와 마법사의 돌』이 이미 어느 정도 성장한 아이들을 위한 문학이란 점에서 적확한 지적이다.

해리 포터는 위압적인 이모부 버논과 냉정한 이모 페투니아, 욕심 많고 버릇없는 이종사촌 두들리 밑에서 갖은 구박을 견디며 계단 밑 벽장에서 살아간다. 어느 날 버논 더즐리는 자기 회사로 가는데 이상한 일을 목격한다. 이것이 마법의 시작이다. 황갈색 부엉이가 날개를 퍼덕이며 창문 옆으로 날아간다. 차를 타고 가는데 고양이 한 마리가 프리벳가 지도를 보고 있다. 시내에 이상한 망토를 입고 있는 사람들이 많다.(『모모』에 나오는 회색의 신사들이 생각난다.) 사무실에서 보니 밖에 부엉이 떼가 있다. 그리고 점심 때 밖에서 포터 부부에 대한 이야기를 들으며 혹시 죽은 해리의 부모가 아닌가 생각한다. 사람들은 왜 부엉이가 밤이 아니라 낮에 출몰하는지 불안해한다. 비 대신 별똥별이 쏟아진다.

그러는 중에 낯선 사람 하나가 나타나 은빛 라이터로 가로등을 켰다 꼈다 한다. 이 사람은 알버스 덤블도어 교수로 나중에 밝혀지지만 호그와트 마법학교 교장이다. 그 옆에 고양이가 한 마리 있는데 이 고양이(사람) 역시 마법학교의 맥고나걸 교수이다. 그리고 해리의 부모가 마법사 볼드모트에게 살해당하고 난 뒤, 볼드모트 또한 해리 때문에 약해져서 죽었는지 알지 못한다. 다만 이들은 해리가 유명해질 것이라고 말한다. 두 교수는 거대한 오토바이를 몰고 하늘을 날아온 해그리드를 기다리고 있다. 해그리드는 담요에 어린 해리를 싸고 와서 유일한 친척인 더즐리 이모네 현관문을 들어가 층층대에 해리를 내려둔다. 이 부분은 앞서 언급한 오토 랑크의 영웅 신화와 상응한다. "영웅의 부모는 가장 탁월한 혈통을 가지고 있다. 즉, 영웅은 주로 왕의 아들이다. 그가 출생하기까지는 난관이 있다."[25] 그리고 이는 프로이트의 가족 로망스의 신드롬이라고도 할 수 있다. 해리는 마법학교에 와서 알게 되지만 이모부 더즐리 가족보다, 그리고 머글(마법을 쓰지 않는 인간)들보다 우월하다. 해리의 부모는 바로 이 마법사의 혈통을 가지고 있었다. 그러나 해리는 고아로 남아 있었다.

이제 10년이 흐른다. 이모네 집에 맡겨진(이모네서 사는 톰 소여가 생각난다) 해리도 10살이 된다. 그러나 이 집에서 해리는 구박을 받는다. 사촌인 두들리는 아무 일도 하지 않고 생일을 맞아 온갖 선물을 받는, 한마디로 응석받이이다. 그러나 해리는 이모와 이모부, 그리고 두들리에게 온갖 구박을 받는다.(언니들에게 구박받는 「신데렐라」와 모티브

25 오토 랑크, 152쪽. 테리 이글턴이 말하는 '고아' 모티브 또한 랑크의 영웅 설화와 맞닿아 있다.

가 비슷하다. 그리고 해리는 누추한 곳, 2층으로 올라가는 계단 밑 벽장에 산다.) 두들리에게 얻어맞은 해리는 부러진 안경을 스카치테이프로 붙여 쓰고 다닌다. 한 가지 특이한 것은 해리가 자기에게 특별한 일, 즉 마법이 일어나는데 그것을 의식하지 못한다는 사실이다. 한번은 페투아니아 이모가 벌로 해리의 머리카락을 잘랐는데 그다음 날 원상태가 된다. 또 한번은 두들리가 입던 낡아빠진 헌 스웨터를 해리에게 입히려는데(물론 해리는 그 옷을 싫어한다) 그것이 점점 더 작아져서 입을 수 없게 되었다. 해리는 자기가 오토바이를 타고 공중을 날아온 기억을 말하지만 이모부는 오토바이는 날지 않는다고 소리친다. 해리는 실제와 생각이 다르다고 말하지만 더즐리 가족은 그게 위험하다고 말하며 이런 마법이 그에게 일어나지 않도록 최선을 다한다.

마법은 어쩌다가 따라가게 된 동물원 파충류 전시관에서 정점에 달한다. 해리는 뱀과 윙크를 하고 서로 대화를 한다. 전시관의 유리창이 갑자기 없어지고 보아뱀이 나오자 사람들은 혼비백산하여 달아난다. 해리는 이 일로 어두운 벌장에 다시 갇히게 된다. 그때부터 해리는 거리의 낯선 사람들이 자기를 아는 것 같다는 느낌을 받곤 한다. 한번은 이모와 쇼핑을 갔는데 "뾰족한 보랏빛 모자를 쓴 자그마한 남자가 해리에게 인사를 했다."[26] 이것이 해리 포터의 마법의 시작 부분인 제1장과 제2장의 내용이다.

제3장은 열한 살 생일을 앞둔 해리에게 초록색 잉크로 쓰인 한 통의 편지가 배달되면서 보인 마법을 보여준다. 그 편지는 '호그와트

---

26 해리 포터, 53쪽.

마법학교'에서 보낸 입학 초대장이었다. 해리의 생일을 축하하러 온 거인 해그리드는 해리가 모르고 있었던 해리의 정체를 알려주는데, 그것은 해리가 초능력을 지닌 마법사라는 것이다. 해리는 이제 해그리드와 마법학교에 필요한 물품을 사러 런던의 다이애건 앨리로 간다. 다이애건 앨리는 리키 콜드런의 앞마당 쓰레기통 위에서 왼쪽 3번째에 있는 벽돌을 두드리면 열리는 마법의 장소이다. 해리는 의심을 한다. 과연 요술 지팡이와 마법 책과 지팡이에 관한 책이 있고, 저 땅 아래에는 마법사의 황금이 있을까? 그야말로 물활론적 마법의 진수에 독자들은 점점 더 빠지게 된다.

해리는 주저하지 않고 호그와트를 택한다. 런던의 킹스크로스 역에 있는 비밀의 9와 4분의 3 플랫폼에서 호그와트 특급열차를 탄 해리는 열차 안에서 같은 호그와트 마법학교 입학생인 헤르미온느 그레인저와 론 위즐리를 만나 친구가 된다. 이들과 함께 호그와트에 간 해리는, 놀라운 모험의 세계를 경험하며 갖가지 신기한 마법들을 배워 나간다. 또한 빗자루를 타고 공중을 날아다니며 경기하는 스릴 만점의 퀴디치 게임에서 스타로 탄생하게 되며, 용, 머리가 셋 달린 개, 유니콘, 켄타우로스, 히포그리프(말 몸에 독수리 머리와 날개를 가진 괴물) 등 신비한 동물들과 마주치며 모험을 즐긴다.[27] 이제 꿈은 현실이 되고 저지된 욕구나 욕망도 자유로운 비행을 한다. 런던을 가로질러 가던 해그리드의 말이 진심으로 들린다. "나는 머글(마법사가

---

27 우리가 논의하는 것은 열 살이 넘은 해리 포터, 그리고 그 또래의 독자들이 어떻게, 그리고 왜 마법에 빠지는지 하는 것이지 내용 파악을 하고자 함이 아니므로 내용은 여기서 줄인다.

아닌 사람)들이 마법 없이 어떻게 살아가는지 도무지 모르겠단 말이야."(108쪽)

20세기를 마감하고 21세기를 맞이하는 이 작품의 독자가, 그것도 피아제의 아동발달단계 1, 2단계를 넘어 3단계에 진입한 아이들이 이런 마법의 세계를 즐긴다는 것을 그저 '판타지이니까'란 말로 끝낼 수는 없다. J. K. 롤링은 이 이야기를 물활론적이고 실재론적이며 인공론적인 아이의 세계상으로 만들었다. 이 이야기는 당연히도 그녀가 읽은 앞 시대의 동화 또는 아동소설의 모티브를 총망라하고 있다.[28] 온고지신이라는 말이 이 경우에 해당한다 할 것이다. 고난을 당하는 주인공 해리는 안데르센 동화의 주인공처럼 호들갑을 떨거나, 자기 비하를 하거나 하지 않고 꿋꿋이 자기의 길을 가고 있다. 화자 또한 어느 곳에서도 영향을 미치려고 노력하지 않는다. 그렇기 때문에 이 이야기는 흡인력이 있다.

성인보다 약하고 부족한 아이는 마법이 아니고서는 이야기를 해피엔딩으로 만들 수가 없다. 그렇지 않으면 아이는 이 세상을 살아갈 힘을 얻지 못한다. 그렇기 때문에 창작동화에는 반드시 마법적 요소가 있어야 한다. 아동의 이야기는 어떻게 하면 아이가 어른과 "다르면서도" 그들에게 우월감을 느끼지 않도록 할 수 있을까를 고민한다. 그러므로 아이와 어른의 관계는 마치 마법사와 머글의 관계와 같다. 아이가 있는 그대로 존중받기 위해서 아이들의 문학은 마법을 필요로 한다. 아동이 성장하면 마법을 통한 환상은 어느 정도

28 아마도 빅토리아 시대의 '고아' 모티브를 중심으로 한 찰스 디킨스의 유산을 물려받은 듯하다.

현실과 갈등하고 어느 정도 현실에 수렴한다. 그렇기 때문에 마법은 『마법의 설탕 두 조각』에서도, 『모모』에서도, 『내 친구 커트니』에서도 「헨젤과 그레텔」에서도, 마크 트웨인의 『톰 소여의 모험』에서도 선량한 측면과 악랄한 측면 모두를 가지고 있다.

제5장

아동문학 읽기와 쓰기

1. 아동문학의 조건: 자연과 감각

일반적으로 문학 교육은 현대의 아동들에게 원시인이 가진 자연 또는 본성을 다시 찾아주는 제의적 역할이 되어야 한다. 동물은 인간이 사육하거나 애완용으로 길들이지 않는 한, 크게 스트레스를 받는 일이 없다. 그러나 인간은 이성의 자연(본능) 지배로 인하여 그 스트레스가 현저하다. 그렇기 때문에 스트레스를 받거나 욕구 충족의 결여가 있는 아이라면 당연히 자연(본성)으로 돌아가게 할 궁리를 해야 한다. 문학은 그런 일에 큰 기여를 한다.

우리가 지금까지 살펴본 서양 동화들의 내용은 대개 억압된 일면들을 보여준다. 그리고 아이들이 그 억압을 극복하도록 이야기가 만들어진다. 가령, 『괴물들이 사는 나라』는 하나의 이야기를 통해 아이들이 갖고 있는 원초적 충동과 욕구의 해소를 하는 데 기여한다. 그리고 『마법의 설탕 두 조각』은 교육이라는 명목하에 가해지는 압박을 복수 이야기를 통해 해소하도록 만들어져 있다. 가끔씩 어린이가 등장하는 프로그램, 가령 〈슈돌〉(슈퍼맨이 돌아왔다) 같은 TV 프로그램을 보면 아이들이 말을 할 줄 몰라도 자기가 하고 싶은 것, 동물적 충동의 해소 같은 것이 제지당했을 때, 얼마나 큰 스트레스를 받는지 알 수 있다.

그러나 피아제가 말한 대로 아이들이 실재론적, 물활론적, 인공론적 세계에 살고 있다는 것을 어른들이 모른다면, 아이들을 외부로만 관찰하고, 어른 기준으로 그들을 평가하고 해석하려고 하여 오히려 역효과만 난다. 왜냐하면 아이들은 스스로 우주를 만들고, 우주가 살아 있고, 자기가 그 우주의 주인이고, 그 우주의 모든 원리를 자기 마음대로 만들 수 있다고 생각하기 때문이다. 어른들은 이것을 마법이라고 말하지만 아이에겐 이것이 현실이다. 그렇기 때문에 아동의 시기에 그 마법적 세상을 얼마나 즐길 수 있느냐 하는 것은 아이의 성장에 매우 중요한 것임에 틀림없다.

나아가 이 시기에 직접 자연과 접촉하고, 자연에서 체험한 것을 이야기로 만든 책을 읽어주고, 또 스스로 읽는 일은 매우 중요하다. 왜냐하면 언어적으로 구조화되지 않은 일체의 경험은 그냥 흘러가버리기 때문이다. 우리는 감각적으로 체험한 것, 나아가 이야기로 만든 것만 뇌에 장기적으로 저장할 수 있다. 우리가 보고, 듣고, 느끼고, 맛보고, 냄새 맡은 것만을 우리는 파악할 수 있고 기억할 수 있고 유추하여 응용할 수 있다. 그러므로 아이들에게 무슨 이야기를 하려면 오감을 사용해서 무엇을 감각하고 느끼게 해야 한다. 나중에 교과서에 나온 개념을 알려면 먼저 오감으로 한 이런 경험이 전제되어야 한다. 그렇기 때문에 책을 읽기 전 아이들이 자연과의 만남 속에서 관찰하고 체험하는 것은 '형상화하는 단계'인 문학을 접하는 전제조건으로 주어져야 한다.

그러나 오늘날 아이들의 경험세계는 창의적으로 만들 수 있는 자연이 아니라 장난감으로 가득 차 있다. 그것도 아니라 경우에 따라서는 장난감의 이미지(이미지의 이미지)로 가득하다. 스마트폰과 같은 전자매체를 통해서는 시각·청각 자극이 지나치게 많고, 후각도, 미각도, 촉각도 느낄 수 없다. 오로지 시각과 청각, 그것도 프레임으로 왜곡된 형태로만 받아들일 수 있다. 이렇게 어린아이 때부터 감각이 왜곡된다면 아이들은 스트레스를 받는 것은 물론이고 발달이 늦어지며 사물과 자연의 인지 자체가 결여되거나 왜곡된다.

이런 문제를 해결하기 위해 문학 교육의 선진국에서 어떤 교육을 시행하는지 독일의 숲 유치원 사례를 통해 알아보고자 한다. 직접 우리가 그곳에 같이 가서 견학을 해보면 가장 좋지만 여기서는 우선 동영상을 통해 살펴보고자 한다. 유튜브에 있는 괴를리츠 숲 유치원 동영상을 추천한다.

괴를리츠(Görlitz) 숲 유치원
숲 유치원의 하루는 하루 이상이다![1]

1. 부모님과 함께 숲 유치원 산장에 도착
2. 8시 15분 숲 유치원으로 출발

   인원: 20명 유치원생 1개 집단, 교사 2명, 1-2명의 보조교사(인턴)

   아이들의 나이 만 2-6세
3. 30여 곳의 숲 유치원 교육장 중 한 곳으로 이동

   — 모닝서클 시작
4. 아침 식사. 가져온 도시락 먹기(빵, 요구르트, 과일, 야채, 물, 차 등)
5. 오전 학습

   — 역할 놀이(사회적 행동 배우기)

   — 아침 식사 후 아이들은 역할 놀이를 한다

---

1 Waldkindergarten Görlitz, Mehr als ein Tag im Waldkindergarten, 2013. 1. 8., https://www.youtube.com/watch?v=HoN9TOQIjhg

— 한 아이: “우리는 병원선을 타고 있어요. 누가 아프면 더 빨리 가야 해.”

숲은 거리감뿐만 아니라 친밀감도 같이 제공하는 좋은 장소이다.

— 소꿉놀이를 하는 아이들도 있다.

— 아이들은 작은 집단으로 나뉘어 자기들만의 놀이를 한다.

— 통나무배 놀이, 톱질, 그네타기, 씨앗 심기, 소꿉놀이, 요리 등

6. 자연 관찰

아이들은 자기 고장의 동물과 식물을 보면서 자란다.

— 개구리들이 뛰는 것을 관찰한다.

— 애벌레를 잡아 관찰한다.

— 말똥구리를 관찰한다.

— 딱따구리가 어미 새가 새끼들에게 먹이를 주는 것을 관찰한다.

— 밧줄 놀이(거미줄 네트 놀이)를 한다.

7. 음악과 율동

— 조기 음악교육(뛰고 손뼉 치면서 박자 익히기)

— 노래에 맞춘 몸동작

— 기타 반주에 따라 노래하고 연극하기

8. 작은 몸동작

— 칼로 나무 깎기

— 나무로 땅바닥에 그림 그리기

— 조형물 세우기

— 종이비행기 접기

9. 큰 몸동작

— 나무에 오르기, 가지에 올라앉기, 나무타기, 나무에 매달리기

— 톱으로 마른 가지 자르기

— 작은 아이들은 통나무 넘어가기, 낮은 나무 오르기

10. 산장으로 돌아오기

— 도랑을 건너고 나무를 넘고 풀밭을 지나 원래 출발했던 곳으로 돌아온다.

11. 점심 식사

— 식사를 맛있게 하기

— 양치하기, 손 씻기, 입 닦기

12. 낮잠 자기 13-15시

— 설치된 그늘막에서 아이들은 잠을 잔다.

13. 오후 간식시간

— 그림 그리기, 다친 데 치료하기

14. 하원

이 숲 유치원 영상은 보기만 해도 아이들이 마치 「헨젤과 그레텔」이나 『모모』에 나오는 내용을 그대로 체험하는 것 같은 인상을 받는다. 상상과 모험, 판타지란 결국 마법의 구체적인 체험을 말한다. 마음대로 톱질을 하고 나무에 오르고, 소꿉놀이를 하는 것은 아동의 인공론적 세계상을 구현하는 것이다. 만약 이런 것들이 전제되지 않는다면 문학 속의 마법은 작동하지 않을 것이다.

나는 한국의 학부모들이 이 동영상을 어떻게 보았을까 궁금하다. 우리가 과연 이런 제도를 도입할 수 있겠나, 도입해도 한계가 있지

않을까, 이런 회의적인 생각이 든다. 우리나라에서도 숲 유치원이 있고 발전하는 추세이다. 그러나 우리의 교육적 생각과는 많이 다르고 그 무엇보다 이런 걱정이 앞설 것이다.

1. 과연 부모가 이런 교육기관에 자녀를 위탁할 수 있을까?
2. 아이들이 다치지 않을까?
3. 학교 교육을 위한 발달(즉 공부)에 지장이 있지 않을까?
4. 소위 말하는 인위적 교육은 언제, 누가 하나?
5. 더러운 것을 만져 위생(질병)에 문제가 생기지 않을까?
6. 누가 이렇게 가르칠 수 있을까?
7. 다른 아이랑 싸우거나 다른 아이를 다치게 하지 않을까?

결론은 "안 돼! 우리나라 유치원이 좋아! 맡기면 되잖아." 이렇게 귀결되는가? 그렇다면 이런 질문을 던져본다. 이런 숲 유치원은 어떤 점에서 아이에게 유리하게 작용할까?

1. 우선 전인 교육이 가능하다.
2. 프로젝트 학습도 가능하다.
3. 아이들은 숲에서 직접 몸으로 행동하고, 노래하고 춤을 춘다.
4. 연장을 다룰 줄 알고 위험을 인식하고 제어할 줄 안다.
5. 협동을 배운다.
6. 놀이를 통해 육체적 욕구를 마음껏 발산한다.
7. 그 결과 스트레스 해소가 되고 건강해진다.

아이들에게 전일제 숲 유치원에서 마음껏 뛰노는 행운을 주지 못한다면 우리는 그들에게 감각 훈련을 할 수 있는 기회라도 주어야 한다. 그래야 아이들은 자기의 몸을 통한 경험으로 상상할 수 있는 기본적인 터를 만들 수 있다. 우리는 이야기를 위한 감각 훈련을 어떻게 할지 알아보고자 한다.

침묵 훈련

아이들의 감각 훈련을 하는 과정에서 무엇보다 먼저 침묵하는 법을 익히는 것이 좋다. 이탈리아의 의사이자 교육학자였던 몬테소리는 침묵과 그 의미를 강조했다. 침묵이 아이를 강하게 한다고 본 그는 이 침묵 훈련을 통해 아이들의 감각을 여는 훈련을 하였다.[2] 아이들은 침묵 훈련을 통해 하루 종일 시달린 여러 가지 경험과 인상들로부터, 스트레스로부터 잠시 풀려나 안정을 찾을 수 있게 한다. 침묵은 새로운 에너지를 찾게 한다. 침묵은 아이들이 내면으로 들어가서 새롭고 강한 그 무엇을 상상하고 받아들일 준비를 하게 한다. 아이는 이 훈련을 하는 동안 내면세계가 있다는 것을 경험한다. 외부적 영향을 차단하고 주의력을 특정한 소리나 그림, 냄새, 촉각, 맛에 집중하게 할 수 있다. 그리고 감각 훈련은 다음과 같이 할 수 있다.

시각 훈련

지금 우리가 직면하고 있는 현대문화의 특성을 꼽으라면 그것은

2 마리아 몬테소리, 『어린이의 비밀』, 구경선 옮김, 지식을만드는지식, 2011, 132쪽 참조.

바로 시각 문화의 부흥이라고 주저 없이 말할 것이다. 아이들은 이 시각의 홍수 속에서 하나의 그림에 머물러 그것을 관찰하고, 응시하고, 음미할 수 없다. 어릴 때 갖고 있던 하나의 인형이나 마스코트를 평생 갖고 다니는 문화는 사라진 것이다. 언제든지 복제 가능하고 대체 가능한 시대가 된 것이다.

- 아이들이 처한 공간에서 고개를 돌리지 말고 그저 눈으로만 볼 수 있는 것을 헤아려 본다. 이것은 정원이나, 강가의 잔디나, 숲 유치원 같은 자연 공간에서도 가능하다.
- 한 장의 종이 위에 창문을 그리고 그 부분을 오려낸다. 그리고 이 종이를 그림책 위에 갖다 대고 오려낸 창문을 열어 거기서 본 그림이 그림책 전체의 어느 부분에 속하는지 알아맞히는 놀이를 한다.
- 독일의 아이들이 하는 놀이를 해본다. "나는 네가 보지 않는 것을 본다." "그건 노란색이야." 부모는(또는 교사는, 또는 다른 아이들은) 그것을 알아낸다. 다음 술래는 다른 색을 가진 대상으로 놀이를 한다.
- 마음속으로 대상을 떠올린다. 아이들은 눈을 감고 과일이나 옷, 경주용 자동차, 꽃, 동물들을 상상하고 그것들에 대해 어떻게 생겼는지 말해본다.
- 자연에서 채집한 것들(나뭇잎, 열매 등)을 책상 위에 펼쳐놓는다. 아이들은 그것들을 몇 초 동안 바라본다. 그리고 곧장 수건으로 덮는다. 아이들은 그 수건 아래에 있는 것들이 무엇인지 말해보고

그것들을 그린다.(경우에 따라서는 아이들이 안 보는 사이에 그 대상들을 바꿔치기하고 무엇이 바뀌었는지 말해보도록 한다.)

청각 훈련

학령기 이전의 아이들에게 이 청각 훈련을 할 경우, 주의력을 잃지 않으려면 최대 1-2분 정도만 할 수 있다. 우선 눈을 감게 하는데 이는 소리에 더 민감하게 반응하게 하기 위함이다.

- 교사나 부모가 집안의 대상들을 이용해 소리를 내고(이를테면 문을 열고 닫거나, 식탁을 젓가락이나 숟가락으로 두드린다) 아이들은 무슨 소리인지 알아내는 것이다. 맞힌 아이가 그다음 차례를 맡는다.
- 빗소리를 알아낸다.
- 창문에 귀를 대고 바깥에서 나는 새소리, 개 짖는 소리, 차가 지나가는 소리 등을 알아낸다.
- 상상 속에서 무지무지하게 큰 귀가 자라도록 해서 저 멀리 바다에서 나는 소리나 산에서 나는 소리를 듣도록 해본다.
- 아이들이 스스로의 호흡 소리에 집중하게 한다.
- 트라이앵글이나 종, 오르골 소리를 내고 그 소리를 듣게 한다.
- 귀를 바닥에 대거나 벽에 대거나 잔디밭에 대고 무슨 소리가 나는지 듣는 훈련을 한다.
- 들판에서 나는 소리와 산에서 나는 소리를 구분한다(숲 유치원 실습일 경우에 좋다).
- 물이 서로 다른 소리를 내는가? 시냇물 소리와 빗방울 떨어지는

소리를 비교해본다. 아니면 수도꼭지에서 나오는 물을 유리컵이나 자기 그릇이나 플라스틱 그릇에 받으면서 각각의 소리가 다른지 비교해 본다.

후각 훈련

평소에 아이들과 식사나 요리를 할 때, 산보할 때, 소풍을 갈 때 냄새 맡는 훈련을 한다. 집에서 아이의 눈을 감기고 음식, 화장실의 물건, 향수, 꽃, 과일, 야채 등의 냄새를 맡게 한다. 누가 누가 냄새 잘 맡나 내기를 걸어보기도 한다.

- 눈을 감고(감게 하고) 엄마의 샴푸나 아빠의 스킨, 로션의 냄새를 맡게 하고 구별하게 한다.
- 눈을 감고(감게 하고) 튜브를 만져보게 하고 거기에서 나는 냄새가 치약 냄새인지, 겨자(머스터드) 냄새인지 구별하는 훈련을 한다.
- 눈을 감고(감게 하고) 짜장인지 스파게티인지 카레인지 냄새로 구별하게 한다.
- 우유인지 요구르트인지, 사과 주스인지, 오렌지 주스인지, 토마토 주스인지 냄새로 구별하게 한다.
- 산보나 야외 소풍을 할 때 나무나 나뭇잎의 냄새를 맡고 구별하게 한다.
- 누가 3-5개의 꽃을 눈을 감고 각각의 냄새를 구별할 수 있나 내기해 보게 한다.
- 비가 처음 올 때 땅에서는 어떤 냄새가 날지 맡아보게 한다.

- 한여름 꽃이 피는 들판에서는 어떤 냄새가 날지 맡아보게 한다.

미각 훈련

우리는 일상에서 생각보다 훨씬 많은 맛을 보고 산다. 혀는 매우 민감한 감각기관이다. 아이들은 아주 어린 시기에 이미 달거나 시고 쓴 맛을 구분할 줄 안다.

- 눈을 감고(감기게 하고) 맛 맞히기 연습을 한다. 먹을 수 있는 것 세 가지를 입에 넣어주며 그 음식을 알아내게 한다. 레몬 조각, 사과 조각, 허브 이파리, 쑥갓, 단호박 익힌 것, 당근 조각, 오이 채썬 것 등을 주고, 묻는다. "이건 뭐야?"
- 유리잔에 우유, 사과 주스, 콜라, 사이다, 환타, 홍차, 요구르트 등을 담아 아이에게 맛보게 하고 알아맞히도록 한다.

촉각 훈련

아이들에게 물어본다. 손으로 무엇을 할 수 있을까? 그러면 아이들은 대답할 것이다. 잡고, 만들고, 느끼고, 더듬거리고, 톡톡 쳐보고, 문지르고, 긁고, 쓰다듬고, 손뼉 치고, 글을 쓰고, 가리키고, 때리고, 공놀이하고, 끌고, 당기고 등을 할 것이라고.

- 우리가 손으로 할 수 있는 위의 것들을 팬터마임으로 해보게 한다.
- 수신호를 해보게 한다. ① 앞으로 나란히 하면서 길다란 길을 나

타내본다. ② 두 팔을 벌리면서 넓은 호수라고 말한다. ③ 두 팔을 땅으로 향하면서 깊은 냇물을 표현한다. ④ 두 팔을 위로 펴면서 높은 나무라고 말을 한다. ⑤ 두 팔을 뒤로 감추면서 '아무것도 없어.'라고 말한다.

- 의자에 앉아서 동작을 하게 한다. ① '새가 한 마리 훽 날아간다.' 하면서 한쪽 팔로 원을 그린다. ② 두 팔로 원을 그리며, '저것 봐, 이제 새 두 마리가 날아가네.' ③ 두 팔을 위로 펴면서 '새들이 높이 날아가네.' 두 팔을 땅 아래로 펴며 '새가 낮게 날아가네.' ④ 팔을 펴며 '새들이 멀리 날아가네. 그리고 다시 날아오네.' ⑤ 검지 두 손가락으로 무릎을 쪼며 '새들이 곡식을 쪼아 먹네. 꼭꼭, 꼭꼭꼭.'
- 눈을 가리고 (숲에서) 나무들을 만져보게 하고 그게 무엇인지(나무, 꽃 등) 알아내게 한다. 그때 손끝의 느낌이 어떤지 말하게 한다. 집에서는 눈을 가리고 대상들을 알아내게 한다.
- 상자 안에 어떤 것들(땅콩, 호두, 장갑, 숟가락 등)을 몰래 넣어두고 아이들이 상자를 흔들어보고 알아내게 한다.
- 눈을 감고 나무를 안아보고 그 나무가 무슨 말을 하려는지 가슴으로 느껴보게 한다.
- 조용하게 앉아서 눈을 감고 손의 감각을 느껴보게 한다. 그리고 종이 위에 손을 대고 그 손 모양을 따라 그리게 한다. 그것을 오려내어 다른 색 바탕의 종이 위에 붙이도록 한다.

2. 아동문학의 조건: 놀이와 이야기

독일의 고전주의 시인 실러(Friedrich Schiller, 1759-1805)는 인간의 전제조건을 놀이충동에서 찾고 있다. 그는 『미학편지: 인간의 미적 교육에 관한 실러의 미학이론』에서 이렇게 말한다. "인간은 그 말의 완전한 의미에서 인간인 한에서만 놀이하며, 또한 놀이하는 한에서만 온전한 인간입니다."[3] 그렇다. 아이가 인간인 이상, 아이를 아이답게 만드는 것은 놀이이다. 놀이란 무엇인가? 놀이란 생활상의 이해관계를 떠나서 자발적이고 즉흥적으로 참여하는 무목적적 활동이다. 그런 놀이 중에서도 최고가 바로 이야기이다. 아동들과 대화를 하거나 이야기를 할 때는 이야기가 무목적적이고 때로는 비합리적인, 마법적인 방법으로 이루어져 있다는 것을 전제하고 접근해야 한다. 어떤 도덕적이거나 인간의 생산 활동과는 관계없는 방법으로 접근해야 한다는 뜻이다.

그러나 우리가 얼마나 많이, 그리고 자주 어른들의 방법, 즉 현실적이고도 가치 중심적인 방법으로 아이들과 만나고 있는가? 그 예를 우리나라의 창작동화에서 너무 많이 본다. 말을 잘 듣지 않는 아이가 있다고 가정해보자. 떠들고 장난치고 친구를 괴롭히는 아이를 가정해보자. 우리는 어떤 방식으로 이 아이에게 접근하는가? "떠들지 마!" "조용히 해!" "떠드는 아이는 나쁜 아이야!" 이렇게 접근하는

---

3 프리드리히 실러, 『미학편지: 인간의 미적 교육에 관한 실러의 미학이론』(Über die ästhetische Erziehung des Menschen), 안인희 옮김, 휴머니스트 출판그룹, 2012, 129쪽.(열다섯째 편지)

가? 아니면 큰 소리로 나무라거나 벌을 주는가? 아니면 교사라면 학부모에게 가령 "어머님… 민이가요… 정말 말을 듣지 않아요." 하고 일러바치는가?

이런 일은 놀이와는 거리가 멀 뿐만 아니라 아이가 관심을 두지도 않는다. 그러므로 이런 것을 이야기로 만들어서는 안 된다. 그러면 어떻게 이런 문제로 아이들에게 접근할 수 있을까? 우선 아이 입장에서 놀이처럼 만들어 보면 좋을 것이다.

> 자, 친구들 우리 중에 누가 가장 잘 떠들 수 있을까요?

그러면 이상하게도 아이들은 "저요, 저요." 하거나, 아니면 "민이가 가장 잘 떠들어요."라고 대답을 한다. 그러면 이렇게 하면 된다.

> 아, 그래? 그러면 민이가 한번 떠들어 보세요. 우리 같이 떠들어 볼까요?

이런 대화나 이야기는 우리가 서양의 동화나 이야기에서 자주 만날 수 있는 이야기이다. 『괴물들이 사는 나라』에서 맥스는 너무 심하게 장난을 친다. 때로는 포크로 강아지를 괴롭히기도 하고, 엄마에게도 달려든다. 『마법의 설탕 두 조각』에서도 렝켄은 자기의 말을 잘 들어주지 않는 엄마 아빠가 맘에 들지 않는다. 엄마 아빠에게 복수를 하고 싶다. 앞서 살펴본 『짖어봐 조지야』의 모티브 또한 이런 상황을 염두에 두고 쓰인 것 같다.

그러므로 우리는 이야기를 하거나, 창작동화를 쓸 때 이렇게 특별한 문제가 있는 아이를 선택해야 한다. 인물은 아주 나쁜 아이나 아주 착한 아이를 세우라고 아리스토텔레스가 『시학』에서 한 말은 옳다. 그래야 아이들이 이야기를 흥미진진하게 듣는다.

> 옛날 옛날에 민이라는 아이가 살았는데, 이 아이는 서당에만 오면 장난을 쳤어요. 그리고 옆에 있는 아이를 괴롭혔답니다.

(아동)문학은 탄탄한 플롯이나 갈등구조를 갖기 전에 등장인물부터 분명하게 설정되어야 한다. 그러니까 민이의 캐릭터가 분명해야 한다. 말하자면 주역으로서의 민이는 특별해야 한다. 소위 도덕적인 아이는 이야기의 캐릭터가 되지 않는다. 우리가 자주 읽는 창작동화에서 그 예를 살펴보고, 아이에게 이야기를 해 보자.

> 해리 포터는 어릴 때부터 더즐리 부부의 학대와 두들리 패거리에 의한 학교폭력에 시달려온 탓에 소심하고 자신감이 없어요. 자신에게 장점이 아무것도 없을 거라 생각하죠. 그러나 그는 곧 마법학교에서 마법을 배우게 된답니다.

> 삐삐는 어느 작은 마을 변두리에 잡초가 무성한 낡은 집에 살고 있어요. 그 아이는 아홉 살인데 혼자 살고 있지요. 삐삐한테는 엄마 아빠가 없어요. 아빠는 해적이었지만 죽고 없죠. 그런데 삐삐는 이것이 좋다네요. 엄마 아빠의 간섭이 없기 때문에요. 정말 신나겠죠?

『호두까기 인형과 생쥐 왕』에 나오는 마리는 꿈을 현실로 생각하는 아이예요. 어느 날 호두까기 인형이 꿈속에서 생쥐 왕이랑 전투를 하는 것을 보고 그 비밀을 찾아가죠. 꿈을 현실이라고 생각하면서 말이죠. 그 전투가 왜 일어났을까요? 그 비밀은 무엇일까요?

지각대장 존은 늘 학교에 늦게 오는 지각생이에요. 선생님이 존 패트릭 노먼 맥헤너시라고 이름을 모조리 다 부르네요. 이땐 무엇인가 선생님이 벌을 주려고 하는 것이겠죠? 그래요. 존은 학교에 오다가 하수구에서 악어가 나타나서 늦었다는 거예요. 선생님이 존을 그냥 둘까요?

톰 소여는 엄마 아빠 없는 고아입니다. 폴리 이모 집에 살죠. 물론 폴리 이모는 톰에게 잘 해주지요. 그러나 톰은 늘 거짓말을 하거나 말썽을 피우고 학교에 가기 싫어 꾀병을 피우거나 낚시 다니는 일을 좋아해요. 동네 아이들과 싸우기도 하지요.

니콜라도 언제든 학교를 빠지거나 선생님을 놀리거나 친구들과 싸우는 그야말로 평범하지 않는 아이지요. 어느 날 친구가 학교 가지 말자는 거예요. 그날은 하필이면 수학 수업이 있는 날이에요. 그래서 니콜라는 학교에 가지 않기로 해요. 학교를 빼먹은 날 마음이 편했을까요?

앨리스는 늘 보던 세상이 너무 지겨웠어요. 어느 날 토끼를 따라

가다가 계속 떨어져 지구의 중심에까지 떨어졌어요. 그곳에서 토끼는 시계를 차고 있는 것이 아니라 일계를 차고 있었어요.

만약 착한 아이를 주인공으로 내세운다면 이와 같은 문학적 긴장감은 없을 것이고 사건을 설명하거나 감정에 호소하는 이야기 정도로 그칠 것이다. 아동문학의 주인공은 하나같이 악동이라는 점에서 성인문학과 다르지 않다.

자, 이제 중심인물이 설정되었으면 그 반대 인물(드라마에서는 주역에 대한 반역)을 설정해야 한다. 지각대장 존은 그 반대역이 엄격한 선생님이다. 렝켄의 적은 엄마 아빠이다. 해리 포터의 적은 친구들이다. 꼬마 니콜라의 적도 선생님과 친구들이다. 이들은 서로가 보기에 부정적인 특성을 가지고 있다. 가령 선생님이 보기에 지각대장 존은 지각과 거짓말을 일삼는 아이이다. 존은 그것을 부정한다.

물론 부정적인 인물이 적으로 등장하지 않는 작품도 있다. 『내 친구 커트니』의 "아이들"은 착하고 순진무구하다. 그들이 좋아하는 커트니도 엄마 아빠가 보기엔 비록 못생겼지만 아이들이 보기에는 매우 착하고 능력이 많다. 『곰돌이 푸』는 자기 멋대로 꿀을 따러 벌들에게 향한다. 하지만 벌들의 공격을 막기 위해 어리석은 행동들을 한다. 이렇게 특정한 생각, 과한 욕심, 어리석음, 감정조절 실패 등도 얼마든지 다른 인물과 갈등을 일으키는 요소가 될 수 있다. 창작동화일지라도 아이들을 긴장하게 하는 아이러니나 서스펜스가 없으면 그 작품은 교훈에 지나지 않는다. 그것을 우리는 문학이라고 할 수 없다.

자, 이제 처음에 제시한 우리들의 이야기로 다시 돌아가자. 만약에 민이에게 같이 떠들어보자고 하면 민이가 떠들까? 그렇지 않다. 자기를 비난하는 얘기를 누가 듣겠는가? 그럼 어떻게 할까? 이야기를 이렇게 바꾸어 보자.

> 옛날 옛날에 어느 유치원에 잘 떠드는 어떤 선생님이 있었어요. 그런데 이 유치원 아이들은 아무도 안 떠드는데 말이에요. 아이들이 장난도 치지 않고 아주 조용하게 놀고 있었어요. 그런데 선생님은 장난을 치고 큰소리로 떠들었어요. 그러자 선생님은 물었어요. "너희들, 왜 안 떠들고 조용하니?" 그러자 아이들은 "선생님이 장난치는 것 보고 있으면 너무 재미있어서요." 이렇게 대답하는 것이었어요.

이런 이야기가 아이들에게 훨씬 더 재미있다. 일반적으로 하지 않는 이야기를 해야 독자(청자)가 재미있어하고 긴장을 한다. 그러니까 이야기는 반드시 듣는 사람이(독자가) 원하는 것이어야 하는데 아리스토텔레스는 이것을 "이야기가 원하는 것"이라고 했다. 우리가 자주 접하는 창작동화(아동문학)에서 아쉬운 것은 이야기가 원하는 것이 아니라 사회(현실)가 원하는 것을 자주 말한다는 것이다. 우리는 그것을 도덕이나 훈계, 또는 우화라 하지 문학이라 하지 않는다.

이제 우리는 어떤 이야기를 해야 아이들이 조용해지는지 알 수 있다. 현실에서 가치 있는 이야기는 실제적이기 때문에 아이들이 진지하게 생각하지만 뒤의 이야기는 현실에 거의 없는 이야기이기 때문에 아이들이 놀이라고 생각하게 된다. 뒤의 이야기를 듣는 아이는 선생님이 바보 같다면 그것을 생각하는 동안 재미를 느끼게 되고 재미를 느끼는 순간 자발성이 생기게 된다. 마치 앞에서 『꼬마 니콜라』나 『내 이름은 삐삐 롱스타킹』이나 『마법의 설탕 두 조각』을 읽는 기분일 것이다. 오히려 이야기를 한답시고 아이의 행동을 나무라거나 비난하면 아이들이 처벌에 대한 두려움을 가지기 때문에 상상을 할 가능성이 적어진다. 선생님이 비난받는 역할을 하고 아이들이 그것을 바라보는 입장이라면 아이들은 '저 이야기 속에 있는 아이들처럼 난 조용해야지.' 그렇게 생각한다. 그래도 아이들이 떠들면 어떻게 할까? 그것을 제어할 방법은 여러 가지가 있다. 이런 이야기를 시작해보자.

> 옛날 옛날에 어떤 나라에서는 아이들이 떠드는 것을 좋아했는데 입으로 떠들지 않고 발가락으로 떠들었답니다. 자, 우리 열심히 떠들어볼까요?

그러면서 발가락으로 떠든다면 거기에 집중한 나머지 실제로 말로 떠드는 아이가 별로 없을 것이다. 아이가 다른 아이를 괴롭힐 때도 마찬가지이다.

> 괴롭히는 아이 민이는 지구에서 온 왕자님이구요. 괴롭힘을 당하는 나은이는 사실 별나라에서 온 공주님이었어요.

이렇게 말을 하는 것도 좋은 놀이가 될 것이다. 이는 책을 안 보는 아이에게 자꾸 책을 보라고 하면 안 되는 것이나 다름없다. 그 이유는 아마 우리가 늘 책을 읽으라는 말을 귀가 닳도록 들었기 때문일 것이다. 만약 우리가 책을 읽지 못하는 분위기에 있었다면, 그러면 열심히 읽었을 것이다. 아동들은 그 인지능력, 어휘, 환상, 욕구, 경험의 측면에서, 그리고 자기 경험을 잘 표현할 수 없다는 측면에서 성인과는 다르다. 그렇기 때문에 아동들을 다룰 때는 성인과 다르게 접근해야 한다. 다시 말해 책을 선정하거나 글쓰기를 유도할 때, 대화를 할 때도 당연히 특별한 방법을 고려해야 한다. 교사나 부모는 아동이 어른에 비해 양적으로 어리거나 미숙한 인간이 아니라 어른과는 질적으로 다르다는 것을 알아야 한다. 아동들은 제한된 경험으로 인해 성인과는 다른 생각과 실재론적, 물활론적, 인공론적 세계상을 갖고 있다. 글을 쓸 때나 그림을 그릴 때도 마찬가지이다. 난화기나 착화기의 아이들은 자기가 아는 대로 세상을 그린다고 한다. 그것이 우리 어른들이 보기에는 놀이 같은 세상이다. 그렇기 때문에 아이가 그리는 그림, 쓰는 말, 부르는 노래에 언제든지 판단을 가해서는 안 된다.

이런 이유로 인해 성인들이 싫어하는 수단이 아이들에게는 좋은 수단이 될 수 있다. 어른들이 '그건 지지야.'라고 말하는 흙이나 물감 등을 마구 문지르는 것을 아이들은 아주 좋아한다. 학령 전 아동이나 유아들에게 그림책이나 동물 이야기가 좋은 것은 동물들은 남녀를 구별하지 않고, 지위도 없고, 나이나 인종 구별이 없기 때문에 아동들이 그 내용에 잘 몰입할 수 있고 상상력을 잘 발휘할 수 있기 때문이다. 아동에게는 치과의사가 "이빨 뽑게 '아' 해봐." 하지 않고

"옳지, 개구리 입 해봐."라고 말하듯, 이제 책을 읽는다고 직접 말하지 않고 책을 읽어주거나 이야기를 해주어야 한다. 초등학교 고학년 이후(11살 이후)에야 비로소 성인의 방식으로 대화를 진행할 수 있다. 어쨌든 중요한 것은 모든 수단과 방법이 아이들 방식으로 진행되어야 한다는 점이다.

그리고 문학 교육을 잘하기 위해서는 그 전에 놀이 같은 것으로 충분한 라포를 형성하고 난 이후에 교육을 시작해야 한다. 술래잡기 같은 놀이와 결합하면 더욱 좋은 효과를 거둘 수 있다. 그 외에도 여러 가지 고려해야 할 점은 다음과 같다.

1. 책읽기를 시작하기 전에 반드시 레크리에이션이나 놀이, 앞에서 제시한 감각 훈련을 동반한 놀이가 선행되어야 한다. 이 경우 부모나 교사, 책 읽어 주는 사람은 그에 상응하는 놀이를 습득한 상태여야 한다.
2. 아직 글을 읽을 수 없는 아동에게는 책을 읽어주거나 이야기를 들려주거나 시청각 자료로 작업을 해야 한다. 비언어적 팬터마임이나 역할놀이를 적용할 수도 있다.
3. 아이들은 오랫동안 주의를 집중할 수 없기 때문에 이야기가 가급적이면 짧아야 한다. 한 번에 책 읽어 주는 시간 또한 30분 이내로 제한되어야 한다. 초등학교 고학년일 경우에는 1시간까지 연장할 수도 있다.
4. 그림책이나 일러스트레이션이 있는 책을 활용하는 것이 효과적이다.

5. 책을 읽어줄 때는 여러 번 읽어줘야 한다. 아이들이 적절하게 수용하고 이해할 수 있게 하기 위해서이다.
6. 아이들이 상상력을 활성화하기 위해서 동물 우화나 환상적 이야기를 들려주는 것이 좋다.
7. 실제 상황에 대한 사실성이 있는 이야기는 직접적이고 조심스럽게 제시해 주어야 한다. 다시 말하면 실제와 환상을 적절하게 구별할 수 있도록 조처를 해야 한다.
8. 책읽기가 공부나 암기가 되어서는 안 된다. 아이가 하기 싫어하면 언제든지 그만둘 수 있어야 한다.

이와 같은 이유로 아동을 위한 책을 선정하는 것은 매우 어렵다. 우선 책은 아이들의 세계상에 맞는 것이어야 한다. 가령 어른들이 보기에는 낯선, 마법적인 텍스트들을 아이들은 선호할 수 있고 그들에게 오히려 더 강한 영향을 미칠 수 있다. 그림책이나 일러스트레이션이 들어 있는 책들은 아이들의 환상을 자극하고, 특히나 동물 이야기들이 좋은데, 그 이유는 동물은 성이나 나이, 인종 등의 주제가 큰 역할을 하지 못하기 때문이다. 그래야 아이들은 쉽게 이야기의 내용에 집중할 수 있고 환상을 만들 수 있다.

3. 아동문학의 시기 구분

우리는 아이들에게 책을 읽어주거나 아이들이 스스로 읽을 책을 선정해줄 때 몇 가지 보편적인 가설을 갖고 있다. 노들먼은 무엇보다도 어린이들의 나이 차이에 따라 그에 상응하는 책을 골라 주어야 한다고 말한다.[4] 그것은 아이들이 제한된 집중력을 갖고 있고 어휘에 대한 이해력도 제한되어 있기 때문이다. 또한 나이에 따라 마법적 상상력이 다르게 발휘되기 때문이다. 자기중심적 사고방식에서 차츰 벗어나는 것도 책을 선정할 때 고려해야 할 지점이다. 아이들이 선천적으로 갖고 태어나는 야만성 또한 차츰 길들여진다. 순수한 동심도 있지만 특정한 나이 때는 쉽게 화를 내고 강한 상실감을 드러내기도 한다. 물론 필자는 이 모든 조건들을 모두 고려하고 시기를 구분하지 못함을 밝힌다.

3.1. 그림책 시기(5-6세)

성인들의 경험을 들어보면 아이들이 독서 교육을 받는 것은 우리가 생각하는 것보다 이른 시기부터 시작된다. 교육이라 할 것도 없이 자연스럽게 엄마 아빠가 책을 읽어주거나 그림책을 보여줄 때부터, 그러니까 대체로 두 살 때부터 시작된다고 보아야 할 것이다. 그러니까 읽기를 배우기 전부터 독서 교육이 시작된다고 할 수 있다. 이 시기를 독일의 심리학자들은 "더벅머리 아이 시기"라고 부르는데, 형상이나 현실에서 이루어진 사건 하나만 보는 시기이다.

(엄마) 이게 누구지? 조지지? 조지가 뭐라고 말하지?

(아이) 야옹.

---

4 노들먼, 147-150쪽을 참조하라.

(엄마) 야옹. 아니야. 조지는 강아지니까 멍멍 해야지?

(아이) 멍멍.

(엄마) 조지가 야옹 하니까 조지 엄마는 슬퍼졌어요. 그치?[5]

엄마(아빠, 교사)가 그림책을 보여준다. 동시에 말을 가르치며 지시를 하고 이름을 붙인다. 상징적인 제스처(동작)를 하면서 그 동작을 책의 그림과 관계를 짓는다. 이때 아이는 한 단어 아니면 두세 단어로밖에 말을 알아듣지 못한다. 그러나 이때 아이와 엄마는 경험세계를 공유하며 이것을 말로 표현하는 동안 아이는 (그림)책의 내용을 받아들인다.(쉽게 말하면 아이는 전체 맥락을 자기 나름대로 알아듣는다.)

이때 다양한 문학적 요소가 제시될 수 있다. 운율, 말장난, 노래 부르기, 그리고 서사적 음성(유튜브 채널을 통해서나 직접적 음성으로), 그리고 (그림)책의 서사가 포함된 엄마(아빠, 교사)의 활동으로 아이는 벌써 문학적 활동을 하는 것이다. 구체적으로 유튜브 채널에서 한 노래 영상을 보자. 노래 제목이 〈숲속 작은 집〉인데 원래는 운율과 각운이 맞게 만들어진 독일 동요 〈In dem Walde steht ein Haus〉이다. 유튜브에는 독일 동요도 실려 있으니 같이 비교해보면 좋다.

숲속 작은 집 창가에
작은 아이가 섰는데
토끼 한 마리가 뛰어와

5 앞에서 제시한 그림책 『짖어봐 조지야』를 응용한 것이다.

문 두드리며 하는 말
날 좀 살려 주세요 날 좀 살려 주세요
날 살려 주지 않으면 포수가 빵 쏜대요
작은 토끼야 들어와
편히 쉬어라

대부분의 어른들은 이때 이미 노래를 통해 리듬과 그림, 그리고 글자와 동작을 연관 짓고 경우에 따라서는 암기한다. 이때 아이는 부모와 같이 호흡하게 되고 상호작용을 하며, 처음으로 글과 그림(책)의 상징적 세계에 입문하게 된다.[6] 나아가 토끼는 도망가고 포수가 따라오고, 토끼는 도움을 요청한다는 것을 느낌으로 전해 받는다. 그리고 이야기는 최소한의 구조를 가지게 된다.

3.2. 동화 시기(7-8세)

독일의 엄마(부모)들은 이 시기에 'Gute-Nacht-Geschichte'라고 해서, 잠들 때 매일 밤 침대에서 이야기를 해준다. 그러면 아이는 이야기를 듣다가 잠에 빠진다. 정말 행복한 시기이다. 물론 부모가 읽어주지만, 그림책이 아닌 순전히 동화나 아동문학 같은 것으로 아이는 처음으로 이야기 텍스트를 접하게 된다. 그러면 아이는 꿈의 세계로 들어가게 된다. 가령 『이상한 나라의 앨리스』나 「백설 공주」 이

6 자크 라캉은 이 시기를 상징계라고 명명한다. 대체로 생후 18개월 이후의 시기로 본다. 그 이전은 상상계로서 책과의 관계를 모색하기에는 너무 이르다.

야기를 들려준다. 그래서 이 시기를 "동화 시기"라고 한다. 이런 경험을 하는 아이는 나중에 책을 빨리 읽게 되고 책을 좋아하게 된다.

아이가 비록 책을 읽지는 못하지만 책을 읽는 것처럼 책을 잡도록 유도한다. 부모는 책을 읽어주거나 이야기를 할 때 아름다운 소리, 운율과 반복, 리듬을 살림으로써 아이가 들을 때 대화하는 것처럼 들리도록 한다. 이렇게 하면 아이들이 아름다운 언어를 습득할 수 있어서, 나중에 문학(시)적 정서를 갖게 되고, 문학(시)적 언어를 창조하는 데 도움이 된다. 또한 이야기에서 느끼는 오락성은 아이가 나중에 글을 짓고 유머를 지니게 되어 다른 사람을 웃게 만드는 능력을 키운다. 특히 동화(가령 그림 동화, 안데르센 동화)나 그림책(가령 『돼지책』이나 『괴물들이 사는 나라』) 아동문학(『곰돌이 푸』나 『꼬마 니콜라』)을 읽어주는 것을 듣거나 읽으면 아이들은 이야기의 구조(다시 말해 플롯이 있는 기승전결 구조)를 이해하게 된다. 이 시기에 이야기를 자주 듣지 않은 아이는 이야기를 만들 수 없거나, 우리의 일반적인 동화처럼 감정이나 사건만 잔뜩 나열하는 이야기를 만들게 된다. 주인공이 이야기 속의 상호작용(철학에서는 변증법이라고 한다) 속에서 무슨 일을 하고 왜 하는지에 대한 경험을 얻을 수 없다. 간단하지만 이야기의 구조를 이해하는 아이들은 국어 수업이나 외국어 수업에서 문장의 뜻을 파악하고 구조화하는 데 큰 도움을 얻는다.

그러니까 문학과 독서의 능력은 학교에서 배우는 것이 아니라 학령기 이전에 부모를 통해 배운다는 것을 잊지 말아야 한다. 학교에 들어가면 어휘나 사회화 과정만 배우지 감정이나 이야기의 구조 같은 기초적인 것은 배울 수 없다. 그 이외에도 서양의 아이들은 아스

테릭스(Asterix)나 미키마우스 같은 만화책도 읽는다. 이런 그림책(때로는 만화책)이 그림과 텍스트의 관계를 이해시키는 데 기여한다. 그러나 그림책이 시간을 가지고 이해할 수 있게 하는 데 반해 만화영화나 애니메이션은 빨리 스쳐지나간다는 약점이 있다 하겠다. 부모 이외에도 누나나 형이 책을 읽는 것을 보는 것도 나중에 독서활동(문학교육)에 도움이 된다. 특히 유치원에서 선생님이 읽어주는 이야기도 간과할 수 없는 중요한 독서 교육이 된다.

책 읽어주기에서 가장 중요한 것을 우리는 간과하고 있는데 그것은 바로 엄마 아빠와 아이가 책을 읽어주고 들을 때 심리적 공동체가 만들어져 공생하는 하나의 인격이 형성된다는 점이다. 아이에게 책을 읽어주면 엄마나 아빠의 음성이 텍스트화되어 감정적 공생 관계가 만들어진다는 점이다. 우선 아이에게는 보호된 감정, 기쁨, 불안 해소, 혼연일체의 감정이 만들어지는데 독일의 아동학자 뤼디거 슈타인라인은 이것이 "엄마의 품속에 아이가 있는 상태"[7]와 같다고 설명하고 있다. 그러니까 책을 읽어주는 것은 아이에게 젖을 먹여 아이의 울음을 그치게 하는 것과 같은 효과가 있다는 뜻이다.[8] 이것을 과소평가하지 말라고 학자들은 주장한다. 아이들은 이 시기에 이야기의 의미보다 엄마의 음성, 리듬, 소리라는 차원을 더 높게 받아들인다.

---

7 Rüdiger Steinlein, *Die domestizierte Phantasie. Studien zur Kinderliteratur, Kinderlektüre und LIteraturpädagigik des 18. und frühen 19. Jahrhundersts*, Heidelberg, 1987, p. 26.

8 Werner Graf, *Lesegenese in Kindheit und Jugend. Einführung in die literarische Sozialisation*, Schneider Verlag Hohengehren GmbH, 2011, p. 23.

책 읽어주기가 계층에 따라 다르다는 연구결과는 매우 흥미롭다. 미국의 중·상류층 부모들은 읽은 책과 아이의 상태, 아이의 기대감 사이의 맥락을 찾기 위해 아이들과 대화를 하는 데 반하여, 하류층 부모들은 책에 있는 그대로 읽어주거나 즉흥적으로 상황에 따라 달리 설명한다고 한다. 아이의 질문을 받아주고 아이의 의견을 물어보는 것은 매우 중요한 일이다.

3.3. 아동소설 시기(9–10세)

일반적으로 이 시기를 서양 교육에서는 "로빈손 시기"라고 한다. 앞에서 다룬 『톰 소여의 모험』이 대표적인 작품이다. 그러므로 이제 누가 책을 읽어주거나 함께하면 방해가 되는 시기이다. 책을 스스로 읽는 시기, 우리가 제4장에서 다룬 아동문학을 주로 읽는 시기가 온 것이다. 딱히 이 시기를 위한 문학 교육 내지는 독서 교육이라고 말할 것이 없다. 이야기(소설)가 주는 진정한 즐거움이 작가와 나 사이에 형성되는 그 역설적인 친밀감이 만들어지는 시기이다. 이 시기에는 혼자 쓴 그 글이 혼자 읽는 나의 목소리에 의해 비로소 하나의 작품으로 되살아난다.

독자들은 이 시기의 독서 교육을 위한 많은 사람들과 책들이 있다는 것을 잘 알고 있을 것이다. 학교뿐만 아니라 독서학회, 아동문학회 등이 많이 있고, 아동과 청소년문학 도서관이 있으며, 독서 교육을 위한 사설 교육기관이 무지무지 많다. 그러나 이들의 일차적 목적은 연구나 이익을 얻기 위한 상행위가 먼저이므로(목적적이므로) 무목적적이고 자발적인 독서에 그런 연구나 교육이 맞지 않는다는 느낌이 든다. 그래서 나는 그들의 문학 교육 방법이나 대학에서의 이론을 제시하는 것을 포기하고 나에게 감동을 준 다니엘 페낙의 이야기를 소개하는 것으로 만족하고자 한다.

> 책이란 우리의 아들딸이나 청소년들이 설명하라고 씌인 것이 아니다. '마음에 들면' 읽으라고 씌인 것이라는 사실을 인식해야만 한다.[9]

아이들이 학령기가 되기 전에 독서습관을 들여놓지 않으면 책이 이처럼 마음에 들기가 쉽지 않다. 독서가 쉽지 않은 것은 오직 페이지가 두꺼워서 그런 것만은 아니다. 아이가 문해력이 뒤떨어져서일 수도 있고, 끈기가 부족해서 그럴 수도 있고, SNS에 너무 몰입해서 그럴 수도 있다. 그러나 사회를 지도해 나가려는 아이에게 독서 습관과 문해력은 필수불가결하다. 그리고 그것은 자유롭게 책을 대하는 부모에게서 비롯된다. 물론 대부분의 아이들은 이 시기가 되면 이런 갈등을 겪게 된다.

> 그런데 이제 어느 샌가 사춘기에 접어든 아이가 제 방에 틀어박혀, 읽지 않는 책을 마주하고 있다. 어디론가 가버리고 싶은 아이의 열망이 아이와 펼쳐진 책 사이에 희뿌연 막이 되어 행간을 흩뜨린다. 아이는 방문을 닫아건 채 문을 등지고 창 쪽을 향해 앉아 있다. 48페이지. 여기까지 읽는 데 얼마나 시간이 걸렸는지 차마 헤아려볼

9 다니엘 페낙, 『소설처럼』, 이정임 옮김, 문학과지성사, 2006(이하 페낙), 178쪽.

엄두가 나지 않는다. 책 전체는 정확하게 446페이지이다. 그러니까 거의 500페이지나 마찬가지라는 소리다. 500페이지! 간간이 대화라도 섞여 있으면 좋으련만! 어림없는 소리다! […] 헉, 아예 숨을 쉴 수가 없다! 망할 놈의 책! 판단은 내려졌다. 유감스럽게도 아이의 입에서 욕설이 터져 나온다. […] 아이는 제목을 일러주던 선생님의 입술을 떠올려본다. 약속이라도 한 듯 일제히 물어보던 반 아이들의 한결같던 질문이 귓가에 쟁쟁하다. "몇 페이지나 되는데요?" "한 3, 400페이지 정도…"(거짓말…)[10]

4. 아동문학 읽어주기

동화는 그것이 전래동화이건, 창작동화이건 구어적이라는 특성을 갖고 있다. 그렇다면 우리는 아이들에게 어떻게 책을 읽어줄까? 누가 읽어줄까? 아빠? 엄마? 할아버지? 할머니? 선생님? 삼촌? 아무라도 상관없다. 그러나 누구든 독서 경험이 있어야 한다. 물론 어느 날 갑자기 아무 책이나 읽어주는 것도 도움이 되겠지만, 책을 읽어주는 사람은 어떤 책이 좋은지, 어떤 책을 어떻게 읽어주어야 할지 자기 경험을 떠올려야 한다. 그리고 우선 자기가 읽어보고 감동을 받은 책을 선정하여야 한다. 주인공의 행위가 단순하고 하나의 플롯으로 이루어지고, 그것이 아이의 세계상, 내면을 잘 반영할 수 있는 마법이 있는 책이면 더욱 좋다.

---

10 페낙, 24-25쪽.

그리고 읽어주는 사람은 진정한 분위기로 읽어주어야 한다. 왜냐하면 아이들은 이야기를 허구라고 생각하지 않고 실제 일어나는 일이라고 생각하기 때문이다. 읽어주는 사람은 감정적 억양, 목소리 바꾸기, 목소리 흉내 내기를 할 수 있어야 하고 기교가 있어야 한다. 하지만 구연동화처럼 너무 꾸며서는 안 된다. 「늑대와 일곱 마리 새끼 염소」를 읽어줄 경우, 최소한 늑대 목소리와 아기염소 목소리 정도는 분명히 구별되어야 한다. 구별할 뿐만 아니라 아기염소 목소리는 아이의 (완벽하지 않은) 목소리를 모방하여야 한다. 그래야 아이들은 자연스럽고 진정한 분위기에 빠질 수 있다.

이야기를 하면서 중간에 질문을 하거나 분위기를 바꾸거나, 도덕적 훈계('그렇게 하면 돼, 안 돼?' 등의 질문)를 하면 안 된다. 책 읽기는 지식이나 정보를 전달하여 아이에게 실제로 살아가는 방법을 제공하는 것이 아니라 아이들의 의향을 겨냥하고, 상상을 자극하고 놀이라는 즐거움을 얻게 하려는 목적이 더 강하다. 아이에게 자꾸 묻고 훈계한다면 아이는 흥미를 잃어버리게 된다.

책은 규칙적으로 일정한 시간에 읽어주는 것이 좋다. 아이가 잠자리에 들기 전, 또는 저녁 식사 후 조용한 시간에 읽어주면 아이는 자연스럽게 책을 가지고 와서 읽어달라고 한다. 아이가 싫다고 하거나 지루해한다면 그만두어야 한다. 그리고 책은 아이가 재미있어해야 한다. 눈을 책에 집중하고 있는 아이를 보라. 이보다 더 아름다운 그림이 있는가? 선생님이 책을 읽어줄 때, "그래서요?"라고 채근하는 아이를 보라. 『이상한 나라의 앨리스』를 꾸며낸 루이스 캐럴 또한 앨리스 형제들이 이야기해달라고 보채는 통에 자기도 모르게 저긴 이야기를 완성하지 않았던가. 듣는 경우든 하는 경우든 이야기보다 더 즐거운 경우는 없다. 이야기를 듣는 아이는 지금 새로운 세계를 구축하고 있는 중이다.

그런데 대체로 책을 읽지 않는 것은 아이가 아니라 부모나 교사들이다. 그렇기 때문에 필자는 먼저 부모님들이나 선생님들을 설득하고 싶다. 식물 화분을 예로 들어 보자. 외형적으로 모든 화분은 유사하지만 속에 들어 있는 흙에 따라서 식물이 다르게 자란다. 유치원 학습이나 학교 공부는 단지 유사한 화분 같다. 창의적인 아이가(학생이) 되기 위해서는 뛰어난 상상력을 필요로 하는데 그 상상력은 질 좋은 흙과 같은 독서에서 온다. 모든 사상가, 과학자, 교육가는 독서광이었다. 그런데 책을 읽을 때나 읽어줄 때 언제나처럼 그렇게 단순한 방법으로 접근할 수 없는 경우도 있다. 그러면 어떤 분위기에서 책을 읽게 하거나 읽어줄 수 있을까?

독서텐트를 치고 책 읽는 것을 놀이터로 만들어주라. 텐트가 있으면 좋은데 그렇지 않은 경우에 어떻게 만들까. 사실은 독서텐트를 쳐서 책을 읽지 않더라도, 또는 한 번만 하고 그만두더라도 유익하다. 책 읽어주는 선생님이(부모가) 관심을 보여준다고 느끼고, 동화 같은 분위기를 연출하기 때문에 아이들은 잠시라도 다른 일에서 눈을 뗄 수 있다. 기존의 유치원(거실)을 있는 그대로 보지 말자. 아이들은 이곳을 마법의 현장이자 놀이터로 본다. 모모와 아이들이 원형 극장에 모여 그 원형 극장이 마치 아르고호라는 배라고 상상하며 놀지 않았던가? 유치원의 '원'(園, Garten)은 동산인데 놀이터란 뜻이다. 이 유치원은 「헨젤과 그레텔」에 나오는 '빵으로 된 집', '케이크로 된 지붕', '설탕으로 된 창문'을 갖고 있다. 여기서 아이들의 마법의 세계가 창조될진대 그것을 위해서는 놀이터가 만들어지고 꿈의 집이 만들어져야 한다.

'책을 읽어라' 또는 '책을 읽자' 또는 '책을 읽어야 하는데 어떻게 해야 할지 모르겠다' 또는 '책은 읽기가 싫다'의 상황일 때 어떻게 대처할까? 독서는 강요할 수 없고 강요해서도 안 된다. 그러므로 영어의 'facilitation, help'에 해당하는 지지, 촉진, 도움이 중요하다 하겠다. 거기에는 놀이 같은 전략이 필요하다. 읽을 책을 포장하여 '이게 뭘까' 게임을 한다. 책을 숨겨 놓고 찾기 게임을 하는 것이다. 독서 텐트를 설치하고 그 속에서 책을 읽어준다. 책을 읽어주되 엉터리로 읽어준다거나, 내용을 바꾸거나, '다' 자를 빼고 읽거나, 다음 문장의 첫 단어까지만 읽는다.

그러나 이때 주의할 일이 있다. 아이가 책 읽기를 싫어하는 경우 절대 한 페이지 이상 읽어주지 말 것, 또는 책 읽기의 나쁜 점에 대해서 이야기할 것, 훌륭한 사람을 예로 들어 그 사람이 오히려 피곤하게 살았을 것이라고 반대로 이야기하는 것도 중요하다. 그러니까 독서를 하라고 해서 독서하지 않는다는 원칙을 철저히 거꾸로 이용하는 것이다. 오늘은 서가에서 책 한 권만 꺼낸다. 서점에 같이 들러서 자기가 원하는 책 한 권만 산다. 돈이 없는 사람은 도서관에 같이 가서 빌리되 한 권만 빌린다.

아이들이 주로 보이는 심리적 반응은 수치심과 슬픔과 분노, 그리고 욕망이다. 그것은 이미 서문에서도 말했듯이 부모가 그들의 세계를 믿어주지 않는 데서 오기도 한다. 아이들이 자신의 욕구를 표출

했더라면 심리적 갈등이 없었을 것인데 그것을 제대로 표출하지 못하여 여러 가지 심리적 질병을 얻었을 수도 있다는 뜻이다. 존 브래드쇼는 『상처받은 내면아이 치유』라는 책에서 강박증과 중독은 감정을 다루는 작업, 즉 문학과 예술을 통해서만 치유될 수 있다고 주장하는데 이는 비단 특정한 신경증에만 적용되는 것은 아니다. 아이들에게 적절한 동화책으로 함께하는 것은 심리적 치료 이전에 예방을 위해 매우 중요하다.

어린아이 때 이런 감정을 차단당하고 그것이 지속적으로 이루어진다면 정신은 그 경험을 평가하거나 통합할 수 없다. 이것이 틱장애 같은 반복충동, 장애, 욕구 불만, 갈등, 주의력 결핍 같은 것으로 나타난다. 감정 에너지가 심리적 충격이 해결되는 것을 막아버릴 때 정신 그 자체는 기능할 수 있는 능력이 감소하게 된다. 역기능 가족이나 심리적 질병을 갖고 있는 사람은 누구나 '느끼지 말라, 그리고 말하지 말라'는 규칙 때문에 일어난다.

심리적 질병을 예방하려면 어릴 때 집에서 무엇을 말하면 안 되었는지, 이 책을 읽을 때 누가 생각나는지, 무슨 느낌이 드는지, 안 드는지를 다시 말하게 하여야 한다. "너는 정말 따끔한 맛을 봐야겠구나." "울지 말란 말이야." "너 죽을래? 떠들지 마." 등의 말을 들으며 차단당한 감정이 일단 그런 유사한 감정으로 인해 회상되어야 한다. 억압은 유사한 것을 경험할 때 그 상황을 반복하게 하는 충동을 자아낸다. '네가 모르는 것은 네가 알 수 없다'는 말에서 보듯이 감정은 인지의 밖에서만, 즉 무의식에서만 맴돌고 있기 때문이다.

그래서 이런 억눌린 감정을 불러오는 데 우리는 많은 힘을 쏟아 붓는다. 그것을 얻기 위해 놀이를 하기도 하고 그것을 위해 음악을 듣기도 하고 그림을 그리기도 한다. 책은 바로 그런 유희적 상황을 재연할 수 있다. 그러나 그렇다고 하여 모든 책이 다 유용한 것은 아니다. 앞에서 필자가 제시한 책들은 상상력을 자극하기 위한 책이니 참고할 수 있다. 책을 선택할 때 힘든 것은 아동의 능력, 욕구, 상상에 따라 달라질 뿐 아니라 교사나 부모 자신의 상상과 선입견에 따라 달라지기 때문이다. 어른들이 좋지 않다고 보는 책이 아동들에게는 좋은 책으로 받아들여질 수 있고 영향을 미치기도 한다. 사춘기가 되면 이야기의 내용을 비판적으로 수용할 수도 있다. 다만 아이들에게 이야기를 읽어줄 때 설명을 해서는 안 된다. 책은 오히려 상상력을 바탕으로 하여 교사와 아동 사이에 라포를 잘 만들어줄 수 있다.

우선 읽기와 읽어주기에 대해 말해보자. 우선 아이들은 누군가 낭독해주는 것을 좋아한다. 문학이 원래는 구어에서 출발하였다는 점을 안다면 읽는 걸 듣는 것이 상상력과 관련되어 있다는 것을 알 수 있다. 할 수만 있다면 시각(놀라는 모습, 개구리나 늑대의 형상 등), 청각(늑대의 목소리, 개구리의 울음소리, 마녀의 소리 등), 촉각(마녀의 손톱, 개구리의 피부, 늑대의 발톱 등)을 더하면 그만큼 직접성을 띨 것이고 그만큼 아이는 경이와 흥분을 감추지 못할 것이다. 큰 소리로 또박또박, 효과음이나 제스처를 사용해 생생하게 들려주거나 연극처럼 읽는다면 더욱 효과가 있다. 그러나 구연동화처럼 판에 박힌 듯한 음성은 자연스럽지 못하다.

동화를 구연할 때 매우 중요한 것은 교훈을 주려는 듯이 구연해서는 안 된다는 것이다. 다시 말하지만 동화는 우화가 아니다. 그보다는 아이가 동화의 내용을 스스로 판단할 수 있게 해야 한다. 스스로 이해하고 스스로 당면한 문제의 답을 찾고, 그것도 항상 직설적이 아니라 은유적으로 찾을 수 있게 해야 한다. 다시 말해 동화의 궁극적 목적이 무목적적이어야 한다. 그리하여 아이가 슬프고 기쁜 감정, 분노 등을 스스로 경험하고 조절할 수 있어야 한다.

이렇게 당장 거두는 수확이 아니라 씨앗을 뿌리는 행위와도 같은 동화 구연은 자연스러울수록 좋은 토양에서 자란 식물처럼 많은 수확이 있다. 독일 속담에 "잔디를 잡아당긴다 하여 잔디가 빨리 자라는 것은 아니다."라는 말이 있듯이 오랜 시간을 기다리게 하는 것이 바로 동화 구연을 통한 교육이다. 동화는 통찰력을 증가시켜주고 희망을 주고, 불안을 견뎌낼 힘을 준다. 그렇게 함으로써 아이의 삶이 풍요로워진다. 그에 반해 우화는 경고성이거나 판단하거나 교훈함으로 인해 의식에 어떤 영향을 줄 뿐, 동화처럼 깊은 무의식에 천착할 수 없다.

부모나 구연자가 좋은 예술적 감각으로 이야기를 구연해준다면, 과거의 경험에서 솟아나온, 감정적으로 채색된, 개인적인 의미가 들어 있는 이야기를 구연해준다면, 아이는 다양한 감정을 배우고 잠재의 세계를 개척해나갈 수 있다. 불안, 공포, 소망, 희열 같은 아이 마음속에 있는 비합리적 충동들이 정화되며 그 이야기를 구연해주는 사람이 있다는 안도감에서 내적 경험을 건설적으로 다룰 수 있다. 그렇게 때문에 동화 구연은 설명이 아니다. 아이의 전의식이나 무의식에 다양한 층위의 의미를 마음속의 충동과 소원에 따른 이야기를 스스로 만들어가도록 하는 시각적, 청각적, 촉각적 이미지의 자극이자 행위이다.

5. 아동문학과 감정 코칭

자녀들이 행복하려면 부모가 행복해야 한다. 마찬가지로 아이들이 독서를 통해 자유를 구가하려면 교사가 자유로워야 한다. 그러나 누구나 다 아는 사실이지만 우리가 경험하는 가족이나 교사들 모두가 그런 상태를 누리는 것은 아니다. 가령, 어떤 부모들은 자녀가 그 부모들의 불행의 원인이 된다는 뉘앙스를 줄 때가 많다. 사실은 자신들의 불행 때문에 자녀가 불행해질 수도 있는데 말이다. 사실 아이들은 부모들과 정서적인 대화를 원하지만 부모들은 보통 아이들이 말하려는 정서에 대해 별것 아닌 것처럼 대하고 대부분 가르치려 하는 경우가 많다. 그러면 실제로 아이들은 자기 감정을 표현할 수 있는 기회를 가지지 못한다. 이런 사례를 우리는 앞 장에서 언급한 아동문학 중 『겁쟁이 빌리』라는 작품에서 살펴볼 수 있다.

걱정이 많은 빌리가 걱정에 대해 이야기하면 아빠는 "걱정 마라, 얘야. 그런 일은 절대 일어날 수 없단다. 다 네 상상일 뿐이야."라고 말하고, 엄마는 "걱정 마라, 아가야, 무슨 일이 있더라도 엄마 아빠가 널 꼭 지켜 줄 거야."라고 말한다.[11] 그러나 할머니는 빌리에게 이렇게 말한다. "참 재미있는 상상이로구나. 그건 네가 바보 같아서 그런 게 아니란다. 나도 너만 했을 때는 너처럼 상상을 많이 했지." 발달적 관점에서 감정 코칭을 하려면 오히려 부모가 약간 물러서서 아이가 걱정과 자기 감정을 표현할 수 있는 기회를 주고 그를 신뢰하

11 앤서니 브라운, 『겁쟁이 빌리』, 김경미 옮김, 비룡소 2006. 책에 쪽수가 기재되어 있지 않다.

며 그의 말을 들어줄 수 있어야 한다. 할머니가 하는 방법이 좋은 감정 코칭의 자세라고 할 수 있다. 이같이 부모는 수용하고 공감하는 분위기를 만들어야 하고 동시에 '아이의 세계'에 몰입해야 한다.[12] 그 이유에 대해 지노트(Ginott)는 다음과 같은 이유를 든다.

> 아이가 격렬한 감정을 표현할 때 아무 얘기도 듣지 않는다. 충고나 위로, 좋은 얘기 따위는 받아들이지 않는다. 그 아이는 우리가 자기 말을 들어주기를 바란다. 그 아이는 그 특별한 순간에 자기 마음속에 일어난 일을 이해해주기를 바란다. 나아가, 그 아이는 자기가 느끼고 있는 것을 있는 완전 그대로 이해받기를 원한다. 이것은 마치 그가 느끼는 것을 조금만 알려주고 나머지는 우리가 추측하도록 만들어놓은 게임과 같은 것이다.[13]

사실 이런 아이의 감정 구조는 어른의 그것과 다를 바가 없다. 만약 그 어른이 감정에 충실하지 못하거나 감정 조절에서 성장이 멈춘 경우는 더욱 그러하다. 헨릭 입센의 『인형의 집』을 보자.

> 노라: 그거예요. 당신은 한번도 나를 이해해주지 않았어요…….
> 나는 아주 잘못된 대우를 받고 있었던 거예요. 처음에는 아

---

12 Monika Wertfein, *Emotionale Entwicklung und elterliche Förderung. Im Vor- und Grundschulalter*, VDM Verlag Dr. Müller e.K. und Liyenygeber, Saarbrücken 2007, 85쪽을 참조하라.

13 Ginott, H. G., *Between parent and child. New solution to old problems* (14. ed.), New York: The Macmillian Company, 1968, p. 22.

버지로부터, 다음에는 당신한테서.

헬머: 뭐라고! 우리 두 사람한테서……. 누구보다도 당신을 사랑한 두 사람한테서?

노라: (고개를 저으며) 당신들은 나를 사랑하고 있었던 게 아녜요. 단지 귀엽다고 재미있어하고 있었을 뿐이에요.[14]

여기서 보다시피 노라의 감정은 사실 부모가 전혀 고려하지 않았고, 결혼했을 때는 다시 남편이 이해해주지 않았다. 그런데 우리가 이런 상황에서 의문시하는 것은 노라의 남편 입장이다. 자기들(아버지와 자신)은 노라를 사랑했고 이해했다고 생각하지만 노라는 그것이 사랑이 아니라고, 다시 말해 노라의 감정에 대해 들어준 적이 없다고 생각한다. 사실 부모가 자녀들의 불쾌한 감정을 들어주거나, 들어줄 때 어떻게 들어주느냐 하는 것은 부모의 초감정관[15]에 달려 있다. 즉, 부모가 감정을 어떻게 생각하느냐에 달려 있기 때문에 필자가 살던 시대의 감정관을 필자의 자녀에 적용한다는 것은 무리일 것이다. 다음의 체험에서 우리는 메타 감정에 대한 인식을 새로이 할 수 있을 것이다.

인터뷰 기자: 남부러울 것 없는 환경에서 유복하게 자란 걸로 압니다. 아버지와의 관계는 어땠나요?

---

14 헨릭 입센, 『인형의 집』, 안미란 옮김, 민음사, 2010, 136쪽(제3막 5장).

15 영어로는 Meta-emotions-philosophy라고 한다. 존 가트맨·최성애·조벽, 『내 아이를 위한 감정 코칭』, 한국경제신문(한경BP), 2011, 80쪽을 참조하라.

이민아: 초등학교 2학년 때부터 고도근시가 있었어요. 굴절된 렌즈로 세상을 바라보다 어느 순간 왜곡된 상이 내 안에 굳은 확신으로 남아버린 것이죠. **저는 사랑한다는 말을 듣고 싶었고, 아빠 품에 안기고 싶었어요.** 제가 터치에 아주 민감하거든요. 그런데 **아버지는 유교적인 가정에서 자란 분이어서 사랑의 표현에 익숙지 않았어요.** 작가, 교수, 논설위원이란 직함을 달고 늘 바쁘게 사셨죠. 한날은 제가 떼를 쓰며 매달리자 너무 시장하고 피곤하셨는지 "저리 가. 아빠 밥 좀 먹고!" 하면서 **소리친 적이 있어요.** 아버지 목소리가 워낙 크시거든요. 저는 그 말에 **너무 상처를 받아서** 앞으로 아빠한테 매달리지 않겠다는 생각을 했고.[16]

부모나 선생님이 아이의 (부정적) 감정을 대할 때 무의식적으로 이를 판단하면서 보이는 감정을 '메타 감정' 또는 '초 감정'이라 한다. 위의 글에서도 아버지가 자신의 어린 시절부터 경험한 초 감정이 어느 순간 아이에게 작동하는 것을 볼 수 있다. 적어도 감정 코칭에 동의하고 그것이 필요하다고 보는 부모는 아이들의 부정적 감정 표현에 대해서도 관심을 가지고 적극적으로 수용하려고 한다. 감정 코칭이란 아이들의 감정 상태를 수용하고 그것을 말로 표현할 수 있게 하고 올바른 행동으로 이끄는 것으로서 다음과 같은 두 단계로 시작된다.

---

16 2011년 9월 13일자 이민아 목사의 인터뷰에서 가져온 내용이다. 그녀는 이어령 전 문화부 장관의 딸로서 암을 극복하고 자신의 아버지를 기독교로 개종하게 한 장본인이다.(성재경, 「이혼, 암 투병, 아들의 죽음… 그러나 지금은 사랑을 얘기하고 싶다」, 『여성중앙』, 2011. 9. 13.)

1. 아이에게 발생한 감정을 말로 표현하게 한다.('화가 났구나' 등) 그리고 이 감정 상황에 대해 대화한다.(원인이 무엇이고 어떤 결과가 발생했는지)
2. 문제를 해결하기 위해 같이 생각해본다.(스스로 해결할 수 있도록 돕기) 또는 경우에 따라 행동의 한계를 정해준다.('물건을 부수어서는 안 된다' 등)

위에서도 언급했다시피 감정 코칭이 중요하다고 보는 부모와 그렇지 않은 부모는 위의 두 가지를 실행하느냐 하지 않느냐에 달려 있다. 예를 들자면, 아이가 화를 내는 경우 부모들은, "화를 내는 것은 약한 애들이 하는 짓이야. 그러니까 다른 사람 앞에서 표시하면 안 돼." 하면서 아이가 화내는 것에 대한 불신을 나타낸다. 대부분의 부모들은 아이들의 감정을 대할 때 그것이 별것 아닌 것처럼 본다. 장난감을 빼앗겨 우는 아이에게 "뚝 그쳐, 그만 울어!" 하고 야단친다든가, 아니면 친구 생일에 초대받지 못해 속상해하는 아이에게 "우리 오늘 테마파크 가자!"와 같은 보상을 한다든가, "그래, 알겠다. 이제 그만 해!"와 같이 빨리 감정에서 벗어나길 종용하는 경우도 있다. 가트맨은 이런 상황을 두고 "마치 그들이 부정적인 감정 그 자체를 못 견디기라도 하는 것처럼, 정해진 시간 안에 위로하려고 든다."[17]라고 말한다. 가트맨은 아이의 감정을 인정하지 않거나 사소

17 Gottman, J. M., Katz, L. F. & Hooven, C., *Parental meta-emotion philosophy and the emotional life of families: Theoretical models and preliminary data*, Journal of Family Psychology, 10(3), 1996, p. 245.

한 것으로 여기는 부모의 이런 자세를 "묵살하거나 탐탁잖게 여기는" 행위라고 지칭한다. 감정 코칭에서는 일반적으로 지노트가 제일 먼저 한 말, "모든 감정은 받아 주되 행동은 다 받아 줄 수 없다."라는 말로 요약할 수 있다. 그러니까 "다 큰 애가 울면 못써."라든가, "그렇게 큰 소리로 울지 마, 제발." 같은 부정적인 말들은 아이의 감성지능과 사회능력에 부정적인 영향을 미친다.[18]

그러면 다음 단계로 아이가 어떻게 자신의 감정을 해결할 것인가 하는 문제로 넘어갈 수 있다. 이때 중요한 것은 부모가 가능한 한 아이 스스로 이 문제를 해결하도록 지지하는 일일 것이다. 가트맨은 이것을 비계-칭찬 기법이라 명명하는, 칭찬과 부모의 따뜻한 사랑 두 가지라고 말한다. 비계(飛階, scaffolding)란 건축공사 때에 높은 곳에서 일할 수 있도록 설치하는 임시가설물을 말하는데 이 개념은 우드(Wood)에 의해 제일 먼저 아동심리학에 도입되었다.[19] 이는 아이가 감정적인 문제에 직면했을 때 지지와 공감을 통해서 아이가 자율적으로 문제를 해결할 수 있게 하는 방법이다. 어른의 눈높이로 봤을 때, 그것도 못하냐는 식으로 될 수 있는 것을 아이의 눈높이로 보면서 목표를 설정하고 전략을 짜게 칭찬하고 격려하는 방식을 말한다.

예를 들어, 아이들은 자기 집에 온 또래가 자기 장난감을 만지는

---

18 Denham, S., Cook, M. & Zoller, D., *"Baby looks very sad": Implications of conversations about feelings between mother and preschooler*. *British Journal of Developmental Psychology, 10*, 1992, pp. 301-315.

19 Wood, D., Bruner, J. S. & Ross, G., *The role of tutoring in problem solving*. *Journal of Child Psychology and Psychiatry, 17*, 1976, pp. 89-100.

것을 참지 못한다. "안 돼, 내 장난감이야." 하고 외치고 화를 내기가 일쑤이다. 이때 보통의 부모들은 "너 장난감 많잖아. 친구한테 하나 줘, 응?" 또는 "친구랑 같이 가지고 놀아!" 등의 말을 해서는 안 된다. 먼저 "친구가 네 장난감을 갖고 놀아서 화가 났구나." 하고 공감을 해주어야 한다. "하지만 친구도 그 장난감이 맘에 드나봐. 잠깐만 갖고 놀게 해주면 어떨까?" 이때 아이에게 전략을 짜게 해서 같이 놀 수 있도록 격려해주는 것이 감성 발달에 도움이 된다. "우리 창욱이는 산타 할아버지처럼 친구에게 선물을 나누어준대요." 등과 같은 칭찬이 바로 비계-칭찬 기법이다.

일반적으로 현실적인 언어를 사용하는 상담이나 감정 코칭에서는 이 정도면 충분한 것 같다. 앞의 "산타 할아버지"에서 보았다시피 인간은 환상을 가지고 있는 동물이기에 자율적인 의지의 발생에 있어서 문학적인 감정 표현이 매우 중요하다. 아래에서는 미하엘 엔데의 소설 『마법의 설탕 두 조각』에 등장하는 주인공 렝켄을 중심으로 이 문제를 해결해보고자 한다. 우선 줄거리를 살펴보자.

렝켄은 아주 착한 아이이다. 착한 아이 렝켄이지만 엄마 아빠가 자기 뜻을 전혀 존중해 주지 않아 화가 나게 되었다. 렝켄은 요정(마법사)을 찾아가서 이 문제를 상담한다. 손가락이 여섯 개 달린 요정은 렝켄에게 그 해결책으로 설탕 두 조각을 준다. 그리고 그걸 몰래 엄마 아빠의 찻잔 속에 타 먹이면 엄마 아빠가 렝켄의 말을 들어주지 않을 때마다 키가 반으로 줄어든다는 말을 남긴다. 렝켄은 엄마 아빠가 자기 말을 들어주지 않을 때마다 설탕을 몰래 넣는다. 설탕을 넣은 차를 마신 렝켄의 부모가 차츰 키가 줄어져 자기를 돌봐 줄 수 없을 만큼 작아지자 렝켄은 슬픔과 두려움을 느낀다. 렝켄은 다시 요정을 찾아가 이 마법을 풀 수 있느냐고 물었더니 요정은 렝켄이 그 설탕을 삼키는 것이 유일한 해결책이라고 말한다. 대신 렝켄이 그걸 삼키면 반대로 렝켄이 부모의 말을 거역할 때마다 반으로 줄어들게 된다고 말한다. 고민 끝에 렝켄은 차라리 부모라는 든든한 보호자 없이 살기보다는 부모의 말에 순종하는 쪽을 선택한다. 그러나 이제 렝켄에게는 그런 일이 일어나지 않는다. 왜냐하면 렝켄이 부모가 원하는 것이 무엇인지를 헤아릴 줄 아는 아이가 되었기 때문이다.[20]

아마도 대개의 아이들과 가정은 이런 갈등을 갖고 있을 것이다. 감정은 힘의 논리로 만들어지는 것이다. 여기서 렝켄이라는 이제 갓 초등학교에 입학한 소녀가 이 감정을 어떻게 수용할 수 있을까? 렝켄의 인식 수준으로는 부모가 자신을 억압하는 힘의 논리가 그냥 힘으로만 느껴진다. 그래서 화가 난다. 그 외의 것은 아직 이 나이에 받아들여지지 않는다. 작가는 그 점을 겨냥하고 있다. 결국 초자연적인 힘을 빌리는데 이것이 하나의 시뮬레이션이다. 이 시뮬레이션은 결국 감정 코칭이나 심리 상담 치료에서 매우 중요하다.

이 이야기는 렝켄이 자기 감정을 발산하도록 하고, 나중에 스스로

---

20 미하엘 엔데, 『렝켄의 비밀』, 미하엘 엔데 동화전집 1, 유혜자 옮김, 보물창고, 2004, 77-120쪽. 미하엘 엔데, 『마법의 설탕 두 조각』, 유혜자 옮김, 한길사 2005. 두 책에 나오는 이야기를 필자가 요약하였음.

되돌아볼 수 있는 플롯을 만들어낸다. 이렇게 하자면 건축물의 비계 같은 가상이 필요하고 그 가상은 바로 마법을 통해 가능하다. 현실적으로 말하자면 렝켄은 ① 부모가 자기 말을 안 들어주어 화가 난다. ② 화풀이를 하려는데 힘이 없다. ③ 그래서 요정(마법)의 도움을 받는다. ④ 부모에게 복수를 한다. ⑤ 그러나 부모가 없이는 어려운 일을 만난다. ⑥ 부모와 화해를 한다. 이런 과정에서 요정의 등장은 아이의 감정 되돌아보기에 결정적인 역할을 한다. 요정은 아이에게 한번 결정을 하면 다시 되돌릴 수 없다고 경고한다.

> "물론 그 결정은 네가 지금 이 자리에서 내려야 해. 너무 많은 시간이 지나고 나면 다시 원래대로 되돌아갈 수 없게 되거든. 그럼 계속 그렇게 지내야 한단다. 살다 보면 그런 일이 종종 있잖아. 이해할 수 있겠지? 정말로 계속 이렇게 지내길 원하니? 어서 네 생각을 말해봐."[21]

렝켄은 결정을 내리지 못한 채 요정을 가만히 쳐다본다. 요정은 천천히 또박또박 다시 말한다.

> "난 네 결정에 어떤 영향도 미치고 싶지 않단다." "네가 옳다고 생각하는 대로 결정을 내려야 해. 난 앞으로 어떻게 될지 네게 사실대로 이야기해 주고 싶었을 뿐이야. 이해할 수 있겠지?" "네." 렝켄

21 미하엘 엔데, 『마법의 설탕 두 조각』, 112쪽.

이 침을 꼴깍 삼켰다.[22]

아이의 말을 잘 들어주고 스스로 결정하게 하는 기법은 작은 아이에게 칭찬하는 것과는 조금 다르다. 하지만 스스로 결정할 때 훌륭하게 된다는 의미가 암묵적으로 이야기에 깔려 있다. 가트맨·최성애는 이런 과정을 감정 코칭 5단계로 분류하여 다음과 같이 구상하고 있다.[23]

1. 아이의 감정 인식하기
2. 감정적 순간을 좋은 기회로 삼기
3. 아이의 감정에 공감하고 경청하기
4. 아이가 감정을 표현하도록 도와주기
5. 문제를 해결할 수 있도록 하기

일반적으로 심리학에서는 아동들이 유년기에 맺는 부모와의 애착 관계가 모든 성격을 형성한다고 보고하고 있다. 유년기란 감정과 밀접한 관련된 시기를 말한다. 어릴 때 부모가 아이를 배려하고 스스로 자율적으로 감정 조절을 할 수 있게 하려면 아동의 세계상에 따른 문학의 도움을 받는 것이 필수적이다.

『톰 소여의 모험』에서 조와 헉, 그리고 톰은 가출한 뒤 마을 사람

22 미하엘 엔데, 『마법의 설탕 두 조각』, 113쪽.
23 존 가트맨·최성애·조벽, 앞의 책, 172쪽 이하.

들이 자기들이 죽을 줄 알고 찾고 있다는 것을 알고 집으로 돌아가고 싶은 마음이 생긴다. 몰래 배를 훔쳐 타고 집으로 가만히 숨어든 톰은 방에서 폴리 이모가 다른 두 아이의 엄마들과 함께 죽은 자기를 위해 훌쩍거리며 울고 있는 것을 발견한다. 더구나 이모는 이복동생 시드가 자기에게 나쁜 말을 하자 그 애를 나무라고 자기를 편까지 드는 것이 아닌가? 그리고 자기 속을 썩이긴 했지만 자기에게 톰이 위안이 되었다고 눈물을 흘린다. 그전까지 원수처럼 생각했던 이모가 자기가 죽은 것을 슬퍼하는 것에 깊이 감동한다. 금방이라도 숨어 있던 데서 뛰쳐나와 이모를 기쁘게 해 주고 싶어 안달이 난다.[24]

감정의 코칭이 상담이나 일상적인 언어로도 가능하겠지만 "무척 화가 나 있는 것 같구나.", "뭔가 두려운 게 있는 것 같은데?", "나도 너 만할 때 무서운 게 많았어."라고 말하는 것보다 이런 작품에 감정이입하는 것이 훨씬 더 이로울 수 있다. 우리는 이렇게 물을 수 있다. "네가 만약 톰이라면 어떻게 했을 것 같아?", "폴리 이모는 톰에게 어떤 사람이야?", 그리고 여기서 벌어지는 톰의 심경 변화는 곧 아이들에게 건강한 세계상을 제공하여 건강한 소통과 사회성 발달에 유익하다. 이런 관점에서 독서 촉진의 궁극적 목표는 지식을 위한 독서가 추진하는 성취나 결과보다는 감정 훈련의 과정과 배움의 과정이라고 할 수 있다. 그리고 배움 속에서 아이가 즐거움을 갖도록 하고 어려움을 겪을 때 실패를 두려워하지 않고 도전하는 능력을 키워

---

24 마크 트웨인, 192쪽.

주는 것이다. 아동문학은 궁극적으로 아이의 성공에 초점을 맞추는 것이 아니라 아이의 행복에 맞추어져야 한다.

6. 아동문학의 창작

지금까지 글을 읽은 독자는 대부분 이런 질문을 할 것이다. "그렇다면 필자여, 어떤 창작동화를 쓰란 말입니까? 당신이 그렇게 잘하면 직접 창작하지 무엇 때문에 힘든 학자들을 인용하며 복잡한 설교를 하는가요?" 그렇다. 내가 창작자라면 긴 시간 동안 이런 논리를 펴느니 글을 썼을 것이다. 그러나 유감스럽게도 그런 천품이 없어 내가 창작하는 대신, 앞에서 언급한 두 작품을 가지고 한번 이 이론에 따라 개작을 하면서 어떤 효과가 발생하는지 시범을 보이도록 하겠다. 두 작품이란 제3장에서 언급한 『괴물들이 사는 나라』와 우리의 이론 범주에서 벗어난 작품이기에 잠시 언급으로만 그쳤던 『우리 언니』로, 두 작품을 비교해가면서 설명하고자 한다. 두 작품 다 문학성이 있는 작품이다. 그러나 우리의 이론에 따르면 앞의 작품은 아이의 세계상에 상응하는 작품, 뒤의 작품은 그렇지 못한 작품으로 생각할 수 있다.

『괴물들이 사는 나라』에는 마법이 작동한다. 그리고 그 마법이 플롯을 만드는 주요한 동력이다. 그리고 그 마법은 피아제가 말하는 아이의 세계상과 일치하고 레비브륄의 관여법칙과도 일치한다. 그리고 모든 스토리가 아이의 관점에서 이루어지고, 아이는 자기의 세계에서 왜 이런 일이 일어나는지 모르고 행동한다. 그것이 관여법칙이다. 그러니까 이야기가 신적인 세계상에서 이루어진다. 플롯의 전개는 간단하다. 엄마가 반항하는 맥스를 가두자 방에는 나무와 풀이 무성하게 자라난다. 그러나 아무도 이런 일이 왜 일어나는지 설명하지 않는다.

물론 엄마도 안타까워하거나 노여워하지 않는다. 그냥 말 그대로 플롯은 시위를 떠난 화살처럼, 마법처럼 진행된다. 맥스는 이제 일 년쯤 항해하여 괴물 나라에 도착한다. 그리고 맥스는 괴물 나라의 왕이 된다. 맥스 마음속의 알 수 없는 무엇인가가 그렇게 작동하는 것이 마법적이다. 아니, 좀 더 정확하게 말하자면 이것은 어른의 관점에서 마법적이지 아이에게는 현실세계일 뿐이다. 아이에겐 상상과 현실, 꿈과 현실이 하나이기 때문이다. 아이에게는 모든 사물이 움직이고 말을 하기 때문이다.

하지만 맥스는 괴물들이 사는 나라에서 괴물 행세를 하는 것이 지겨워진다. 그것은 자연스럽다. 왜냐하면 맥스가 괴물 나라로 가기 전에도 지겨워서 장난을 쳤기 때문이다. 괴물들은 맥스에게 가지 말라고 위협을 하지만 맥스는 떠난다. 맥스는 일 년을 거꾸로 거슬러 자기 방으로 돌아온다. 아이들의 상상을 이보다 더 현실적으로 꾸밀 수는 없다. 탁월하고 자연스러운 방법으로 아이의 마음과 아이의 세계를 보여주고 있다.

다음의 창작동화 『우리 언니』는 플롯이 이 작품과는 확연히 다르다.[25]

---

25 샬로트 졸로토, 『우리 언니』, 김은주 옮김, 언어세상, 2003.

[1] 다정한 언니와 어린 동생이 있었어요. 언니는 언제나 동생을 돌보았어요. […] 언니는 뭐든지 다 잘했어요. 동생은 세상에서 언니가 못하는 일은 하나도 없다고 생각했어요. 같이 놀다가 동생이 앙하고 울기라도 하면 언니는 동생을 달랬어요. 동생의 어깨를 살며시 감싸 안고는 손수건을 내밀며 따뜻하게 말했어요. […]

[2] 그러던 어느 날 동생은 혼자 있고 싶어졌어요. 언제나 이래라 저래라 하는 언니의 잔소리가 듣기 싫었거든요. “여기 앉아.” “저리로 가야지.” “그건 이렇게 하는 거야.” “어서 날 따라와.”

[3] 언니가 레몬 주스와 과자를 가지러 부엌으로 간 사이에 동생은 살금살금 문 쪽으로 걸어갔어요. 집 밖으로 나와 뒤뜰을 지나 들판으로 타박타박 걸어갔어요. […] 하지만 동생은 입을 꼭 다물고 있었어요. […] 언니가 늘 하던 말들도 생각났어요. “여기 앉아.” “저리로 가야지.” “그건 이렇게 하는 거야.” “어서 날 따라와.”

[4] 지금은 그런 잔소리하는 언니가 없어요. 햇살을 받아 빛나는 데이지 꽃들은 바람결에 한들거렸고, 커다란 벌이 윙윙 소리를 내며 날아다녔어요. […] 언니는 그만 그 자리에 털썩 주저앉았어요. 동생을 부르던 것도 멈추고는 엉 하고 울음을 터뜨렸어요. 언니는 엉엉 소리 내어 울었어요. 동생이 그랬던 것처럼 말예요. 동생이 울면 언제나 언니가 달래주었는데, 언니는 혼자였어요. 우는 언니를 따뜻하게 안아주거나, 손수건을 건네주는 사람도 없었어요. 언

니는 혼자서 엉엉 울었어요. 동생은 가만히 일어섰어요. […]

우선 이 작품 『우리 언니』는 아이들 문학으로서는 적합하지가 않다. 그 이유는 설명이 너무 많기도 하지만, 너무 많은 해석을 포함하고 있기 때문이다. 물론 이 동화도 전래동화처럼 언제, 어디서, 누가라는 관점에서는 잘 구성되어 있다. "다정한 언니와 동생이 있었어요." 하지만 그다음에 이어지는 문단 [1]은 어린아이가 소화하기에는 너무 과하거나 복잡하다. 쉽게 말하면, 형용구문이 너무 많다. 그래서 기껏해야 10세 이상의 아동이라야 이해할 수 있다. [2]에서 비로소 사건이 전개가 되는데, 이것으로 플롯을 삼기에는 동기가 충분하지 않다.

「백설 공주」는 왕비의 성격이 포악한데 자기보다 더 예쁜 딸을 보고 질투심이 생긴다는 개연성을 가지고 있다. 『내 친구 커트니』에서는 아이들이 자기 맘대로 개를 입양하고 싶은데 엄마 아빠가 허락하지 않는다. 허락한다 해도 잘 생기고 깨끗한 개를 원한다. 『돼지책』에서는 엄마이자 아내가 가족에게 완전히 소외당한다. 『해리 포터와 마법사의 돌』에서는 이모와 이모부가 해리의 마법 능력을 두려워한다. 그에 비해 해리는 마법학교에 정말 가고 싶다. 그러나 『우리 언니』에서는 단순히 "동생은 그냥 혼자 있고 싶어졌어요."라는 말이 있을 뿐이다.

뚜렷한 플롯을 만들기 위해서는 동기가 강해야 한다. 놀라움을 유발하는 동기가 있어야 한다. 마법은 곧 놀라움을 동반한 동기를 말한다. 밑줄 그은 부분은 뒤에 가서 반복함으로써 강한 의미를 부여한다고 하지만, 어디까지나 동생에게 강한 충동을 불러일으킬 만하지 않다. 반면, 『괴물들이 사는 나라』에서 맥스의 충동은 괴물처럼 노는 것이다. 이는 『마법의 설탕 두 조각』을 보면 더욱 분명하다. 『마법의 설탕 두 조각』에서 렝켄이 요정을 찾은 것은 자기 맘대로 못하게 하는 엄마와 아빠에게 복수를 하려고 했기 때문이다. 그런데 『우리 언니』에서는 [1] 부분에서 이미 이야기를 너무 도덕화해 놓았기 때문에 동생이 강하게 밖으로 나가고 싶은 충동이 반감된다. 어느 것이 아이다운 문학인가? 충동을 따르는 것인가? 아니면 도덕적인 것인가? 물어볼 필요도 없이 전자가 아이다운 문학이다. 그런데 이런 충동을 실행하려면 아이는 힘도 없고, 그럴 지위도 없다. 그렇기 때문에 플롯을 전개하려면 마법이 필요한 것이다. 『우리 언니』에서는 플롯이 둘 다 착한 사람이라는 딜레마에 빠지게 되는 것이다.

그러니까 동생이 집 밖으로 나가고 데이지 꽃밭 속에 웅크리고 앉아 있는 것도, 언니가 찾으러 오는 것도 큰 긴장감을 일으키지 않는다. 동생이 충동 때문에 죄를 짓는 것도 아니고, 그렇다고 언니가 동생을 꼭 찾아야 할 이유도 없다. 동생은 데이지 꽃밭에서 차츰 언니가 생각난다. 언니가 자기를 돌봐주던 일도 생각난다. [4] 부분에서 하나의 전환(반전)이 일어나기가 쉽지 않다. 동생은 집에 돌아가고 싶은 생각이 나지 않는다. 왜냐하면 자기는 가만히 있어도 언니가 찾으러 왔기 때문이다. 그렇다고 언니에게 들키면 큰일이라는 불안도 없다. 독자로서는 동생이 빨리 찾아지기를 바라기 때문이다. 그래서 화자의 시점이 동생에게서 언니에게로 옮겨간다. 시점의 변환이 생기면 마치 사진을 찍을 때 초점이 흐려지듯 강한 이미지가 만들어지지 않으며, 자연히 플롯도 서브플롯으로 변하게 된다.

이제 정말로 일어나지 않아야 될 일이 벌어진다. 문제성 있는 동생이 오히려 언니를 달래주고 갑자기 (어디서 급작스럽게 생긴) 손수건을 내밀면서 제3의 화자가 등장한다. 이 화자는 이 동화를 쓴 사람의 생각을 표현하기에 저자가 갑자기 이야기에 개입하는 결과가 되고 만다. 작가의 개입은 결국 아이인 동생의 생각(아이의 세계상)이 아니라 어른의 생각이고 그것이 곧 도덕임을 나타낸다. 굳이 이 작품이 나쁘다고는 말할 수 없지만 문학성이 있는 것도 아이들을 위한 진정성이 담겨 있는 것도 아니다. 대부분 안데르센의 동화가 이런 식이고, 작가가 개입한다는 측면에서 한국의 동화들이 대부분 이런 전개를 펼치고 있다. 그렇다면 어떻게 해야 이 동화를 아이답게 만들 수 있는가? 먼저 강한 동기가 있어야 한다.

① 다정한 언니와 어린 동생이 사이좋게 살았다. 언니는 동생에게 너무 잘해준다.

→ ② 그런데 언니가 동생이 싫어하는 것까지도 시키자 동생은 참을 수가 없다. 그래서 동생은 자기가 데이지 꽃이 되었으면 좋겠다고 생각한다.

→ ③ 동생은 들판으로 나가서 데이지 꽃 사이에서 자유롭게 논다. 그러다가 바람의 마법사를 만나 데이지 꽃이 되고 만다.

→ ④ 언니는 동생을 찾으러 데이지 꽃이 핀 들판으로 나가 동생을 부른다. 하지만 동생은 대답을 할 수가 없다.

→ ⑤ 그런데 하루가 지나자 동생은 집에 가고 싶어진다. 언니가

자전거를 태워준 것도 그립고, 학교 갈 때 손을 꼭 잡아준 것도 그립다. 자수를 가르쳐 준 것도 동화 책을 읽어준 것도 그리웠다.

→ ⑥ 동생은 바람의 마법사를 찾아간다. 바람의 마법사는 집에 가면 언니가 시키는 대로 해야 할 거라고 경고한다. 동생은 언니와 잘 지내겠다고 약속한다.

→ ⑦ 바람의 마법사는 후 하고 숨을 불어 데이지 꽃이 집으로 날아가게 한다.

→ ⑧ 집의 정원에서 데이지 꽃이 자란다. 언니는 데이지 꽃이 자기 동생을 닮았다고 사랑스럽게 돌본다.

→ ⑨ 사랑을 받아야 다시 사람으로 돌아간다는 마법사의 말대로 데이지 꽃은 다시 동생으로 변한다. 두 사람은 눈물을 흘리며 좋아한다.

필자는 창작자가 아니라 이야기를 개념적으로만 구성해보았다. 어떤 화자의 개입 없이 동생이 자기 마음대로 자유를 찾지만 그것도 잠시이며, 다시 집으로, 언니에게로 가고 싶다는 마음이 생기는 것은 아이다운 일이다. 데이지 꽃에서 사람으로 변하는 것은 마법이 필요하다. 마법의 힘으로 이제 전에는 몰랐던 언니를 알게 된다. 마법이 있는 곳에 어른의 자의적이고 인위적인 개입은 필요 없다.

에필로그

어느 날 기차를 타고 가다가 밀른의 『곰돌이 푸』를 읽었다. 웃음을 참지 못해 순간 키득거렸다. 알다시피 곰돌이 푸(위니 더 푸)는 약간 모자라는 것처럼 보이나 심성이 좋은 아이(곰)다. 그는 노래를 부르면서 다른 친구들은 뭘 하고 있을까 생각하고 가다가 구멍이 나 있는 모래 언덕을 발견한다. 그러자 푸는 자기만의 방식으로 말한다. "구멍이 있는 곳에 래빗이 있다는 거야. 래빗이 있다는 건 내 친구가 있다는 뜻이야. 친구가 있다는 건 저 안에서 먹을 것을 나눠 먹고 내 노래를 들려주고 할 수 있다는 거지." 그러자 푸는 구멍 안에 머리를 넣고는 큰 소리로 외친다.

"안에 누구 있니? 내가, 안에 누구 있냐고 물었거든!"

푸가 크게 소리치자

"없어!"

안에서 누가 이렇게 대답한다. 그러고는

"그렇게 소리 지를 필요 없어. 처음부터 다 잘 들렸어."

그러자 푸는

"뭐야! 여기에 아무도 없다는 거야?"

하고 말한다. 그러자

"아무도 없다니까."

하고 안에서 대답하는 것이다.

그러자 푸는 생각을 한다.

"누가 안에 있는 게 틀림없어. 왜냐면 누군가가 '아무도 없어.'라고 말했잖아."[1]

푸의 위대한 추론 앞에서 독자인 나는 완전히 무장해제되었다. 그래서 키득거렸던 것이다. 기차 옆에 앉은 승객은 영문도 모르고 쳐다본다. 아, 이 웃음을 참을 수 있다면 그것은 사람도 아니다! 이런 재미있는 이야기를 두고 그 어려운 『파우스트』를 읽고 해석하느라 평생을 보내다니! "아! 나는 철학도, 법학도, 의학도, 심지어는 신학까지도 온갖 노력을 다 기울여 철저히 공부하였건만, 여기 서 있는 건 바보. 전보다 나아진 것이 하나도 없구나!"[2]

아이만큼 우리를 행복하게 만드는 것이 또 있을까? 외손녀 사랑이를 데리고 딸이 방문했다. 딸은 "아빠, 사랑이는 뽀로로를 정말 좋아해요."라고 말하는 것이었다. 나는 처음에 너무 놀랐다. '뽀로로'를 '뽀르노'로 잘못 알아들었던 것이다. 당황한 아빠를 이상하다고 쳐다보는 딸은 얼른 TV 유튜브 채널에서 '뽀로로'를 검색해 켜주었다. 나도 같이 보았다. 오랫동안 문학연구가를 자처해온 할아버지로

---

1 밀른, 42-43쪽.

2 『파우스트』 첫 부분에서 파우스트가 절망적으로 삶을 되돌아보는 장면.

서 손녀의 세계가 궁금해졌기 때문이다. 독자들은 모두 잘 알겠지만 〈뽀롱뽀롱 뽀로로〉는 아이코닉스가 2003년에 만든 3D 애니메이션이다. 주인공 뽀로로가 펭귄인지 나는 그것도 몰랐다. '뽀로로'가 펭귄이 걷는 모습을 의태어·의성어로 만들었다는 사실을 지금서 알았다. 그런 뽀로로의 브랜드 가치가 무려 6조 원에 이른다고 한다. 울던 아이조차 멈추게 한다니 가히 마법이 아닐 수 없다.

내가 이 글을 쓰기 시작한 2019년 7월 24일 현재, 연 수입 400억 원, 1753만 명에 육박하는 구독자 수를 자랑하는 〈보람튜브〉 또한 여기서 언급하지 않을 수 없다. 아이가 관여하는 유튜브 방송이 아이의 자발적인 행위인가, 크리에이터의 영상 업로드가 노동활동인가 하는 문제를 차치하고, 어쨌든 "아빠 몰래 뽀로로 떡볶이 먹기 놀이" 영상은 조회수 3억 7천5백만 뷰를 자랑한다. 이대로 나가면 해리 포터 시리즈를 능가할지도 모른다. 어떤 내용인가 봤더니, 어른 등장인물이 뽀로로 같은 동작을 하며 짜파게티를 끓여먹는 일종의 먹방이다. 이것도 놀랄 만한 마법이라 할 수 있다. 물론 마법은 먹방이 아니라 이 먹방이 불러온 천문학적 돈이긴 하지만 말이다. 그 돈으로 아이가 벌써 빌딩을 산다는 뉴스가 나니, 과연 기차에서 동화책 펴 들고 히죽거리는 할아버지가 과연 정상으로 보일 것인가? 동화책을 보다 웃는 나를 보고 사람들이 웃는 것은 당연한 일이다.

손녀와 내가 같이 본 〈뽀롱뽀롱 뽀로로〉도 『곰돌이 푸』처럼 재미있을까? 제1화를 같이 보자. 에디가 로켓 추진을 이용해 하늘을 날다 물속으로 떨어진다. 그러자 로디는 에디를 구하러 물속으로 뛰어든다. 그러나 물속에서 힘을 쓸 수 없었던 로디는 에디를 물위로 던져주고 자기는 그만 물속에 가라앉는다. 이번에는 뽀로로가 물속으로 들어가 로디를 구해준다. 뽀로로는 친구들과 함께 로디를 에디네 집으로 데리고 간다. 침대에서 의식이 돌아온 로디가 갑자기 뛰어든 개구리를 보고 이리저리 뛰자 친구들은 로디가 비정상이라 이야기한다. 그러고는 로디에게 바깥에 가서 놀면 괜찮아질 거라고 하면서 밖으로 데리고 간다. 그네 밀어주기를 하면서 잘 안 되자 로디더러 밀어달라고 한다. 그네를 밀어준 로디는 돌아온 그네에 부딪혀 넘어진다. 그러나 다른 아이들이 위험하니까 그만하고 술래잡기를 하자고 한다. 패티가 술래를 한다. 그리고 패티는 다 보이는 아이들을 찾았다고 소리친다.

아이들은 '비정상이다'란 말을 모른다. 아이들은 생각과 현실을 동일시한다. 그래서 비약적으로 변화하는 것을 좋아할 뿐이다. 그래서 그런지 〈뽀롱뽀롱 뽀로로〉는 그냥 무엇인가를 보여주기만 하고 있다. '뽀로로 떡볶이 먹기 놀이'도 마찬가지다. 이야기가 맥락을 가지고 어떻게 변화하는지가 없다. 다시 말해 어떤 인과적 연결을 가능하게 하는 플롯이 없다. 물론 두 살도 안 된 이 손녀는 플롯이 뭔지 알 까닭이 없다. 그러면 이야기에는 어떤 변화가 있고 그것이 어떤 이유가 있는지를 보여주어야 한다는 고전적 이론은 무엇인가. 이야기를 재미있게 만드는 법에 필수적인 것이 앞에서 말한 〈뽀롱뽀롱 뽀로로〉와 먹방에는 없다.

나는 〈뽀롱뽀롱 뽀로로〉 시청을 끝내고 난 뒤 손녀와 술래잡기를 했다. 물론 사랑이는 어려서 술래잡기가 뭔지 모른다. 나는 먼저 손으로 얼굴을 가렸다. 그리고 손가락 사이로 얼굴을 보이면서 말했다. "사랑이 어딨지?" "이제 찾으러 간다." 사랑이는 멀뚱멀뚱하면서 앞에서 웃고만 있다. 나는 모른 척했다. 사랑이를 못 보는 척했다. 그러고는 온 방으로 찾으러 다녔다. 그러고는 문 앞에서 살짝 비켜 있는 아이를 방금 찾은 듯 놀라며 "사랑이 여깄네!" 했다. 그러자 아이는 즐거워했다. 아이는 내 말에 따라 자기가 투명인간이라고 생각하는 것 같았다. 아이는 이런 마법을 좋아한다. 곰돌이 푸가 안에 누가 있냐고 묻자 래빗은 "없어."라고 대답한다. 래빗의 말과 우리 손녀의 행동이 같지 않은가? 그렇게 보면 작가 밀른은 정말 아이가 실재론적, 인공론적 세계상을 갖고 있다는 것을 알고 대화를 만든 것이다.

우리의 놀이는 계속됐다. "사랑이 이제 숨어!"라고 하자 아이는 조금 전과 다른 반응을 보였다. 어디론가 사라지더니 책장 옆에 서 있는 듯했다. 그런데 얼굴만 숨기고 몸은 보이는 채였다. 나는 다시 모르는 척하고 그 옆을 지나갔다. 그리고는 "사랑이 어딨지?" 하며 이리저리 찾으러 다녔다. 그러자 사랑이는 웃는 얼굴을 내보이며 자기가 마치 신이나 영웅이라도 된 것마냥 매우 자랑스러워했다. 아이는 말한 대로 일어나는 현실을 즐거워한다. 아이는 자기에게 보이지 않으면 아무것도 없다고 믿는다. 그리고 눈앞에 사람이 보여도 없다고 말하면 없는 것이다. 그러기에 외계인 같은 것도 누군가 있다고 말하면 있는 것이 된다.

우리는 이제 진지해져야 한다. 가십거리가 진지한 것을 밀어낸 시대와 사회에서 아동문학은 어떻게 써야 하나? 만약 그동안 인류가 만들어왔던 동화, 민담, 신화, 이야기, 소설, 시, 드라마가 가졌던 원칙이 폐기된다면 나는 굳이 이 책을 쓰지 않았을 것이다. 크리에이터의 짜파게티와 뽀로로가 우리의 상상력을 대신하고, 뉴턴이나 아인슈타인을 뒤엎을 만한 사람을 만들어내고, 마크 트웨인과 루이스 캐럴을 갈아치울 만한 상상력을 발휘한다면 우리는 이 책을 쓸 필요도 없고 읽을 필요도 없을 것이다.

모든 인식은 표출하는 것과 감춰진 것이 있다. 고래와 상어는 똑같이 꼬리가 있다. 그러나 고래의 꼬리는 물에 수평으로, 상어는 수직으로 만들어져 있다. 그것은 고래가 포유류이며, 바다에 살게 되었다는 것을 말해준다. 고래는 숨을 쉬기 위해 반드시 수면 위로 올라와 공기를 마셔야 한다. 그것이 포경업자들이 노리는 고래의 약점이다. 그러나 상어는 아가미를 이용해 물속에 있는 산소를 얻으므로 수면 위로 나올 필요가 없다. 그렇다면 인어는 꼬리가 수평으로 되어 있어야 하는가, 아니면 물고기처럼 수직으로 되어 있어야 하나? 인어가 만약 물고기(魚)라면 꼬리가 수직으로 되어 있고 부레가 있을 것이다. 그러나 인어가 만약 사람(人)이라면 고래처럼 꼬리가 수평으로 되어 있을 것이다. 그래야 숨을 쉬러 물 밖으로 나오기 편하기 때문이다. 인어상은 코펜하겐에도 있고 부산 해운대에도 있으니 독자들이여, 가서 확인해보라.

존재하지도 않는 존재자의 존재철학을 우리는 고민해보아야 한다. 나는 이 책에서 마지막으로 아이에 대한 철학을 말하고자 한다. 먼저 아이와 관련된 세 개의 문장을 보자. "아이는 책을 읽는다.", "아이는 미숙한 인간이다.", "아이는 두 개의 모음으로 된 단어이다.” ‘아이’란 말은 같지만 실제로는 완전히 다른 세 개의 대상이다. 그 대상은 각각 하나의 개인, 하나의 (종으로서의) 인간, 하나의 낱말을 가리킨다. 우리가 여기서 짚어봐야 할 것은 이 경우 사용된 ‘아이’가 같은 ‘아이’인가 하는 점이다. 중세의 철학자 윌리엄 오컴이 제시한 문제이기도 한, 이 ‘아이’란 말에 대한 인식은 가히 전복적이다. 왜냐하면 그것이 아이에 대한 책에서 우리가 제일 먼저 고민해야 할 사항이기 때문이다.

책을 읽는 ‘아이’는 존재한다. 그리고 두 개의 모음으로 된 ‘아이’란 단어도 존재한다. 그러나 미숙한 인간으로서의 일반적인 ‘아이’는 존재하지 않는다. 많은 부분 우리가 머릿속에서 고안해낸 ‘아이’는 그저 머릿속에 있을 뿐 존재하지 않는다. 그것은 어떤 정신이 만들어낸 허구이다. 나는 이 땅 한국에서 쓰인, 아동(아이)에 관한 많은 문학들은 어떤 특정한 사람들이 갖고 있는 허구라는 사실을 알게 되었다. 아동문학에 관한 이론서들을 보면, 실체가 없는 ‘아이’에 대한 어떤 ‘가르침’의 결과물이라는 것을 말이다. 이런 저술들은 과거(그리고 아직도) 어떤 시기에 ‘아이는 이래야 해.’라는 것에 대한 형이상학적 믿음들이다. 그걸 ‘동심’이라고 말하면서 19세기 초반에서 중반, 아니 지금 21세기까지도 그것이 아동문학의 본질이라고 주장하는 이들이 있다. 아이의 본질이 동심인 것은 맞지만 동심에 대한 해석이 다르다.

등산을 하거나 걷는 사람들이 느끼는 ‘걸음’은 책상에 앉아 사유하는 사람들이 생각하는 ‘걸음’과는 다르다. 밖에서 보이는 것을 있는 그대로 보는 것은 계몽 이전의 사고방식으로서 우리의 믿음을 강화해주는 것들이다. 『어린 왕자』의 첫 부분에서 화자는 (화를 내며) 말한다. 그는 어른들이 '코끼리를 삼킨 보아뱀'을 '모자'라고 말하는 것'에 화를 낸다. 아이들은 절대로 뽀로로를 만들지 않는다. 그것은 어른들이 만든 것이다. 먹방 영상도 아이들이 만든 것이 아니다. 어른들이 만든 것이다.

아이들의 세계상은 어른들의 세계상과 다르다. 『어린 왕자』에서도 어른들은 숫자를 좋아한다고 말하지 않았던가? 너희는 몇 평에 사느냐고 묻고, 유튜브 영상 조회 수가 몇이냐고 묻고, 네 나이가 몇 살이냐고 묻는다. 그러나 아이들은 흙을 파고, 나무를 꺾고, 물에 첨벙첨벙 뛰어놀기를 바란다. 그리고 반죽에 빠지기도 하고 엄마를 향해 으르렁거리는 호랑이가 되기도 한다. 그리고 좀 더 자라면 집에 제라늄 꽃이 피느냐고 묻기도 하며 심지어는 집을 나가 자유롭게 부랑아처럼 돌아다니는 것을 꿈꾸는 아이들도 있다. 『곰돌이 푸』에 나오는 집이 없는 이요르는 집이 없는 것에 대해 슬퍼했지, 집이 작다고 슬퍼하진 않는다. 『톰 소여의 모험』에서 허클베리는 부자가 되고 집에서 보살핌을 받는데도 집에 있길 싫어하고 다시 산적이 되려고 한다. 우리는 아동들의 문학에서 어른들의 가치를 창출해서는 안 된다. 아동은 대상이 아니라 주체라는 사실을 인정해야 한다.

걷는 사람만이 걷기에 대해 말할 수 있듯이, 놀이를 하고 행동을 하는 아이들을 염두에 두고 쓴 것만이 아동문학으로 인정될 수 있다. 위대한 문학, 가령 톨스토이의 『안나 카레니나』를 명작이라고 하는 것은 저자의 진정성 때문이다. 어느 나라에서는 이 작품이 불륜소설로 읽힐 수 있지만, 그것은 사색의 삶(vita contemplativa)으로 읽은 것이지 활동적 삶(vita activa)으로 읽은 것이 아니다. 『마법의 설탕 두 조각』이나 그림책 『괴물들이 사는 나라』는 아이들이 실제로 몸을 움직이면서 보는 세계를 문학으로 형상화한 것이지 머리로 생각한 허구의 세계가 아니다. 그런 의미에서 나는 아이들을 위해 이 글을 쓰지 않는다. 그보다는 아이들의 부모와 선생님, 그리고 성인인 독자를 위해 이 글을 쓴다. 왜냐하면 유감스럽게도 아이들의 학교를 만든 것은 아이들이 아니라 어른들이고, 아이들이 좋아하는 해리 포터 시리즈를 쓴 사람도 어른이기 때문이다.

존재하지 않는 형이상학을 강요하는 어른들의 생각이 아이를 망친다. 유튜브를 만든 사람도 어른이고, 뽀로로를 만든 사람도 어른이고, 브랜드 가치를 따지는 사람도 어른이다. 나는 아이들에게 어른들의 것을 강요하지 말라고 어른들에게 경고하고 싶다. 그리고 놀이하는 아이, 분노하는 아이, 꿈을 꾸는 아이에게 '실체 없는 것'을 강요하지 말라고 경고하고 싶다. 형이상학을 강요하는 어른들이 만든 주인공은 사람에서 사람을 구별하고, 가치에서 가치를 구별하고, 판단하고 해석하고, 결국은 아이들의 상상을 죽인다. 전래동화든 창작동화든, 제대로 된 작품이라면 그 주인공들이 처한 환경을 판단하고 비교하고 해석하지 않는다는 것을 볼 수 있다. 그보다 아이들은 자기들만의 세계상에 따라 행동하고 생각한다.

이 책은 아이들에게 책을 읽어주라고 독려하는 문학 교육학이 아니다. 그렇다고 한국의 아동문학을 비판하는 책도 아니다. 그보다 이 책은 아이가 어떤 책을, 왜 읽고 즐기는지에 대한 궁금함을 좇은 것이다. 아이들은 왜 다르게 생각할까, 그리고 아이들은 왜 마법적인 이야기에 혼이 빠질까, 그 궁금함을 탐구한 책이다. 굳이 사족을 달자면, 이 책은 아동문학 작가들에게 제발 어른들이 기획하는 세계가 아니라 아이들이 빠지게 하는 마법의 세계를 만들어달라는 주문이기도 하다.

참고문헌

1차 문헌

존 버닝햄 글·그림, 『버닝햄-나의 그림책 이야기』, 엄혜숙 옮김, 비룡소, 2006.
존 버닝햄 글·그림, 『우리 할아버지』, 박상희 옮김, 비룡소, 2006.
존 버닝햄 글 그림, 『내 친구 커트니』, 고승희 옮김, 비룡소, 1996.
존 버닝햄 글·그림, 『지각대장 존』, 박상희 옮김, 비룡소, 1995.
모리스 샌닥 글·그림, 『괴물들이 사는 나라』, 강무홍 옮김, 시공주니어, 2002.
레오 리오니 글·그림,『프레드릭』, 최순희 옮김, 시공주니어, 1997.
고트프리트 켈러, 『초록의 하인리히』, 고규진 옮김, 한길사, 2009.
줄스 파이퍼 글·그림, 『짖어봐 조지야』, 조숙은 옮김, 보림, 2000.
앤서니 브라운 글·그림, 『돼지책』, 허은미 옮김, 웅진주니어, 2001.
야콥 그림, 빌헬름 그림, 『그림형제 동화전집』, 김열규 옮김, 현대지성사, 2000.
안데르센, 『안데르센 동화전집』, 윤후남 옮김, 현대지성, 2016.
쉘 실버스타인, 『골목길이 끝나는 곳』, 이순미 옮김, 보물창고, 2008.
아스트리드 린드그렌, 『내 이름은 삐삐 롱스타킹』, 햇살과나무꾼 옮김, 시공주니어, 1996.
E. T. A. 호프만, 『호두까기 인형』, 문성원 옮김, 시공사, 2006.
앨런 알렉산더 밀른, 『곰돌이 푸』, 박혜원 옮김, 더모던, 2018.
엘윈 브룩스 화이트, 『샬롯의 거미줄』, 김화곤 옮김, 시공주니어, 2018.
마크 트웨인, 『톰 소여의 모험』, 김욱동 옮김, 민음사, 2009.
미하엘 엔데, 『모모』, 한미희 옮김, 비룡소, 1999.
미하엘 엔데, 『마법의 설탕 두 조각』, 유혜자 옮김, 한길사, 2001.
J. K. 롤링, 『해리 포터와 마법사의 돌』, 김혜원 옮김, 문학수첩, 2014.
생텍쥐페리, 『어린 왕자』, 전성자 옮김, 문예출판사, 1999.
오정희, 『유년의 뜰』, 청아출판사, 1994.
이문열, 『타오르는 추억』, 이문열 대표작품선, 도서출판 한겨레, 1998.
박완서, 『그 많던 싱아는 누가 다 먹었을까』, 웅진닷컴, 2003.
이호철, 『학대받는 아이들』, 보리, 2001.
조창인, 『가시고기』, 밝은 세상, 2000.
정호승, 『포옹』, 창비, 2007.
게오르그 뷔히너, 『보이첵』, 뷔히너 문학전집, 임호일 옮김, 지만지 클래식, 2010.
Frederik Vahle, Mäuse Wie Wir, *Laute und leise Geschichten von Luzi und Kabutzke*, Mit Bildern von Verena Ballhaus, Beltz & Gelberg, 2003.

2차 문헌

코르네이 추콥스키, 『두 살에서 다섯 살까지』, 홍한별 옮김, 양철북, 2006.
브루노 베텔하임, 『옛 이야기의 매력』 1·2, 시공주니어, 2014.
아리스토텔레스, 『시학』, 천병희 옮김, 문예출판사, 2002.
최혜진, 『유럽의 그림책 작가들에게 묻다』, 은행나무, 2018.
마리아 몬테소리, 『어린이의 비밀』, 구경선 옮김, 지식을만드는지식, 2011.
페리 노들먼, 『어린이 문학의 즐거움』 1·2, 김서정 옮김, 시공주니어, 2005.
테리 이글턴, 『문학을 읽는다는 것은』, 이미애 옮김, 책읽는수요일, 2016.
변학수, 『감성독서』, 경북대학교출판부, 2012.
다니엘 페낙, 『소설처럼』, 이정임 옮김, 문학과지성사, 2006.
필립 아리에스, 『아동의 탄생』(원제 (L')enfant et la vie familiale sous l'ancien regime), 문지영 옮김, 새물결, 2003.
클로드 레비스트로스, 『신화와 의미』, 임옥희 옮김, 이끌리오, 2000.
지크문트 프로이트, 『토템과 타부』, 이윤기 옮김(프로이트 전집 16권 종교의 기원), 열린책들, 1998.
지크문트 프로이트, 『그 사람 모세와 일신론적 종교』, 변학수 옮김, 그린비, 2020.
지크문트 프로이트, 『무의식에 관하여』, 윤희기 옮김, 프로이트 전집 13권 책세상, 1998.
프리드리히 니체, 『차라투스트라는 이렇게 말했다』, 정동호 옮김, 니체 전집 13, 책세상, 2003.
로버트 맥키, 『STORY: 시나리오 어떻게 쓸 것인가』, 고영범·이승민 옮김, 민음인, 2011.
로널드 B. 토비아스, 『인간의 마음을 사로잡는 스무 가지 플롯』, 김석만 옮김, 풀빛, 2007.
엘렌 랭어, 『마음챙김 학습의 힘』, 김한 옮김, 동인, 2011.
임마누엘 칸트, 『판단력 비판』, 백종현 옮김, 아카넷, 2012.
지크문트 프로이트, 『문화 속의 불쾌』, 변학수 옮김, 세창출판사, 2019.
칼 구스타브 융, 『정신요법의 기본문제』, 융 전집 제1권, 솔 출판사, 2003.
롤랑 바르트, 『텍스트의 즐거움』, 김희영 옮김, 동문선, 2002.
롤랑 바르트, 『현대의 신화』, 이화여자대학교기호학연구소 옮김, 동문선, 1997.
움베르토 에코, 『이야기 속의 독자』, 김운찬 옮김, 열린책들, 1996.
길희성, 『마이스터 엑카르트의 영성 사상』, 분도출판사, 2008.
길버트 라일, 『마음의 개념』, 이한우 옮김, 문예출판사, 1994.
지크문트 프로이트, 『프로이트의 치료기법』, 변학수 옮김, 세창출판사, 2017.
기시미 이치로, 고가 후미다케 지음, 『미움받을 용기』, 전경아 옮김, 인플루엔셜, 2014.
오토 랑크, 『영웅의 탄생』, 이유진 옮김, 루비박스, 2016.
프리드리히 실러, 『미학편지』, 안인희 옮김, 휴머니스트 출판그룹, 2012.
빌리야누르 라마찬드란, 『뇌가 나의 마음을 만든다』, 이충 옮김, 바다출판사, 2003.

리처드 킥헤퍼, 『마법의 역사』, 김헌태 옮김, 파스칼북스, 2003.
마이클 샌델, 『정의란 무엇인가』, 이창신 옮김, 김영사, 2010.
신명호, 『그림책의 세계』, 김영사, 2017.
Jean Piaget, La représentation du monde chez l'enfant, dt. Übersetzung, Das Weltbild des Kindes, Klett Cotta & dtv, München, 2003.
Clara und William Stern, Die Kindersprache. Eine psychologische und sprachtheoretische Untersuchung, Leipzig, 1907.
Santrock, J. W. & Yussen, S. R., Child Development (5. ed.) Dubuque, IA: Wm.C. Brown Publishers, 1992.
W. James, Thought before language. In: Philosophical Review. Vol 1 (1892).
Volker Klotz, Das Europäische Kunstmärchen, J.B. Metzler, Stuttgart, 1985.
Michael Sahr, Zeit für Märchen, Schneiderverlag Hohengehren, 2002.
Susanne Stöcklin-Meier, Kinder brauchen Geheimnisse. Über Zwerge, Engel und andere unsichtbare Freunde, Herder Verlag, Freiburg, Basel, Wien, 2001.
Carsten Gansel, Moderne Kinder- und Jugendliteratur. Vorschläge für einen kompetenzorientierten Unterricht, Cornelsen Verlag, Berlin, 2010.
Heide Wellershof fund Ina Hesse(Hrsg.), "Es is ein Vogel. Er kann fliegen im Text." Kinder schreiben sich ihre Geschichten von der Seele., Attempto Verlag, Tübingen, 1997.
Lutz Rörich, Märchen und Wirklichkeit, Schneiderverlag Hohenbehren GmbH, 2001.
Heinz-Albert Heindrichs, Das Märchen-Eine Urform synästhetischen Erlebens, in: Kurt Franz, Walter Kahn(Hrsg.), Märchen-Kinder-Medien, Schneider Verlag Hohengehren, 2000.
Wolfgang Iser, Die Appellstruktur der Texte. Unbestimmtheit als Wirkungsbedingung literarischer Prosa. Konstanz, 1970.
Heinz Schlaffer, Die kurze Geschichte der deutschen Literatur, München, 2002.
Volker Klotz, Das europäiche Kunstmärchen, Fünfundzwanzig Kapitel seiner Geschichte von der Renaissance bis zur Moderne, Metzler, Stuttgart, 2000.